中国汽车工程学会知识产权分会
北京大学国际知识产权研究中心　　组织编写
中国汽车知识产权运用促进中心

汽车标准必要专利研究报告
（2023）

RESEARCH REPORT ON STANDARD ESSENTIAL PATENTS
FOR AUTOMOTIVE INDUSTRY (2023)

知识产权出版社
全国百佳图书出版单位
—北京—

图书在版编目（CIP）数据

汽车标准必要专利研究报告.2023/中国汽车工程学会知识产权分会,北京大学国际知识产权研究中心,中国汽车知识产权运用促进中心组织编写.—北京：知识产权出版社,2023.12
ISBN 978-7-5130-9039-1

Ⅰ.①汽… Ⅱ.①中…②北…③中… Ⅲ.①汽车—行业标准—专利—研究报告—中国—2023 Ⅳ.①U46-18

中国国家版本馆CIP数据核字（2023）第225408号

内容提要：

汽车行业标准必要专利问题不仅关涉行业发展利益，而且影响到我国产业整体布局和国家创新发展战略。本书紧扣习近平总书记重要指示精神，聚焦知识产权领域国家安全，以及完善知识产权反垄断、公平竞争相关法律法规和政策措施等重要话题，基于我国汽车产业实际，从产业协同创新的视角出发，深入探讨汽车行业标准必要专利问题，形成了解决汽车行业标准必要专利许可问题的完整框架，以促进专利权人与实施者之间的利益平衡，推动技术标准与产业发展的相融合，并为智能网联车领域的技术转化与应用提供参考。

责任编辑：张　珑　　　　　　　　　　　　责任印制：孙婷婷

汽车标准必要专利研究报告2023
QICHE BIAOZHUN BIYAO ZHUANLI YANJIU BAOGAO 2023
中国汽车工程学会知识产权分会　北京大学国际知识产权研究中心
中国汽车知识产权运用促进中心　　组织编写

出版发行：	知识产权出版社有限责任公司	网　　址：	http://www.ipph.cn
电　　话：	010—82004826		http://www.laichushu.com
社　　址：	北京市海淀区气象路50号院	邮　　编：	100081
责编电话：	010—82000860转8574	责编邮箱：	laichushu@cnipr.com
发行电话：	010—82000860转8101	发行传真：	010—82000893
印　　刷：	北京中献拓方科技发展有限公司	经　　销：	新华书店、各大网上书店及相关专业书店
开　　本：	720mm×1000mm　1/16	印　　张：	16
版　　次：	2023年12月第1版	印　　次：	2023年12月第1次印刷
字　　数：	242千字	定　　价：	78.00元

ISBN 978-7-5130-9039-1

出版权专有　侵权必究
如有印装质量问题，本社负责调换。

编委会

主　　　编：易继明　吴志新
执行副主编：王军雷
副　主　编：朱向雷　尤嘉勋　顾洪建
编　　　委：傅连学　中汽信息科技有限公司
　　　　　　占　锐　东风汽车集团有限公司研发总院
　　　　　　王亚飞　中汽信息科技有限公司
　　　　　　王亮亮　中汽信息科技有限公司
　　　　　　龙　悦　中汽信息科技有限公司
　　　　　　冯思邈　北京大学法学院
　　　　　　张靖辰　北京大学法学院
　　　　　　马天舒　中汽信息科技有限公司
　　　　　　王　静　中汽信息科技有限公司
　　　　　　叶晓雪　中汽信息科技有限公司
　　　　　　严晓悦　北京大学法学院
　　　　　　蒋　屹　北京大学法学院
　　　　　　张钧凯　北京大学法学院
　　　　　　季　南　中汽信息科技有限公司
　　　　　　郭少杰　中汽信息科技有限公司

序言

标准必要专利与智能网联车的未来

一、标准必要专利

标准，是指重复性的技术事项在一定范围内的统一规定，它以科学、技术和实践经验的综合成果为基础，反映了当时该领域科技发展的水平。根据1991年国际标准化组织（ISO）与国际电工委员会（IEC）联合发布的第2号指南《标准化与相关活动的基本术语及其规定》中所给出的定义："标准是由一个公认的机构制定和批准的文件。它对活动或活动的结果规定了规则、准则或特性值，供共同和反复使用，以实现在预定领域内最佳秩序和效益。"欧洲通信标准协会（ETSI）对标准作了如下规定："标准是由某一被认可的机构通过一致方式批准确立的，为共同及重复使用提供规则、指南的文件，标准致力于实现给定背景下的最优秩序。"因此，标准应该是一种可供共同使用的和重复使用的规范性文件，其目的是在一定的范围内获得最佳秩序，标准应当经协商制定并由公认机构批准成立；标准的共同性、反复性和普遍适用性决定了其具有公共属性，在本质上属于一种社会公共资源。

专利，是指受法律规范保护的发明创造，是指一项发明创造向国家审批机关提出专利申请，经依法审查合格后向专利申请人授予的在规定的时间内对该项发明创造享有的专有权。专利权属于私人财产权的范畴，是法定的权利主体对其发明创造在一定期限内享有的合法垄断权利。专利权具有专有性、地域性和时间性的特点，此外，还具有独占性和排他性。

由此可见，知识产权具有鼓励智力创造的功能，以赋予私主体一定程度上对于知识产权客体进行垄断和支配权利的方式，追求人类精神文明成果领域的多元与创新发展。而标准化则是一种为了形成统一的话语体系，降低沟通和合作成本，追求规模效应和集成效益而进行的共同规则构建。因此，知识产权和标准是两种不同的价值体系，标准必要专利进入专利法体系会导致各方利益的重新博弈与权衡。

一方面，标准化的要求使得特定行业内部存在某种生产经营过程中不可替代的专利技术，此时标准必要专利权人在许可方面拥有巨大的谈判能力，这种能力大部分并非源于其专利技术自身的技术和市场价值，而是很大程度上源于整个产业的参与者前期已经付出的沉没成本投资。这种谈判地位的悬殊带给专利权人的议价能力如果被滥用，就会导致专利劫持。

另一方面，为了维持专利许可谈判的公平性，在公开换垄断的专利法机制基础上，又增加了FRAND（公平合理无歧视）原则换标准的利益平衡机制，即通过FRAND原则限制标准必要专利权人的许可权和议价权，从而降低其谈判地位。但是，这种限制如果过于严格就会引发反向劫持的问题。由于被许可人可以预见到专利权人无法使用禁令救济，也无法获得比其预期更高的许可费，因此故意拖延谈判甚至不进行谈判，以达到少付甚至不付许可费的目的。

相比于专利法中一般专利技术的利益平衡机制，标准必要专利的许可谈判及其保护问题是一个更加敏感的利益天平。因为专利法所调整的一般许可谈判都是"一对一"的，而FRAND原则所调整的标准必要专利的谈判将是"一对多"的，这意味着规则设置的轻微偏颇就会在重复交易的过程中被无限放大，导致或专利挟持或反向挟持的不公平后果。因此，如何适当地限制标准必要专利权人的权利，以重新维持专利法在标准化时代的利益平衡，是一个非常重要的问题。

二、智能网联车市场

车联网，全称为汽车移动互联网，概念引申自物联网（Internet of Things，IoT）。根据世界电动车协会的定义，车联网（汽车移动互联网）是利用先进传感器技术、网络技术、计算技术、控制技术、智能技术，对道路交通进行全面感知，对每部汽车进行交通全程控制，对每条道路进行交通全时空控制，以期实现道路交通"零堵塞""零伤亡"和"极限通行能力"的专门控制网络。车联网是以车内局域网、车与车之间的车际网和车与互联网相连的三种网络为基础，三者基于统一的通信协议和数据交换标准，实现车、行人、路、云之间的通信和信息交换，是最终实现智能交通、智能控制、智能信息服务的一体化网络。

网联车，是指车联网与智能车的有机联合，是指搭载先进的车载传感器、控制系统、执行器等装置，并融合现代通信与网络技术，实现车与X（车、路、人、云端等）之间的智能信息交换、共享，且具备复杂环境感知、智能决策、协同控制等功能，可实现安全、高效、舒适、节能行驶，并最终可实现替代人为操作的新一代汽车。智能网联汽车的安全性、智能性和舒适性离不开多个信息技术的协同发展，《智能网联汽车技术路线图2.0》将技术体系划分为"三横两纵"。三横"是指车辆关键技术、信息交互关键技术与基础支撑关键技术；"两纵"是指支撑智能网联汽车发展的车载平台与基础设施。其中，对于整车智能化水平和发展方向影响最为显著和最为关键的领域是信息通信技术。

近年来，我国网联车产业迅速发展，产业生态日益丰富，已经形成了较为成熟的产业链和上下游市场。在芯片模组方面，大唐、华为、高通、移远、芯讯通等企业已对外提供基于LTE-V2X的芯片模组。在软硬件设备方面，华为、大唐、金溢、星云互联、东软、万集等厂商已经可以提供基于LTE-V2X的OBU、RSU硬件设备，以及相应的软件协议栈。在整车制造方面，上汽、一汽、福特、通用、吉利等主机厂逐步开发V2X相关产品，大力推动新车的联网功能。在平台与运营方面，国内三大电信运营商均大力推进 C-V2X 业务验证示范；百度、阿里、腾讯、滴滴等互联网企业进军车联网，加速 C-V2X 应用落地；北京、无锡、上海、重庆、长沙等示范区已建立 C-V2X 运营服务平台。在安全与测试验证方面，中国信息通信研究院、中国汽车技术研究中心有限公司、上海机动车检测认证技术研究中心、中国汽车工程研究院、上海国际汽车城等科研和检测机构已开展 C-V2X 通信、应用相关测试验证工作；奇虎科技等信息安全企业、华大电子等安全芯片企业纷纷开展 C-V2X 安全研究与应用验证。在高精度定位和地图服务方面，北斗星通、高德、百度、四维图新等企业均致力于高精度定位的研究，并为 V2X 行业提供高精度定位和地图服务。

此外，高校及科研机构在基础研究领域发挥理论支撑、技术演进等重要作用，共同支撑 C-V2X 产业快速发展。同时，国家各部门持续出台各类政策，覆盖智能网联汽车行业的顶层目标提出、规范制定和核心技术发展等多角度，包括《新能源汽车产业发展规划（2021—2035）》《节能与新能源汽车技术路线图 2.0》《智能网联汽车技术路线图 2.0》以及《关于开展智能网联汽车准入和上路通行试点工作的通知（征求意见稿）》等政策文件，建立与行业高速发展相匹配的政策环境。

在政策支持、新兴技术逐渐成熟的大背景下，我国汽车行业智能化、网联化进程加速，带动产业链上下游不断升级，参与主体持续增加，行业规模迎来高速增长。根据《智能网联汽车技术路线图 2.0》研判，到 2025 年，我国 PA（部分自动驾驶）、CA（有条件自动驾驶）级智能网联汽车销量占当年汽车总销量比例超过 50%，C-V2X（以蜂窝通信为基础的移动车联网）终端新车装配率达 50%，高度自动驾驶汽车首先在特定场景和限定区域实现商业化应用，并不断扩大运行范围。2035 年，各类网联式高度自动驾驶车辆将广泛运行于我国广大地区。

三、主要内容

如上所述，在专利技术趋于标准化、标准必要专利日益成为产业发展的战略转折点的时代背景下，在车联网逐渐建设布局、网联车市场日益发展成熟的产业背景下,汽车行业标准必要专利的许可谈判及司法保护问题不仅关涉行业发展利益,而且影响我国产业整体布局和国家创新发展战略。本书旨在阐述汽车标准必要专利的国际政策环境、产业发展现状及政策法律背景下的商业活动困境,在此基础上展开实证调查与理论分析,提出汽车标准必要专利许可谈判与相关保护制度构建的可能路径。

本书的主要内容包括以下六个方面。

第一,对全球标准必要专利政策背景进行综述和评析,在对美国、英国、日本、中国等主要国家的标准必要专利政策框架进行梳理的基础上,寻求各司法辖区所共同关注的基本问题,从而形成描述标准必要专利政策环境的几个核心维度,包括标准必要专利透明度、必要性审查过程、许可谈判框架的要求、许可费的计算问题以及禁令救济问题。其中,标准必要专利信息的透明度问题在各司法辖区的政策中达成了共识,构成标准必要专利政策领域的根本原则,而其他四个问题在不同国家和地区的制度设计和政策导向上各有差异,成为各国标准必要专利制度设计的关键,也是本书后续研究所关注的核心问题。

第二,针对智能网联车领域标准必要专利的许可现状展开调研,客观、全面地反映了企业与专利权人之间进行的标准必要专利许可谈判所面临的挑战。调研结果显示,当前智能网联车领域的标准必要专利技术交易市场尚处于发展初期较为混乱的阶段,通信领域的标准必要专利权人不仅基于技术标准而掌握谈判优势,而且由于通信领域既已形成相对完善的技术交易市场而掌握更多的实践经验、谈判资源和信息优势,导致网联车领域技术实施者实际上处于劣势的谈判地位。具体表现为:整车许可的谈判层级使得车企面临前期沉没成本带来的技术劫持问题;通信领域的许可费计算方法适用于网联车的许可费将产生不公平的高价;禁令救济在网联车领域的许可谈判过程中产生更大的谈判威胁和谈判压力;汽车行业在通信领域技术标准制定过程中的缺席使得相关标准的制定过程无法反映车企的产业利益。

第三,针对智能网联车领域标准必要专利的许可费率这一关键焦点问题展开研究,形成了对通信领域标准必要专利过度声明现象的实证分析报告和专利必要性分析报告，并在此基础上形成了汽车行业无线通信标准必要专利许可费的计算模型。在移动通信技术标准必要专利中，尽管各标准化组织都对信息透明度提出了要求，但由于对权利人约束力有限，且并无必要性审核机制，出于权利人对竞争优势和经济利益的追求，标准必要专利的过度声明现象较为普遍，且标准技术的专利质量和必要性存疑。因此，在对各种标准必要专利进行综述的基础上，基于信息成本最低且变量描述最为科学准确的考虑，智能网联车领域的标准必要专利技术交易市场作为一个新兴的市场领域，且技术集成性和网络效应突出，难以计算明确的技术增量价值，应当借助产品利润对专利技术的价值贡献进行描述，采用自上而下法进行许可费率计算。根据分析和量化，本书计算出汽车网联功能对整车价值的贡献水平，并分解出了移动通信标准对整车的价值贡献，同时综合考虑其他许可费率调解因子，最终构建汽车移动通信标准必要专利累积许可费率计算模型。

第四，从标准必要专利的许可谈判入手，为智能网联车领域的标准必要专利问题提供市场路径下的解决方案，为市场主体的许可谈判提供原则指引、关键问题指导和许可谈判框架的搭建。其中，谈判许可的核心原则包括利益平衡、公平合理无歧视、许可层级平等、协商处理行业差异、拒绝搭售原则。关键性问题包括许可意愿表达、保密协议签署、技术谈判先行、技术谈判框架讨论、权利要求对照表反馈、许可报价解释、统一谈判主体、第三方争议解决等核心内容。在此基础上，针对上述关键性问题，结合基本原则的要求，本书形成了智能网联车领域标准必要专利许可谈判框架流程图，为许可谈判过程中市场主体的行为提供指引，同时为事后纠纷解决过程中市场行为的合理性判断提供标准。

第五，基于智能网联车领域标准必要专利许可所面临的现实困境以及世界各国的相关司法政策，提出了我国面对这一新兴市场领域的专利法挑战所应采取的司法保护政策。一方面，通过网联车领域涉通信标准必要专利技术诉讼的典型案例以及相关司法指导意见，综合分析各国在智能网联车领域应用通信标准必要专利技术问题上的司法政策取向和价值导向，相比美国、欧盟相继出台的以保护技术实施者的发展需求、关注车企的行业发展利益为导向的政策文件，我国的司法价值取向尚未明确。另一方面，对网联车应用标准必要专利过程中所面临的核心司法保护问题，包括禁令救济与司法定价，予以特别关注。针对这些影响网联车领域专利司法政策框架的基本问题，结合我国具体国情，构建符合司法政策导向和国家发展理念的具体规则体系。

第六，由于标准必要专利具有技术垄断属性，智能网联车领域的标准必要专利司法保护制度设计并不仅仅是专利法的司法政策和规则设计问题，还应将其纳入反垄断法的制度框架下进行约束。本书针对智能网联车应用标准必要专利的具体情形，结合反垄断法对于市场结构和市场主体行为的理论分析框架，形成了具有针对性的审查要点和审查立场，将标准必要专利所具有的社会公共产品属性和社会公益价值转化为限制专利权滥用的具体制度设计。

综上所述，本书着眼于汽车标准必要专利的国内外政策环境、现状与挑战以及商业领域与制度设计的解决方案构想，以政策背景为出发点，以现实问题为导向，以解决汽车行业标准必要专利许可问题、实现专利权人与技术实施者之间的利益平衡、推动技术标准与产业发展相融合为最终目标，形成了涵盖汽车标准必要专利领域现状、问题和解决方案的完整研究框架，为智能网联车领域的技术转化与应用提供了坚实的法律基础。

易继明　吴志新

目 录

- **第一章　智能网联车标准必要专利的现状与挑战** ……………… 001
  - 第一节　全球标准必要专利政策…………………………………… 001
  - 第二节　智能网联车领域面临的标准必要专利许可挑战………… 007
  - 第三节　智能网联车领域标准必要专利焦点问题………………… 012
  - 第四节　智能网联车领域标准必要专利许可谈判………………… 017
  - 第五节　智能网联车领域标准必要专利司法政策………………… 024
  - 第六节　智能网联车领域标准必要专利与反垄断………………… 029

- **第二章　标准必要专利政策** ……………………………………… 035
  - 第一节　标准必要专利引发的法律与政策问题…………………… 035
  - 第二节　全球标准必要专利政策概况……………………………… 049
  - 第三节　全球主要国家标准必要专利政策评述…………………… 065
  - 参考资料……………………………………………………………… 074

- **第三章　汽车标准必要专利现状** ………………………………… 077
  - 第一节　智能网联车领域企业标准必要许可专利现状调研报告 …… 077
  - 第二节　智能网联车领域面临的标准必要专利许可问题与挑战… 082
  - 参考资料……………………………………………………………… 090

❖ 第四章　汽车标准必要专利焦点问题 …………………………… 093

第一节　FRAND 原则及其内容解读 ……………………………… 093
第二节　移动通信标准必要专利的过度声明现象 ………………… 104
第三节　汽车行业移动通信标准必要专利累积许可费率研究 …… 123
参考资料 …………………………………………………………… 151

❖ 第五章　汽车标准必要专利许可谈判 …………………………… 155

第一节　智能网联车领域标准必要专利许可谈判关键问题 ……… 155
第二节　智能网联车领域标准必要专利许可谈判框架 …………… 163
参考资料 …………………………………………………………… 169

❖ 第六章　汽车标准必要专利司法 ………………………………… 171

第一节　智能网联车领域标准必要专利司法现状评析 …………… 171
第二节　智能网联车领域标准必要专利司法政策框架 …………… 192
参考资料 …………………………………………………………… 203

❖ 第七章　汽车标准必要专利反垄断 ……………………………… 205

第一节　智能网联车领域标准必要专利垄断行为分析 …………… 205
第二节　智能网联车领域标准必要专利垄断行为规制框架 ……… 224
参考资料 …………………………………………………………… 235

❖ 结束语 ………………………………………………………………… 237

第一章 智能网联车标准必要专利的现状与挑战

第一节 全球标准必要专利政策

一、全球标准必要专利政策概况

（一）美国

美国标准必要专利政策主要见于美国司法部反垄断局和美国专利商标局发布的《关于受自愿 FRAND 承诺约束的标准必要专利的救济措施的政策声明》，历经 2013 年、2019 年和 2021 年三次调整。2013 年声明中，美国政府认为如果专利实施方在专利权人承诺的 FRAND 许可范围之内行事且并未拒绝接受 FRAND 许可，则公共利益因素可能会排除禁令救济；2019 年声明撤回了 2013 年声明，提出了部分相反观点，认为标准必要专利侵权案件可以适用美国法律规定的所有救济措施且传统专利侵权案件中颁发禁令的判断标准对于标准必要专利案件同样适用，但由于存在 FRAND 承诺，双方当事人的行为将会对救济方式的选择产生影响，是否选择禁令救济需要进行个案分析；及至2021年，三部门出台了声明草案，并于2022年正式撤回了2019年声明，2021年声明草案认为专利权人在专利实施方有意愿接受许可并能为使用专利向专利权人提供补偿的条件下寻求禁令救济是不符合FRAND承诺的，认为标准必要专利权人和专利实施方应当进行善意谈判以达成符合FRAND义务的许可条款并对各方在谈判中应尽到的善意谈判义务进行了具体说明。

（二）欧盟

欧盟标准必要专利政策主要体现在《关于制定标准必要专利的欧盟方法》《知识产权行动计划》《2022咨询报告》和于2023年4月发布的《关于标准必要专利和修订（EU）2017/1001号条例的提案》（以下简称《关于标准必要专利的提案》）中。《关于制定标准必要专利的欧盟方法》认为，需要提升标准必要专利相关信息的透明度，并由独立机构开展必要性审查，针对禁令问题，其则在华为诉中兴案所确定的谈判框架基础上提供了额外指引，针对权利人的解释义务、实施方的反报价要求、实施方对抗禁令的担保数额及禁令的效果要件进行了更加清晰的说明。《知识产权行动计划》从总体上为提升标准必要专利的透明度，开发独立必要性审查系统以及进一步修订《关于制定标准必要专利的欧盟方法》中指定的标准必要专利声明、谈判和实施框架进行规划。《2022咨询报告》则主要是针对专利声明透明度和可预见性不足、FRAND条款和条件的不确定性及不透明度、欧盟目前的标准必要专利执法相对低效且成本高昂三大问题的咨询结果报告。值得注意的是，根据《关于标准必要专利的提案》，其主张建立由欧盟知识产权局（EUIPO）主导的能力中心，负责标准必要专利登记、必要性审查和FRAND确定登记等工作，其还主张建立标准必要专利登记制度、FRAND累积费率确定制度、FRAND条款的强制确定等多项制度。

（三）英国

英国政府为推进英国国家创新能力和制度的发展所提出的创新战略（UK Innovation Strategy）中包括对移动通信等领域的标准必要专利加以保护的内容以及确保英国与全球标准必要专利同步发展，英国知识产权局

(Intellectual Property Office，IPO）于 2022 年 8 月 5 日发布了意见征集结果的摘要报告。该摘要报告体现出各方对于标准制定组织透明度、必要性审查、许可层级、许可框架、许可费计算、禁令救济等问题的不同立场和观点，但官方并未给出明确立场。2023 年 1 月 25 日发布的《横向协议草案》还对标准必要专利知识产权许可的垄断相关问题进行了规定。此外，2023 年 3 月 21 日，英国知识产权局对中小企业和中、低市值上市企业就关于标准必要专利框架的观点发出意见征集问卷，主要询问企业在目前的标准必要专利许可框架下能否有效、充分地了解与标准必要专利相关的信息，以及在标准制定过程中的参与度是否充分等问题。

（四）日本

截至 2022 年，日本政府在标准必要专利方面陆续出台《多部件产品标准必要专利合理许可价值计算指南》（以下简称《多部件产品许可指南》）、《标准必要专利的诚信许可谈判指南》（以下简称《诚信许可谈判指南》）、《标准必要专利许可谈判指南》（以下简称《许可谈判指南》）三部指南。《多部件产品许可指南》提出了针对多部件产品许可费的计算三大原则，即"license-to-all""自上而下计算许可费""应当根据标准必要专利对于实施专利的主要产品价值的贡献率计算许可费"。《诚信许可谈判指南》提出的双边谈判 FRAND 许可框架包含了四个主要步骤，分别为"许可要约""许可意愿表达""具体许可条款提议"以及"反报价"，其对每一步骤中权利人和专利实施方应当遵循的善意谈判行为标准都做出了指引。《许可谈判指南》详细论述了标准必要专利许可谈判所需遵循的两大原则：善意原则和效率原则，总结专利权人及实施人双方应当如何进行善意、高效的谈判。《许可谈判指南》还详细介绍了符合 FRAND 原则的许可费认定方法，从计算基数、计算方法、考虑因素等方面对许可费计算进行了介绍。

（五）中国

2022 年 9 月，中国汽车技术研究中心和中国信息通信研究院联合发布《汽车行业标准必要专利许可指引（2022 版）》，这是我国首个行业指引性标准必要专利政策性文件，从我国汽车产业实际出发，明确了汽车行业标准必要专利的相关定义和指引的适用范围，提出在汽车行业"产业链任一环节均有资格获得许可"（即"license-to-all"），明确了汽车产业链的任何层级都有获得许可的权利。

相比之下，在部委政策层面，针对标准必要专利相关的政策指引相对零散。具体而言，有关标准必要专利的规定可见于最高人民法院作出的司法解释、各级人民法院作出的指引，以及国家市场监督管理总局颁发的有关规定中。在《最高人民法院关于审理侵犯专利权纠纷案件应用法律若干问题的解释（二）》中，最高人民法院对于标准必要专利的禁令颁发标准、起诉条件以及许可条件的考虑因素进行了明确说明。在北京市高级人民法院发布的《专利侵权判定指南》中，北京市高级人民法院对于禁令颁发的标准、专利权人以及专利实施方的谈判义务进行了细致规定。而在广东省高级人民法院发布的《关于审理标准必要专利纠纷案件的工作指引（试行）》中，广东省高级人民法院同样对于禁令颁发标准、专利权人以及专利实施方的谈判义务进行了说明。除此之外，广东省高级人民法院还对标准必要专利的许可费计算方法及反垄断问题进行了进一步的梳理和阐释。国家市场监督管理总局颁发的有关规定同样对于标准必要专利相关问题进行了规定。2023年6月25日发布的《禁止滥用知识产权排除、限制竞争行为规定》要求专利权人不得利用标准的制定和实施达成垄断协议或实施滥用市场支配地位的行为。2023年6月30日发布的《关于标准必要专利领域的反垄断指南（征求意见稿）》则进一步对标准必要专利的相关市场界定、标准必要专利善意谈判程序及要求、涉及标准必要专利的垄断协议及滥用市场支配地位行为等内容进行了具体规定和说明。

二、全球主要国家标准必要专利政策评述

通过对全球主要司法辖区相关司法政策进行梳理，可以发现各司法辖区几乎均主张提升标准必要专利的相关透明度。由此可见，提升标准必要专利相关信息的透明度在各司法辖区基本达成了共识。提升标准必要专利的透明度具有重要意义，透明度的提升可以有效推动标准必要专利许可谈判、减少中小企业的许可成本，并在一定程度上可以减少标准必要专利诉

讼。但同时需要注意的是，提升标准必要专利的透明度往往需要大量的人力、物力作为基础支持。如果缺乏基础资源的支持，则提升透明度的目标仅是"空中楼阁"，无法真正意义上落到实处。

总体来看，各司法辖区的司法政策均支持对标准必要专利的必要性进行审查。就必要性审查的主体而言，各方也基本同意由独立机构作为必要性审查的主体，而随着《关于标准必要专利的提案》的出台，新设立的职能中心或有可能成为必要性审查的主体。此外，由于在一般情况下由独立第三方出具的报告本身并不具有任何法定约束效力，因此对于必要性审查的效力，各方亦基本认同必要性审查不应具有法律约束力，但认为相关审查研究结果可以作为判断专利权人标准必要专利实力的依据。《关于标准必要专利的提案》更是明确指出，抽样的标准必要专利必要性审查结果可以作为利益相关方、专利池、公共机构、法院或仲裁员的证据使用。此外，对于必要性审查的方法而言，欧盟和英国目前都提出了"将审查范围限制在一组专利中的某一特定专利和样本中从而确保该审查的成本和效益的平衡"的观点。而这一观点也符合标准必要专利许可谈判和诉讼的实践活动。

针对许可框架这一问题，多数司法辖区均未通过官方文件明确表明立场，目前仅有日本和中国明确表示许可可以发生在相关产业链的任何层级，即"license-to-all"的观点。其他地区相关政策文件在现阶段并没有明确表示是否秉持类似观点，这可能是因为专利权人与专利实施方在这一问题上存在分歧有一定关系。针对标准必要专利与非标准必要专利的打包许可问题而言，各方基本倾向于打包许可标准必要专利和非标准必要专利的合理性。不仅如此，各方已基本能够认识到打包许可标准必要专利和非标准必要专利仅在双方存在合意的情形下才是合理的，如果一方不愿意进行打包许可，另一方不应坚持或强行要求打包许可，否则可能会构成对FRAND义务的违反。这体现出各方对专利权人与专利实施方在许可谈判中自由意志的充分支持及对各方对反垄断法中违反市场竞争的搭售行为的担忧。

整体而言，各司法辖区的司法政策表明，各方基本形成了系统性的标准必要专利许可谈判框架，即形成了"许可通知/邀约""许可意愿""许可报价""反报价"等基本内容（在此基础上拓展每一内容的具体内涵）。通过横向比较，可以发现针对谈判框架的分析，各方也基本认为应当遵循一定的步骤。以欧盟法院在华为诉中兴案创设的"事先侵权通知→许可意愿→许可报价→要约回应/反报价→提供担保"谈判框架而言，需先从"事先侵权通知"出发，分析专利权人是否履行了通知义务，而不能仅因为专利实施方未提供担保而直接认定专利实施方未履行许可义务。上述内容反映出欧盟法院在华为诉中兴案中创设的许可谈判框架对于各方产生了重要且深远的影响，各方对于许可谈判框架的搭建或分析方法基本沿用了欧盟法院在华为诉中兴案中的基本构造。

针对许可费计算基础这一问题，政府立场明显更加模糊，并未明确是否应当按照终端价格还是最小可售单元收取许可费。日本在其发布的官方政策文件中，更是通过强调许可费计算需要反映标准必要专利技术对产品价值的贡献率的方式来选择回避在这个问题上进行"站队"。《汽车行业标准必要专利许可指引（2022版）》指出，在计算许可费时，宜以能够直接体现标准必要专利技术价值的最小可销售的专利实施单元为计算基数。

针对许可费的计算方式而言，各司法辖区亦基本持相同看法，即认为许可费的计算方式并不应仅局限于某一种，而是可以通过多种方式（如自上而下法和可比协议法）计算和推导许可费，且各司法辖区基本均认为通过自上而下法可以有效避免累积许可费的堆叠问题。就累积许可费本身而言，各司法辖区的立场也基本趋同，即认为需要考虑标准中的累积费率，评估技术总体的附加价值。换句话说，在确定涉案专利的许可费时，需要同时考虑涉案专利所属标准的行业累积费率。较高的许可费率可能会导致行业累积费率过高，从而影响从业者的运营和发展。除此以外，各方比较具有共识的是在决定费率时需要考虑许可地区的影响，由此展开，针对某一专利的全球许可制定差异化区域费率的做法也得到了支持。

总体来看，各司法辖区在司法政策中对于颁发禁令都持审慎立场，基本均注意到了涉标准必要专利的纠纷案件的特殊性，强调考察许可谈判过程中双方的行为是否存在过错，并往往综合考虑其他因素，作出是否颁发禁令的判断。事实上，从各国司法实践角度而言，（除个别司法辖区外）各司法辖区甚至基本形成了"以不颁发禁令为常态，以颁发禁令为例外"的立场。以美国司法实践为例，由于禁令颁发的标准为 eBay 案中确定的分析框架，而 2021 年声明及司法实践明确表示金钱性救济足以补偿专利权人因专利侵权造成的损失，因此 eBay 分析框架中的要素之一，即法律上可获得的救济（如金钱赔偿）通常无法得到满足，进而专利权人无法申请禁令救济。就英国的司法实践而言，英国法院实质上将禁令问题与接受判定的许可条件挂钩，若专利实施方不遵守英国法院作出的 FRAND 许可费率或许可条款/条件，或不与专利权人进行善意磋商，将被视为违反 FRAND 义务，触发颁发禁令的条件。这也表明英国法院禁令"需要"以专利实施方拒绝按照英国法院裁定的 FRAND 许可条件与专利权人达成许可协议为前提。

第二节 智能网联车领域面临的标准必要专利许可挑战

一、智能网联车领域企业标准必要专利许可现状调研报告

为形成《智能网联车领域企业标准必要专利许可现状调研报告》，本书着眼于智能网联车领域企业在标准必要专利许可谈判中需参与的三个阶段，即保密协议签署阶段、技术谈判阶段、商业谈判阶段，以围绕这三个阶段设计的问题为抓手，形成《标准必要专利许可调研问题清单》。

据访谈以及调查问卷的反馈结果，在调查的智能网联车领域企业中，除个别企业因保密或其他因素考虑未选择披露是否与专利权人就标准必要专利进行过许可谈判的历史或经验，其余绝大部分企业均明确表示不具有与专利权人就标准必要专利进行许可谈判的全流程实践经验。缺乏许可谈判实践经验，可能会导致企业在与专利权人进行许可谈判时做出不利于自身的许可行为或立场表达，而相关行为或立场很有可能会在未来的标准必要专利诉讼中被法院认定为是非 FRAND 的，进而企业将面临禁令等严重风

险。相反，具备标准必要专利许可谈判经验的企业，可以更好地理解许可谈判的流程和技巧，争取合理的许可条件，保护企业的合法权益，并且可以更好地识别和应对法律风险，采取合适的策略和措施。此外，许可谈判经验还有助于实施人建立良好的许可谈判关系，共同推动许可谈判的顺利进行。

根据反馈结果，标准必要专利许可谈判资源不足主要反映在两个方面：①内部资源不足；②外部资源不足。

就内部资源不足而言，根据反馈结果，智能网联车领域企业内部法务通常对于常见的非标准必要专利等涉及知识产权的法律业务领域较为熟悉，而对于标准必要专利这一领域的知识储备和实践经验较少。此外，智能网联车领域企业技术部门对于标准必要专利技术层面的理解较为有限，技术部门对于技术的理解主要集中于与汽车制造和生产有关的技术上，而对于通信领域相关技术，技术部门的了解十分有限并且通常也不具备通信领域技术背景。

就外部资源不足而言，企业外部资源的不足主要体现在企业缺乏合作的第三方机构（如专利分析机构、律所、经济学家/机构等）。缺乏与相关第三方机构的合作，势必将专利必要性审查、专利强度分析、专利对比、许可费估算等工作留给企业内部资源来解决，而由于内部资源的缺乏，因此相关工作的展开、落实和具体效果可能也会因此大打折扣，对企业的标准必要专利许可谈判造成负面影响。

根据反馈结果，绝大部分智能网联车领域企业欠缺标准必要专利许可谈判意识和专业谈判能力。绝大多数企业并未针对公司（集团）的关联企业、代工厂就许可谈判邀约/通知的查收问题进行过详细的、有针对性的安排和部署，也没有设置用于接收许可信息的统一对外邮件/信函接收方。企业缺乏许可谈判邀约/通知（专利侵权通知）查收的相关部署很有可能导致公司相关人员会无意间错过包含相关邀约/通知的邮件或者信函。如果专利权人发送的相关邀约/通知始终无法真正意义上传递到公司内部，则专利权人可能借此认为企业缺乏接受许可的意愿并会选择向法院提起诉讼。

此外，绝大部分智能网联车领域企业截至目前还没有形成许可邀约/通知的应对预案，对于如何回复以及由哪个公司主体进行回复等问题并没有事先的解决方案。如果专利实施方对许可邀约/通知的回复不妥，或没有充分表达愿意接受许可的意愿，则通常情况下会被认定为非善意的被许可人，进而可能影响许可谈判，以及可能的后续诉讼。

根据反馈结果，绝大部分智能网联车领域企业并不掌握产业链上游（如零部件企业）的标准必要专利许可情况。在上游零部件企业许可信息有限的情况下，智能网联车领域整车企业有可能会为已经由上游零部件企业缴纳过许可费的专利再次缴纳许可费，造成额外的许可费支出，增加生产成本。此外，绝大部分智能网联车领域企业对于其他竞争企业达成许可情况的了解也较为有限，这将导致企业可能无法更好地主张有利的可比协议，从而导致企业在与专利权人进行许可谈判时无法进一步争取更加有利于自身的许可条件。不仅如此，绝大部分智能网联车领域整车企业了解和掌握竞争企业、上游供应商与专利权人进行标准必要专利诉讼的信息渠道也非常有限，基本只能通过公开渠道了解相关的信息。专利权人与竞争企业、上游供应商之间的专利诉讼信息对于企业而言具有非常高的价值，企业可以通过相关诉讼了解专利权人近期的许可动向、诉讼立场等信息，有助于企业及时调整许可谈判策略或提前准备诉讼预案。此外，相关诉讼信息也有助于企业进一步了解专利权人是否就同一专利重复收费、可比协议等高价值信息。

二、智能网联车领域面临的标准必要专利许可问题与挑战

（一）许可层级冲突

截至目前，汽车行业对于通信标准必要专利的许可主要分为两种模式：①组件级许可；②整车许可。组件级许可是指由上游供应商与专利权人签订专利许可协议并向专利权人缴纳许可费，而整车许可则是指由汽车厂商与专利人签订许可协议并向专利权人缴纳许可费。在汽车领域，汽车企业通常以组件级许可作为行业惯例。然而，相关专利权人/专利池的许可费率以及近期许可实践均表明，专利权人企图将手机行业的标准必要专利许可

模式完全复制到汽车行业，往往会选择绕过上游供应商并径直与整车企业直接进行许可谈判并签订许可协议，即采取整车许可模式。特别值得注意的是，对于专利权人的这种许可模式，汽车企业不能以违反产业实践为理由予以拒绝，否则汽车企业很可能会被认定为是拒绝接受许可的非善意的被许可人，从而在潜在的诉讼中将面临禁令的风险。

专利权人采取与汽车企业直接进行许可谈判的整车许可模式，究其根本在于专利权人希望收取更高的许可费。汽车企业往往自身体量较大，具有较强的许可费支付能力，采取整车许可模式往往可以收取较高的许可费。相反，如果专利权人采取汽车领域目前成熟的许可模式，即与上一级供应商签订许可协议的组件级许可，则供应商能够缴纳的许可费通常较为有限。

事实上，专利权人与汽车企业就目前的整车许可模式已经展开过多轮诉讼交锋，其中以戴姆勒诉诺基亚案最为典型。但截至目前，在国际司法实践中，整车许可模式本身并未被法院或反垄断执法机构认定为是违法行为。可以预见的是，专利权人与汽车企业就整车许可模式的纠纷将会不断发生，随着反垄断执法和市场变化的不断演变，整车许可模式可能会面临不断增加的诉讼纠纷和新的挑战。

同其他领域的专利实施方一样，汽车企业主张以最小可售单元作为许可基础。如果根据最小可售单元计算许可费，则在针对价值较高的多组件设备计算专利许可费率时，可以以其中使用相关专利且体积最小的零组件价格作为许可费计算基础。使用最小可售单元计算许可费，不仅计算过程较为简单，最重要的是还可以避免因最终产品的高价格而得到不合理的高额许可费。而一些专利权人和专利池可能主张使用整车作为许可费计算基数，认为这可以更好地反映标准必要专利技术在整车产品中的使用和价值。在这个问题上，不同的利益相关方之间存在分歧，没有统一的标准和方法。因此，许可费的计算基数仍然是一个存在广泛争议的问题，需要在未来的司法实践和产业规范中进一步明确和解决。

（二）许可费率过高

通信领域的司法实践表明，较为透明的许可费率有赖于法院作出的许可费率判决。但令人遗憾的是，专利权人与汽车企业现有的标准必要专利诉讼还没有进入确认许可费率的"深水区",几乎均是以双方和解结案。而这正为专利权人主张不合理的高额许可费提供了庇护。事实上,根据《美国反垄断局对 Avanci 的商业审查函》披露的信息,Avanci 已经汇集了全球范围内的大约 50%声明 3G 标准必要性专利族和 46%声明 4G 标准必要性专利族。根据 Avanci 专利池官网披露的公开许可费率并且如果按照这一比例和许可费率进行比例换算的话,全部 4G 标准必要专利的许可费高达 43.5 美元。而根据大陆集团提供的信息,整个 TCU 的成本大约为 75 美元,而 4G 标准必要专利的许可费就占据了近 60%。如果再加上 3G 标准必要专利的许可费甚至是 5G 标准必要专利的许可费,则汽车企业支付的许可费甚至有可能会超过汽车企业从上一级供应商购买 TCU 的价格,这显然不具有合理性。因此在当前阶段,专利权人主张的高额许可费是汽车企业在标准必要专利许可谈判中必然会面临的另一大挑战。

(三) 禁令威胁

禁令救济是专利权人针对专利实施方启动专利侵权诉讼的核心诉求,通过禁令,专利权人可以在许可谈判过程中最大限度地向对方施加谈判压力,迫使对方签订有利于专利权人的许可协议。而由于标准必要专利的特殊性,因此在通常情况下专利实施方势必会使用专利权人的相关标准必要专利。可以预见的是,一旦专利权人与汽车企业的许可谈判陷入僵局,专利权人将在各个司法辖区提起专利侵权诉讼并寻求禁令救济,届时汽车企业将面临在全球范围内禁售的风险,而这对于库存成本极高的汽车企业而言显然是无法接受的。

而对于汽车企业而言,如果仅因未缴纳 TCU 的许可费就将导致汽车整体无法在某一国家进行销售,相关禁令的颁发似乎并没有适当地考虑比例原则。但相关的司法实践表明,比例原则抗辩的适用仍存现实困难。例如在 IP Bridge 诉福特案中,德国慕尼黑第一地区法院仍然对于福特颁发了禁令。

(四) 标准制定环节参与度低

汽车企业在过去的很长一段时间将侧重点放在了整车和产业链本身,并没有过度参与上游的底层技术(如通信技术)的研发,也很少有汽车企业主动参加跨界标准制定活动，导致 ETSI、IEEE、ITU 等标准制定组织在制定知识产权政策、制定标准时会更多地反映专利权人的立场和利益，而不一定能充分考虑到汽车和其他物联网行业，以及消费者的利益。而这也进一步导致汽车行业标准必要专利许可"乱象"丛生，专利权人向汽车企业收取高额的许可费，导致企业的生产成本增加，削弱企业的创新竞争力并最终导致消费者支付更高的价格。不仅如此，高额的许可费同时也会"鼓励"专利权人针对相关标准必要专利开展新一轮投机行为，例如可能重复利用其在标准制定组织中的影响力扭曲标准制定过程，排除竞争性技术，使得技术标准成为谋取私人利益的工具，形成恶性循环。

第三节 智能网联车领域标准必要专利焦点问题

无论是在标准必要专利的许可谈判过程中，还是在事后的纠纷解决程序中，许可费率的计算问题都是实质性地影响双方利益分配的焦点问题。而标准必要专利的许可费计算涉及两方面的关键因素，即标准必要专利的必要性程度和标准必要专利的价值衡量。因此，智能网联车领域标准必要专利的许可费计算应当重点关注这两大基本问题。

一、移动通信领域标准必要专利的必要性分析报告

标准必要专利必要性问题的解决，关键在于评估专利是否真正必要于实施相关的技术标准。

尽管各个标准化组织都规定了成员需要披露专利信息的义务，但这些规定多为鼓励性质，并且缺乏对违反披露义务的有力惩罚措施，对标准必要专利权人的有效约束力不足，导致在标准实施过程中频繁出现专利纠纷。同时，许多标准化组织在其知识产权政策中也做出了免责声明。在

《ITU-T/ITU-R/ISO/IEC 共同专利政策》的实施规则第一条中就明确指出，三大标准化组织——ITU、ISO 和 IEC 所制定的标准中的所有有价值的信息都应被公开。

然而，这些标准化组织并不提供关于专利有效性和权利范围的权威性信息，也不负有确认其成员披露信息有效性的义务。大多数组织不要求成员就可能拥有的标准必要专利进行具体声明（Specific Declaration），而只要求进行全面声明（Blanket Declaration）。在这种情况下，成员无须提供相关专利的规模，以及与标准相关的任何信息，甚至无须列出具体的专利号。由于缺乏对 SEP 声明的有效审核和约束，许多专利持有者可能会过度声明其专利是标准必要的，即使这些专利在实际上并不是实施相关标准所必需的，即过度声明现象。

为了具体研究移动通信标准必要专利的过度声明现象，本书以 IPlytics 数据库作为数据来源，对全球范围内的 3G、4G、5G 的标准必要专利声明情况及必要性进行分析，检索时间范围为 1990 年 1 月 1 日至 2023 年 5 月 31 日声明的专利。根据数据库信息和统计分析，标准必要专利的声明数量和其必要性并无直接关系。同时，专利在实现标准中的贡献度存在较大差异，在所有的有效声明专利中，有些专利与标准之间的相关性较强，而有些专利的必要性评分相对较低，可能并非标准的核心组成部分。此外，随着 3G 到 5G 标准的迭代，相关声明专利的质量随着标准的演进反而出现下降的现状，标准化组织不透明的声明机制、没有必要性核查机制及产业主体对于竞争优势的追求都有可能导致这一问题。

由此可见，移动通信领域的标准必要专利过度声明现象较为普遍，这种过度声明现象会导致 SEP 数量虚高，进而可能影响到许可费率的确定，使得许可费率过高。这不仅会增加实施者实施标准的成本，妨碍标准技术的推广和应用，而且还可能引发专利纠纷，破坏行业的正常竞争秩序。对此，建议标准化组织对其知识产权政策进行重新审视和调整，加强专利声明的过程管理和监督，以防止过度声明现象；建议政府相关部门完善与 SEP 相关政策制度，加强对 SEP 知识产权的监管力度，以防止过度声明现象发生。与此同时，应当正视移动通信标准必要专利领域客观存在的过度声明现象，关注这一现象在智能网联车领域标准必要专利许可费计算过程中所产生的影响，及时调整许可费的变量选择与计算方法。

二、汽车标准必要专利许可费计算模型

标准必要专利技术价值的确定，本质上是一个在垄断市场中寻求均衡价格的过程。

与专利法在长期的商业实践、市场竞争与法律制度发展过程中相互磨合、不断调整所形成的利益平衡机制不同，标准必要专利的定价是新兴产业发展所创造的更为晚近的产物，尚处于理论认识与制度建设的起步阶段。无论是经济学理论分析层面对于市场结构的认识，还是法律规则层面对于双方谈判行为的分析，都会受到行业技术与市场特征以及行业发展利益的显著影响，导致最终形成的标准必要专利许可费计算方法欠缺适用场景上的普遍性。因此，应当将现有众多标准必要专利许可费计算方法进行梳理，形成体系性、类别化的结构关系，为汽车行业标准必要专利许可费的计算提供明确的理论基础和适当的方法指引。

综合现有商业实践、司法判例和学术主张，现有标准必要专利许可费的计算方法可以分为两类：其一，以标准必要专利许可交易和谈判过程作为主要研究对象；其二，以标准必要专利产品所形成的市场价格作为主要研究对象。

对于标准必要专利的许可费计算问题而言，将标准必要专利本身的交易谈判过程作为主要研究对象是一种在因果逻辑上更为直接的思路，即公平、合理、无歧视的许可费的达成取决于交易双方的谈判地位与谈判行为。因此，这种计算方法将交易结果的合理性判定问题转化为了交易行为的分析，需要论证的核心问题在于，当现实交易场景下双方谈判地位失衡时，如何塑造和模拟理想条件下公平的交易决策过程。为了定义和描述这一理想状态，在司法实践和学理中存在三种不同的研究方向：①在既已发生的现实交易中寻找符合 FRAND 原则的标准必要专利许可协议，将其整体或部分作为参考，即可比协议法；②将标准必要专利许可交易抽象为特定的理

性人决策过程，对于影响这一决策过程的变量进行公式化处理，即事前竞标模型和有效组件定价方法；③借助特定的程序性规则设计，将原本存在谈判壁垒的交易场景转化为平等的交易许可过程，即事后仲裁法和最高限价模型。

换言之，这种从交易行为合理性到交易价格正当性的因果逻辑的证成所需要的关键变量在于，消费者支付意愿的计算。而客观合理且信息可得的消费者支付意愿的计算存在两种可能的情形：①市场交易谈判破裂后的事后定价情形，此时由于市场主体的交易过程既已发生，且双方当事人均作为事后定价过程的参与主体，双方的交易过程信息是具体可得的，信息成本相对较低；②在技术交易市场相对较为成熟时，交易行为的样本数量足以形成判断交易行为正当性的现实模板、理论标准或程序性引导，此时即使具体的交易过程信息成本过高，但由于既往的交易行为足以形成合理性的判断或引导依据，也可以通过较低的交易成本计算出合理的消费者支付意愿。

在计算消费者支付意愿所需变量的信息成本过高时，通过技术价值贡献计算合理的标准必要专利许可费成为另一种研究视角和计算思路。当以技术市场作为研究对象时，合理的标准必要专利许可费只能通过对市场主体交易行为的模拟，来完成市场资源配置的过程。而最终产品的市场是有可能实现自由竞争局面的，此时在市场配置资源的作用下，产品价格成为描述其市场价值的现实变量。这种视角下的许可费计算方法所需要解决的重点问题不再是对于自由竞争市场条件下市场主体交易行为的模拟，而是对下游产品市场价格的拆解与还原，即在最终产品的市场价值中，技术标准所应当占据何种比例的份额。在司法实践和理论研究中，为了将最终产品的市场价格还原为标准必要专利技术在自由竞争市场中的价值，存在三种不同的计算方法，即自上而下法、自下而上法和 Shapley 值法。这三种方法存在共同的理论基础，但分别采用不同的变量描述方法，分别适用于具体情形下不同的数据可及性场景。相比技术交易市场中的市场主体行为，下游产品的价格是一种更具有公开性和客观性的变量，因此这一研究思路具有更普遍的应用场景。

在技术价值贡献的计算过程中，同样存在两种思路，即技术的市场价值计算路径和技术的增量价值计算路径。其中，自下而上法和Shapley值法属于增量价值的计算思路，这种将标准必要专利技术相比替代技术而言所产生的增量价值作为其许可费的计算依据是一种直接的计算思路，即贡献即价值，价值即回报的逻辑链条。然而，这种计算思路的前提在于存在可比的替代技术和明确的技术贡献，其适用范围相对较小，在欠缺可比技术或者技术增量价值难以计算时，技术的市场价值计算路径就成为另一种可选的计算思路，自上而下法就属于这种思路所对应的具体计算方法。其理论基础在于，下游产品市场是一个自由竞争的市场，在理想情形下，其所形成的市场价格是对产品价值的合理描述，因此技术作为产品的一部分，其价值不仅可以通过技术增量来描述，还可以借助产品在市场中所产生的利润予以回溯。由此可见，相比增值价值的计算方法，市场价值的计算虽然具有相对更长的逻辑推导链条，但是其所需变量更加具有普遍性和可得性。

针对智能网联车标准必要专利的许可费计算问题，汽车行业标准必要专利的技术交易市场尚处于新兴发展阶段，并未形成合理的市场交易模板或行为判断标准，在许可费计算方法的选择过程中首先应当选用产品市场端的研究视角，关注特定技术对下游产品的价值贡献问题。其次，在描述专利技术的价值贡献时，由于当前通信领域标准必要专利的过度声明现象严重，技术标准数量庞大，技术的增量价值计算方法所需的替代技术难以完全覆盖，同时计算量过大，导致该计算思路存在过大的信息成本问题。所以，在汽车行业标准必要专利的许可费计算问题上，应当借助产品利润来对技术的价值贡献进行描述，从而得出合理的许可费。

因此，汽车移动通信标准必要专利许可费率计算模型选用了自上而下法的计算路径，在此基础上，具体包括以下内容。

第一，考虑以网联功能的价值作为移动通信功能的价值体现，计算各网联功能占整车全部功能的价值比例。基于中国市场传统汽车和新能源汽车近16 000个车型的数据，包括各车型的功能配置、价格等关键参数，利用机器学习算法模型对上述数据进行拟合和预测，得出各项配置占整车的价值贡献占比。

第二，将网联功能进行技术架构分解，从而进一步得出标准技术对于网联功能的价值贡献。需要特别指出的是，在这一步所得的贡献占比不仅包括移动通信技术（即2G、3G、4G、5G的标准技术），也包含了车内总线通信标准技术（如CAN/LIN等），以及车内局域通信标准技术（如蓝牙、WLAN、Wi-Fi等）。因此，具体到移动通信技术（2G、3G、4G、5G）对汽车网联功能的贡献占比，实际上将低于我们的计算值。故移动通信技术（2G、3G、4G、5G）对于汽车网联功能的贡献占比将会比计算值低。

第三，考虑许可地域、汽车网联功能使用频率、标准必要专利对于标准的贡献等其他许可费率调解因子，最终构建汽车移动通信标准必要专利累积许可费率计算模型。专利保护和许可费的规定通常会因地域而异，不同的国家或地区的相关市场发展差异、专利保护力度等都会直接影响许可费的计算。汽车网联功能的使用频率也是一个应考虑的重要因素。一般来说，使用频率越高，其所涉及的标准必要专利的价值也就越大，反之，使用频率越低，其所涉及的标准必要专利的价值也就越小。此外，虽然标准必要专利对特定技术标准的实施至关重要，但我们必须理解，标准必要专利仅代表标准的一部分，而非全貌，它们并不等同于整个技术标准。因此，标准必要专利在标准中的整体贡献比例也是影响累积许可费率的一个重要因素。

第四节　智能网联车领域标准必要专利许可谈判

一、智能网联车领域标准必要专利许可谈判关键问题

（一）标准必要专利许可谈判框架

事实上，国内外的司法实践对于标准必要专利许可谈判框架均进行了

讨论和分析。举例而言，在欧盟法院审理的华为诉中兴案中，欧盟法院创设了标准必要专利许可谈判框架，从专利权人和实施方双方角度出发，规定了各方当事人在许可谈判中应当承担的具体义务，具有里程碑式的意义。在欧盟法院创设了这一许可框架之后，全球主要司法辖区的司法实践对于这一框架的内涵和外延展开了进一步的讨论和分析。

就国内而言，尽管目前中国法院并未在标准必要专利相关诉讼中对标准必要专利许可谈判框架进行系统性的认定，但是在相关司法实践中（华为诉三星案以及西电捷通诉索尼案），中国法院对于标准必要专利许可谈判阶段以及专利权人和实施方在许可谈判中分别应当承担的义务进行了分析和阐述。

除司法实践以外，世界主要司法辖区从法律/政策层面对于标准必要专利许可框架的相关内容也作出了相关规定。就国内的相关规定而言，广东省高级人民法院发布的《关于审理标准必要专利纠纷案件的工作指引（试行）》和北京市高级人民法院发布的《专利侵权判定指南》均对专利权人和专利实施方的过错的具体形式进行了列举。而国家市场监督管理总局在2023年6月30日发布的《关于标准必要专利领域的反垄断指南（征求意见稿）》中对标准必要专利善意谈判程序及要求进行了系统性的说明，如要求专利权人应对标准实施方提出明确的许可谈判要约，专利实施方应在合理期限内对获得许可表达善意意愿，专利权人应提出符合其所作出的公平、合理和无歧视承诺的许可条件，标准实施方应在合理期限内接受许可条件或提出符合公平、合理和无歧视原则的方案等。

就国外的相关政策而言，美国政府在2021年声明草案中列举了部分符合FRAND原则的善意谈判行为。欧盟委员会于2017年发布的《关于制定标准必要专利的欧盟方法》也对双方的许可谈判义务进行了较为详细的规定。此外，日本在《标准必要专利的诚信许可谈判指南》及《标准必要专利许可谈判指南》中也对FRAND许可谈判的义务进行了相关的规定。

（二）标准必要专利许可谈判框架关键问题

事实上，无论是司法实践还是法律/政策层面的规定，对于标准必要专利许可谈判框架中专利实施方行为和义务的讨论主要集中于许可意愿表达、保密协议签署、权利要求对照表反馈、第三方争议解决等核心内容。除此之外，专利实施方在与专利权人进行标准必要专利许可谈判时，还需要注意统一谈判主体、技术谈判先行、技术谈判框架讨论、适时提出反报价、许可协议重点条款讨论等关键问题。因此，下文将对标准必要专利许可谈判框架中专利实施方需要面对的关键问题进行具体分析。

1. 谈判主体问题

根据标准必要专利许可谈判的既往实践，在标准必要专利许可谈判正式启动之前，专利权人通常会选择向专利实施方、专利实施方关联实体（通常为负责侵权产品生产或销售的专利实施方关联实体）以及专利实施方上下游合作方分别发送许可谈判邀约/专利侵权通知。在没有形成许可邀约/专利侵权通知的应对预案的情况下，专利实施方的多个关联实体很可能会分别回复专利权人发送的许可邀约/专利侵权通知，在造成沟通混乱的同时还有可能会造成专利实施方立场或表述自相矛盾的情况，不利于专利实施方维护其善意被许可人的身份。

2. 许可意愿表达问题

积极表达许可意愿是善意的，并且这是被许可人应当遵守的一项核心义务且该项义务已经得到了国际司法实践的广泛认可。如果专利实施方没有明确表达许可意愿，则可能会被法院认定为是非善意的被许可人，专利实施方进而可能会面临禁令的威胁。

3. 保密协议签署问题

在标准必要专利许可谈判正式启动伊始，专利权人通常情况下会提供其常用的保密协议模板或要求专利实施方提供其常用的保密协议模板以供讨论和签署。在保密协议签署过程中，专利权人和专利实施方往往会就保密协议中的签署主体，保密范围，保密信息是否能在后继诉讼中使用，保密信息能否分享给第三方（外部律师、专家等），适用法律，争议解决条款，合同语言等问题展开讨论。

4. 技术谈判先行问题

在签署保密协议之后，专利权人通常可能会将专利清单、示范性权利要求对照表甚至是许可报价（term sheet）一并发送给专利实施方，并要求专利实施方确认后续技术谈判、商业谈判具体时间安排，或是直接要求专利实施方在进行技术谈判的同时进行商业谈判。对此，专利实施方通常认为，由于双方尚未完成技术谈判，目前还无法有效评估其专利实力，因此在这一阶段无法评估其报价是否具有合理性。

5. 技术谈判框架问题

技术谈判为专利权人和专利实施方平等沟通提供一个良好的平台，前者可以在技术谈判阶段展示其专利的有效性和与标准的对标性，同时后者可以在技术谈判阶段对前者专利的有效性和对标性合理质疑。因此在技术谈判阶段，专利权人通常会与专利实施方就专利清单、示范性权利要求对照表的数量及其所占专利清单比例、示范性权利要求对照表的挑选方式、代表性专利国别、语言等与专利相关的问题进行广泛讨论。

6. 权利要求对照表反馈问题

值得注意的是，针对专利权人发送的示范性权利要求对照表，专利实施方应当积极回复。如果专利实施方未在合理期限内积极回应专利权人，则专利实施方可能会被法院认定为存在明显过错。

7. 许可报价解释问题

专利权人有义务针对其提供的许可报价提供具体的解释，例如解释其许可费的具体计算方法和使用的相关数据及来源。如果专利权人拒绝提供相关解释，则其行为违反了FRAND原则，可能会被认定为具有明显过错。对此，多个国家已经从法律/政策层面给予明确肯定。

8. 许可协议重点条款问题

除许可范围、许可期限、许可价格等重点条款，许可协议中涉及的支付方式、最惠条款、审计条款（涉及按照许可费率支付许可费）、适用法律、不诉条款等内容通常也会成为专利权人与专利实施方的讨论重点。以支付方式为例，就标准必要专利许可而言，不同的专利权人对于许可费的支付方式有着不同的偏好，部分专利权人倾向于收取固定许可费（fixed）或一揽子许可费（lump-sum），也有一部分专利权人偏向于按照许可费率（running royalty）收取许可费。根据固定许可费或一揽子许可费，专利实施方需要在每年固定的一个时间（如每年的第一个季度）支付固定金额的许可费,这一许可费覆盖过去一段时间内的全部销售。而按照许可费率收取许可费,专利实施方将根据过去一段时间的实际销售情况按照约定的许可费率(通常为每台设备固定金额/固定百分比)支付许可费。按照许可费率支付许可费也将会引起审计条款的相关讨论,如双方将对是否通过第三方机构、具体的第三方机构选择等问题进行讨论。

9. 第三方争议解决问题

值得注意的是,专利实施方是否同意通过第三方机构(如仲裁、法院等机构)解决其与专利权人之间的许可争议同样是判断专利实施方是不是善意被许可人的标准之一。这一观点也得到了多个司法实践和法律/政策层面的广泛认可。

二、智能网联车领域标准必要专利许可谈判框架

(一)智能网联车领域标准必要专利许可谈判要点

1. 统一谈判主体

在没有形成许可邀约/专利侵权通知的应对预案的情况下,很可能会造成沟通混乱并造成专利实施方立场或表述自相矛盾的情况,不利于专利实施方维护其善意被许可人的身份,且专利实施方的多个关联实体分别回复专利权人还会给专利权人在未来可能的标准必要专利许可诉讼中提供便利。因此,专利实施方应当形成许可邀约/专利侵权通知的应对预案,统一标准必要专利许可谈判主体,从而避免专利实施方的多个关联实体分别回复所造成的不利影响。

2. 积极表达许可意愿

如果专利实施方没有及时明确表达许可意愿,则可能会被法院认定为是非善意的被许可人,专利实施方进而可能会面临禁令的威胁。值得注意的是,专利实施方愿意接受许可的意愿应当是清晰且明确的,需要清晰且明确地表达其愿意根据 FRAND 原则获得专利权人的许可。

3. 讨论保密协议重点条款

由于保密协议中的相关具体条款直接影响了专利权人和专利实施方在

标准必要专利许可谈判过程中的各自利益，因此双方通常会对相关问题产生本质上的分歧和争议。在这一过程中，专利实施方应当积极谈判，争取使保密协议的相关条款更加有利于专利实施方。同时，专利实施方应注意保密协议签署的期限。在与专利权人初次接触并进行标准必要专利谈判时，双方通常会在一定期限内签署首份保密协议。因此，专利实施方应认真对待保密协议签署的时间要求，以确保谈判的顺利进行。

4. 要求技术谈判先行

如果专利权人要求在进行技术谈判的同时进行商业谈判，则专利实施方可以要求技术谈判先行并主张这一要求符合标准必要专利许可谈判的国际惯例。与此同时，专利实施方也可以进一步要求专利权人与其上游经营者达成许可的情况、确认是否存在重复许可的问题，表示将在厘清这些问题之后进一步提供反报价。但提出问题时需要格外谨慎，避免被认定为拒绝许可。

5. 讨论技术谈判框架

在技术谈判阶段，专利权人的核心目的在于展示其专利的有效性以及必要性，从而证明其专利强度并为其许可报价提供支持。因此，专利实施方在这一阶段可以就权利要求对照表的数量及其所占专利清单比例、示范性权利要求对照表的挑选方式、代表性专利国别、语言等内容积极与专利权人进行沟通谈判，争取能够更加全面、客观地讨论专利权人相关专利的强度和价值。

6. 积极反馈权利要求对照表

由于专利实施方未在合理期限内积极回应专利权人，则专利实施方可能会被法院认定为存在明显过错。因此，针对专利权人发送的权利要求对照表，专利实施方应当及时组织相关技术人员对相关权利要求对照表进行内部评估、分析并及时将相关结果反馈至专利权人。

7. 适当时机提出反报价

需要说明的是，尽管技术谈判先行符合标准必要专利许可谈判国际惯例，但是这并不意味着专利实施方可以直至商业谈判阶段才开始准备其反报价。相反，通常技术谈判即将完成或已经完成时是提供反报价的最后合理期限，因此专利实施方在技术谈判阶段就应当翔实地准备其反报价的方案以及逻辑。

8. 要求专利权人对报价进行解释

由于专利权人有义务针对其提供的许可报价提供具体的解释，因此针对专利权人提供的许可报价，专利实施方可以要求其进一步解释其许可费的详细计算方式。如果专利权人主张根据可比协议计算许可费，则专利实施方可以（在签订保密协议的前提下）要求专利权人披露相关可比协议。然而需要注意的是，如果专利实施方要求专利权人对其报价提供进一步的解释或说明，则根据对等原则，根据专利权人的要求专利实施方同样应当对其反报价进行进一步的解释和说明。

9. 讨论许可协议重点条款

如上所述，许可协议中涉及的支付方式、最惠条款、审计条款、适用法律、不诉条款等内容通常也会成为许可协议中的重点讨论条款。因此，在与专利权人就许可范围、许可期限、许可价格以外的条款进行讨论的过程中，专利实施方仍应当审慎分析和评估相关条款对自身的影响，避免相关条款对企业当前以及未来的发展造成负面影响。

10. 关于第三方争议解决提议

鉴于在标准必要专利许可谈判中，双方可能会经过长时间的谈判仍无法取得进展，这时一方提议将争议提交给中立的仲裁机构或法院进行裁决，通常被认为是一种有效的解决途径。这种方式可以帮助解决双方之间的分歧，确保许可谈判的顺利进行。如果专利权人提出将争议提交给第三方解决方案，而专利实施方拒绝或不积极回应，可能会被视为对FRAND义务的违反。因此，专利实施方在面对专利权人提议的第三方解决方案时应当审慎评估，并充分考虑该提议对企业和当前许可谈判可能产生的正面和负面影响。

（二）智能网联车领域标准必要专利许可谈判框架流程图

基于上述内容，本书梳理并汇总形成了智能网联车领域企业参与标准必要专利许可谈判时可以作为参考的许可谈判框架流程图（图1.1）。特别需要说明的是，本书提供下述许可框架流程图的目的是为广大智能网联车领域企业提供基础性指引，便于智能网联车领域企业参与标准必要专利许可谈判。而由于标准必要专利许可谈判本身极具复杂性且会因各种事实情况的变化而产生极强的差异性，因此智能网联车领域企业在实际参与标准必要专利许可谈判的过程中，应当仅以下述许可谈判框架流程图作为基础性指引并进而根据具体的谈判情况制定符合客观事实、符合企业自身利益的许可谈判策略。

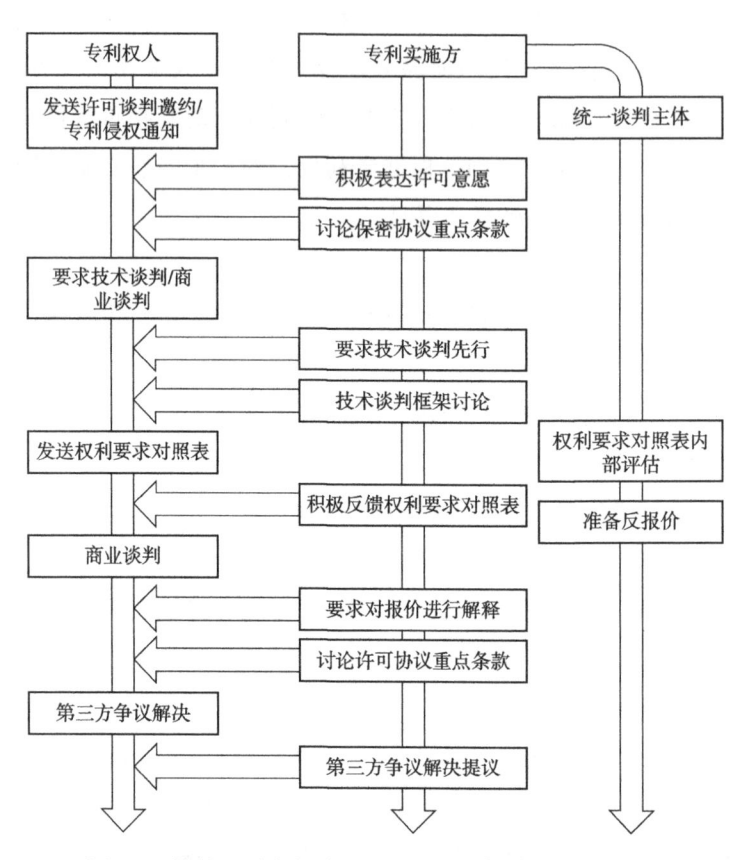

图 1.1　智能网联车领域标准必要专利许可谈判框架流程

第五节　智能网联车领域标准必要专利司法政策

随着智能网联车产业使用通信技术以多元化汽车产品功能的设计理念与商业模式愈发成熟，有关标准必要专利于多个司法管辖区引起诉讼，所涉核心问题即禁令救济与许可费计算。诉讼主体除老牌通信企业、智能网联车企业与汽车零件供应商外，还有非专利实施主体。尽管截至目前，智能网联车领域的标准必要专利诉讼均发生于域外，作为全球范围内最大的汽车产品市场之一，我国面临此类法律纠纷的潜在风险极高。学习了解其中的典型案例，无疑有助于我国企业更好地应对即将到来的挑战。

诺基亚诉戴姆勒案的诉讼双方分别是标准必要专利权人与汽车企业。该案中，戴姆勒认为专利许可费应当根据供应商向戴姆勒提供的零部件价值进行计算，而非汽车产品的整体价值，导致其与诺基亚谈判未果。诺基亚遂向曼海姆等地方法院提起多起针对戴姆勒的侵权诉讼，主张戴姆勒侵犯其多项标准必要专利并申请禁令。曼海姆地方法院考虑到诺基亚所发出的侵权通知符合要求，戴姆勒没有向诺基亚充分表达获取 FRAND 许可的意愿，且诺基亚已向戴姆勒分享了专利许可协议以作为许可费报价的参考，支持了诺基亚的诉讼请求。关于许可费的计算模式，曼海姆地方法院认为，不应当以控件单元作为参考基数计算许可费，即反对采取最小可销售单元（SSPPU）作为计算基数，而是倾向于以终端汽车产品的整车价值作为专利许可费的计算基础。针对专利歧视性许可问题，法院认为没有迹象表明诺基亚以最终产品作为专利许可费计算基础将影响竞争，并且不认同此种计费方式将限制终端设备制造商的生产、销售或技术开发而损害消费者利益，由此认定诺基亚对戴姆勒的专利权主张并不构成歧视性。论及禁令救济条件，曼海姆地方法院认为在个案中，需要禁令对专利实施主体的不利后果超出专利权人遭受损害的程度，使得无条件禁令不合理时，才有理由限制专利效力。

大陆集团诉 Avanci 案则以非专利实施主体与汽车零件供应商为诉讼主体。该案中，原告大陆集团作为汽车零部件供应商，为汽车企业提供嵌入汽车产品以实现无线连接的设备，不可避免地实施由诺基亚等企业所持有的标准必要专利。根据 Avanci 的专利许可管理协议，Avanci 只能向汽车制造商或原始设备制造商提供专利许可，而不包括零部件供应商。大陆集团认为此举违反了标准必要专利权人的 FRAND 承诺，于是在美国加利福尼亚州北区地方法院对 Avanci 及其联盟成员提起诉讼。但 Avanci 认为，大陆集团可以基于 FRAND 原则从 Avanci 联盟成员处获得专利许可，甚至大陆集团并不需要该许可，因为 Avanci 为其产品的汽车厂商提供了专利许可。地方法院认为，大陆集团所主张的受损害原因之一，即大陆集团或因"风险嫁接"等理由受到损害，仅是可能情形之一，而非必然。不过，地方法院支持了大陆集团关于 Avanci 仅对汽车厂商提供专利许可，致使其利益遭到损害的主张。然而，这被美国联邦第五巡回法院驳回，因其认为 FRAND 原则旨在保护必须符合标准才能开展经营的主体，而大陆集团既没有表明自身是标准制定组织的成员，又无须 Avanci 的专利许可仍能正常运营。在专利许可协议中，大陆集团只是依据 FRAND 原则从而取得专利许可的附带受益主体，其无权实施标准必要专利持有人和标准制定组织间的 FRAND 合同。而且，大陆集团在未单独获得标准必要专利许可的情况下也可以开展经营，不会因此遭受财产上的损害。因此，美国联邦第五巡回法院认为大陆集团不享有诉权，并裁定地方法院的判决无效，发回重审。

康文森诉特斯拉（Conversant v. Tesla）案发生在非专利实施主体与汽车企业之间。该案中，原告康文森是一家在卢森堡注册的非专利实施主体，主张特斯拉侵犯其专利权。2018 年 12 月至 2020 年 2 月，康文森多次与特斯拉谈判 FRAND 许可事宜，但双方沟通无果，后康文森对特斯拉提起专利侵权诉讼。美国得克萨斯州西区法院认为，特斯拉在安装、配置和销售特斯拉的汽车产品时实施了涉案专利，涉案专利构成特斯拉汽车产品的重要组成部分；特斯拉在诉前就已收到康文森的具体通知，明确知悉其行为构成专利侵权的情况下，仍然持续该行为，构成专利侵权。

上述案件表明，智能网联车领域围绕标准必要专利的纠纷在不断升级。有鉴于此，中国发布了颇具针对性的指导文件，欧盟和美国涉及标准必要专利的政策声明中也出现了有一定参考价值的相关内容。具言之，为更好促进汽车产业高质量发展，并掌握国际规则的话语权，我国于 2022 年 9 月推出《汽车行业标准必要专利许可指引（2022 版）》（以下简称《指引》）。其归纳总结了近年来全球智能网联车领域标准必要专利许可谈判中的难点问题，提出了利益平衡，公平、合理、无歧视，产业链任一环节均有资格获得许可以及协商处理行业差异四项核心原则，阐明了标准必要专利许可费计算基数、许可费考虑因素、累积许可费率限制原则、合理选择许可费计算方法等合理许可费的计算原则。关于许可层级，该指引指出许可层级和许可模式的选择均与行业特点和商业惯例密切相关，就汽车行业而言，一般由实施标准必要专利的零部件制造商获得专利权人的许可，故"license-to-all"的规则或更符合车企的利益。关于许可费计算，该指引对计算基数、考虑因素列举以及累积许可费率限制原则和具体计算方法提出明确建议。《指引》特别强调，无论是汽车产品中的零部件还是整车作为许可费计算基数，都应考虑标准必要专利技术对于该汽车产品的实际价值度贡献，以及对于同一汽车产品计算得到的标准必要专利许可费应该大致相同，不应由于许可层级的不同而导致许可费产生显著差异。

2023年3月，欧盟针对智能网联车发布了《标准必要专利政策指南》，其主要观点与既往存在一定差异。欧洲汽车供应商协会认为，标准必要专利的许可费应基于专利技术本身的价值；要保障充分平衡，限制专利权人的不公平行为；每个层级的实施者都能获得许可；须提供标准必要专利许可指导。进一步说，政策制定者和标准化组织应当在FRAND条款的范围和内容、向每个有意愿的实施者提供许可、标准必要专利组合的适当评估方法等方面提供清晰指导。该指南明确阐述了有关汽车产业的核心诉求，其颁行旨在为欧洲制造业数字化转型营造有力的发展空间。美国尚未在智能车联网领域正式发文，但2021年12月公开的《关于受自愿F/RAND承诺约束的标准必要专利许可谈判和补救措施的政策声明草案》值得关注。其主要内容由善意许可谈判框架与受FRAND承诺约束的标准必要专利侵权救济措施两部分组成：其一，提供了促进标准必要专利持有人与潜在被许可人间的善意许可谈判框架；其二，面向同意基于FRAND条款许可其标准必要技术的专利持有人，探讨了当自愿FRAND承诺下标准必要专利遭受侵犯时，其可获得救济措施的范围。该草案旨在规范标准必要专利的许可谈判行为，维护中小企业利益，为产业发展构建公平、公正的知识产权环境。整体上看，其对标准必要专利禁令救济采取了更温和、审慎的立场，触发了老牌专利权人/NPE阵营的反对，但在汽车行业却获得高度认可，车企及供应商尽数表示支持。

如综合考量现有司法案例、各国政策动向，以及我国智能网联车市场的潜在利益，智能网联车领域的标准必要专利诉讼在我国的出现乃至增多或可谓必然，故我国司法有必要发挥更为重要的作用来应对即将到来的挑战和变革。以下从禁令救济与许可费计算两方面，探索如何构建我国智能网联车领域标准必要专利的司法政策框架。关于禁令救济问题，标准必要专利权人在智能网联车领域具有强势的许可地位，作为实施者的车企面临较大的禁令压力。就禁令制度本身而言，普通法系与大陆法系存在差异。我国已于近年通过司法解释等完善禁令制度，但结合智能网联车领域的商业及司法实践，仍存在不确定性。其一，法院是否给予禁令救济以 FRAND 原则为评价标准，但 FRAND 原则的适用难度使得禁令颁行与否更为困难。其二，如何精准把握禁令救济的尺度，是保护权利人利益、激励技术创新与维持标准实施的关键问题。其三，域外诉讼管辖区的司法及政策影响不可忽视。在国内车企逐渐收到权利人标准必要专利许可要约的背景下，我国司法如何适用禁令救济必须慎之又慎，既不能盲目跟风域外诉讼管辖区的司法动向，也不能僵化地适用禁令救济的标准；而应当结合我国市场环境、司法环境的实际现状，以维持我国智能网联车市场机制的正常运作和良性竞争，促进信息产业和汽车产业的科技创新为目标，合理发展并适用禁令救济制度。

关于许可费计算问题，无歧视的要求是保证下游市场中专利实施者之间可以公平竞争，潜在竞争者能够以同等条件进入市场。这意味着，专利权人对交易条件相当的不同专利实施者应当提供相同的许可协议；但在不同交易条件下，给予不同被许可人不同的许可协议不一定构成歧视。司法实践中，为落实公平与无歧视要求，各国司法机关审理标准必要专利许可费纠纷案件时，多采用可比较许可协议法，即与已有的标准必要专利许可协议相比，新许可协议中的专利实施者不应当被区分对待。鉴于多数观点认为，市场经济环境下被接受的许可协议应当是公平的，个案的许可费数额合理与否即成为最关键的问题。合理不仅要求专利许可费能够体现专利价值以给予专利权人足够激励，还应当避免专利实施者负有过重的经济负担从而阻碍标准的实施。认定合理性，应当从专利价值与标准价值的区分、避免许可费堆叠与总量控制三方面展开。尽管将专利纳入标准可以提高标准质量，并间接提高专利价值，但标准价值并非因专利权人的贡献而产生，因此将其归于专利权人所有缺乏合理性。在此基础上，应当避免许可费堆叠：一方面，分别就某产品所涉全部标准必要专利和每项标准下所有必要专利对应的许可费设立峰值；另一方面，在标准必要专利许可费已知的情形下，应当分析特定标准必要专利在整体标准必要专利中的占比，从而合理确定其许可费金额。最后是总量控制问题，即为了保证标准必要专利实施主体能够获得合理商业利润，所涉标准必要专利许可费相对于其产品售价而言不应当超出一定比例。其与峰值的不同之处在于，后者是基于许可费的总额，而总量控制则以产品利润为参考限制许可费，来达到利益平衡的效果。此外，智能网联车领域标准必要专利相关纠纷的产生，一定程度上也归因于通信行业的商业习惯。考虑到通信行业与智能网联车领域存在的显著区别，消除行业差异或根据行业差异灵活适用规则，将有助于我国相关科技、产业蓬勃发展。为此，应当摆脱域外诉讼管辖区个别案件的过度影响，基于我国标准必要专利保护的价值理念和许可费金额计算方式的基本原则，构建更加符合我国智能网联车及相关产业发展实际需要的规则体系。

第六节　智能网联车领域标准必要专利与反垄断

步入 21 世纪以来，以世界汽车工业为例，大企业之间经过兼并与重组，市场寡头格局已基本形成。中国的工业时代起步较晚，导致很多工业相关的标准必要专利技术受擎于海外公司。标准必要专利通过合法途径设置了技术障碍和贸易壁垒，以建立竞争优势，来保证少数群体的利益。网联车行业涉及互联网和汽车两大产业，兼具互联网行业和汽车行业的共性与特殊性，有赖于中国企业极高的市场洞察力和中国市场潜力，中国企业或能在这一领域实现行业的弯道超车。

智能网联车领域标准必要专利通过合法途径建立竞争中的优势地位并不是市场排斥的竞争行为，但当实施标准必要专利的行为突破了合法行使权利的界限，并且产生了限制竞争的效果时，则应当使用反垄断法进行规制。为了打造良好营商环境，充分激发市场活力，我国反垄断执法机构自2014年以来，相继查处一系列汽车业垄断案件，汽车市场本身就是一个产业链长、附加值高的市场，智能网联车市场不仅集合了汽车市场的特性，还有互联网领域的多态性和联动性特征，结合行业特点和司法执法实践，智能网联车领域的不正当竞争案件具体而言可以分为以下五个方面：垄断协议、专利劫持、价格歧视与附加不合理交易条件、不当禁令救济、在专利标准制定过程中违反专利披露义务和虚假承诺。

就垄断协议而言，核心是企业主体的共谋，企业间通过订立垄断协议，达到限制或者排除竞争的协议，分为横向垄断和纵向垄断两大类，在判断经营的企业之间是否构成垄断协议时，需要判断两个方面，一是主体适格性，二是是否具有排除、限制竞争的效果。就主体适格性而言，主体是否具有竞争关系已经被逐渐淡化，但是并不意味着在责任承担上也被淡化，相反，通过"单一主体理论"，更多主体会被纳入责任承担体系；就是否具有排除、限制竞争的效果而言，协议主体之间的市场份额占比始终是一个主要因素，最大的困难在于比例的确定。

就专利劫持而言，包括了专利劫持行为和反向劫持行为。判断是否构成专利劫持行为时，需要考虑以下三个因素：披露标准必要专利信息不当、以拒绝许可或申请禁令救济为威胁、索要不合理高额许可费用。在专利劫持过程中，既包括在不当披露标准必要专利信息的前提下，以拒绝许可或申请禁令救济为威胁，继而索要不合理高额许可费用及其他不合理许可条件的情形；也包括在实施者明知该专利技术方案为标准必要专利的情形下，以拒绝许可或申请禁令救济为威胁，继而索要不合理高额许可费用及其他不合理许可条件的情形。专利劫持行为增加了实施者进入市场竞争、创新研发的成本，降低了实施者实施该专利进入行业市场可能获得的收益激励，实施者会减少或停止对标准实施的投资，可能抑制其创新效率并阻碍技术的扩散。但权利人以专利劫持为威胁，实施者也可能以反向劫持为反制。此时专利权人无法从下游实施者处获得许可费用，实施者一方面实施标准专利，另一方面通过FRAND许可原则拖延诉讼并最终达成许可。即使最终在合理许可费用及合理条件下达成许可，权利人也可能因此承受在正常许可情况下的较大损失，进而打击其创新、研发效率，不利于形成有序、健康的创新循环。因此，在认定权利人是否存在利用专利劫持限制、排除竞争的情形时，应当考虑标准必要专利权人的市场支配地位、专利劫持行为的特征和表现形式、专利劫持行为对市场竞争产生的排除、限制影响和专利劫持行为对创新和效率的影响。

价格歧视与附加不合理交易条件往往是难以严格区分的，解决搭售和附加不合理交易条件的本质，是要解决价格歧视的问题。价格歧视并不意味着当然的不正当性，这是寡头市场中的一种定价策略。价格歧视违反反垄断法还需要满足两个条件：一是消费者准入条件的一致性与否问题，即是不是同等交易；二是不同价格的合理性与否问题，在智能网联车领域，价格歧视主要出现在具有相对控制能力的公司在面对不同消费者的时候，此时，最后的落脚点都在"合理商业理由"的判断上。对于"合理商业理由"适用的价格区间，在全球费率呼声愈高的今天，更加迫切地需要统一标准，民商法领域对于合理交易价格的判断是基于交易地的物价部门指导价或者市场交易价，智能网联车领域在没有官方物价指导部门的情况下，应当由最贴近市场的自治组织进行细化和权衡。

就不当禁令救济而言，禁令的申请有时是一种谈判的手段，禁令制度的救济需要本法域司法机关在独立自主的基础上充分考虑多种因素，尤其是要对禁令执行与否所带来的社会影响和利益衡量要放在该法域的视角之下。从严格执行到自由裁量的转变，并不是所谓的"地方保护主义"的特有做法或是逆全球化的做法。如果标准必要专利案件可以适用金钱赔偿，则不应颁布禁令，这一领域应当不断弱化禁令制度的单一作用，才能使得市场竞争更趋于均衡。

就在专利标准制定过程中违反专利披露义务和虚假承诺而言，这是与团体专利分不开的。标准化组织通常要求参与标准制定的专利权人充分披露其专利的实质性内容，而对于想参与标准制定的公司来说，却希望保留专利的重要技术内容以谋取更大的利益。为处理标准的公益性和知识产权的垄断性之间的矛盾，标准化组织通过制定与标准化相关的知识产权政策用以平衡不同价值诉求之间的冲突，其主要手段之一就是通过预先设定相关的披露义务来促使专利权人合理行使其权利。但无论是何种类型的标准组织，在制定标准时，都不可避免地会遇到专利信息披露不合理不全面、专利许可费率不合理不适当等问题。从国际立法和我国司法实践来看，是否具有主观过错是在专利标准制定过程中权利人是否违反专利披露义务或虚假承诺前提和基础。

本章从垄断协议、专利劫持与反劫持、价格歧视与附加不合理交易条件、不当禁令救济、在专利标准制定过程中违反专利披露义务和虚假承诺这五个方面，讨论了智能网联车领域标准必要专利垄断行为的构成要件和考量因素，反垄断法要规制智能网联车领域标准必要专利垄断行为的考量因素，在行为分析的过程中不难发现，竞争行为的合法性与商业主体、商业模式密切相关，因此，在制定规制框架的时候，需要综合考虑立法和市场两类环境。

智能网联车领域如今正方兴未艾，且发展前景及技术能力尚居国际前列，既要避免国外专利权人利用标准必要专利垄断行为打击、破坏本土车企的发展，也要防止本土车企利用标准必要专利垄断国内市场，实现创新、竞争的良性循环。因此，智能网联车领域标准必要专利垄断行为规制框架要围绕"一个基本点四个面，一个审查立场四个方向"的原则。

标准必要专利审查的基本要点在于关注行为对市场竞争和技术创新是否具有负面影响。具体而言，该行为是不是法律规定的行为或与法律规定的行为能够实现同样效果，需要注意的是，即使行为对市场存在伤害也并不意味着一定构成垄断行为，伤害必须达到反垄断法所规定的限度才有反垄断执法的正当依据。围绕基本要点，在审查中，应当关注以下四个方面：第一，关注标准必要专利权人是否必然拥有市场支配地位。标准必要专利权人可能被直接推定为具有市场支配地位，因为技术标准的制定使其具有"不可替代"的市场地位，同时实施者还面临可能存在的较高转换成本。但在实际的专利许可实施过程中，并不能直接推定一项标准必要专利就构成一个相关市场，并进而推定其确实具有了明显的市场支配地位。第二，应当明确标准必要专利许可条件不适用本身违法原则。标准必要专利在许可过程中通常会与实施方磋商许可的条件，这一方面包括了许可的费用，另一方面包括了"一揽子许可""搭售"及"反授"等条件。但应当注意的是，在传统的专利许可过程中，也允许权利人就许可的条件提出自己的要求，这些内容并非本身违法。第三，标准必要专利反垄断审查重点在于对竞争和创新造成了严重损害。法律赋予了专利权人对专利技术形似"垄断"的权利，也不禁止标准必要专利权人就许可条件提出自己的要求，从行为本身出发，拒绝许可等行为具有较强的技术创新抑制效应，理应受到反垄断法的规制与禁止；从行为效果来看，即使是一些法律允许的竞争行为，也会在特定许可对象、许可情形下异化产生一种抑制、损害市场竞争、技术创新的效果，该种情形应在个案中进行审查。因此，对于本身违法的行为，可以不考虑具体的损害进行当然规制；对于非本身违法行为，应以具体、实际的损害效果为考量。第四，坚持个案分析。对创新的损害推定适用于垄断的情况下，应当在个案中进行认定，因为标准化组织也可能因各种原因对技术标准进行调整，很难在一个完全静止、统一的框架下对此类案件进行评价。

规制的立场会导致从程序到实体的不同效果，由于标准必要专利技术可能存在的"一技术即一市场"的情况，反垄断法试图通过排除权利持有人利用法律赋予权利人对技术的"垄断"实施的排除、限制市场竞争的行为所产生的消极影响，具体而言包括以下四个方向。一是明确审查的必要性。对于具有市场支配地位的企业来说，由于企业的市场占有率、技术壁垒、转换成本等因素，支配性企业不需要通过创新来维持其支配地位，而潜在的创新者可能由于以上因素无法对支配型企业发起挑战，而造成一种"赢家通吃"的局面，尽管标准必要专利持有人相对于行业制造、生产及研发具有较强的议价权，但标准必要专利毕竟是行业自治、规模化、标准化的产物，故不能直接推定其具有市场支配地位，过于简单、直接的反垄断介入会挫伤企业发展的积极性以及行业竞争、发展的效率，因此在涉及此类案件时，对标准必要专利权利人进行反垄断审查是必要且合理的。二是引入诉中审查。标准必要专利的非法定性、不稳定性和个案差异性导致其很难在事前审查或得到规制，为了加强规制效率，引入诉中审查不失为一个好方向。三是考量因素的灵活性。标准必要专利反垄断审查有其特殊之处，需要考虑以下几个要素：①如何评估潜在创新者（即标准必要专利实施者）的市场竞争能力；②标准必要专利现有许可与未来许可对市场竞争的评估；③动态创新效益和静态竞争效益之间的平衡。四是在审查中要正确处理反垄断法与知识产权法的关系。标准必要专利本身是属于知识产权领域的问题，因此其许可、实施乃至利用都涉及知识产权的相关规范，但反垄断法应当被用来作为自由市场的修正而不是知识产权法的修正，知识产权法赋予权利人的有效性与合法性应当在适当的情形下得到反垄断法的认可，但当一些做法明显地反竞争并且知识产权法没有明确其为合理化时，应当适用反垄断法。

第二章 标准必要专利政策

第一节 标准必要专利引发的法律与政策问题

一、标准、专利及标准必要专利

（一）标准

标准是指重复性的技术事项在一定范围内的统一规定，它以科学、技术和实践经验的综合成果为基础，反映了当时该领域科技发展的水平。

《中华人民共和国标准化法》将标准划分为四种，即国家标准、行业标准、地方标准、企业标准；标准按照强制程度可以分为强制标准和推荐标准；通常按标准的专业性质，将标准划分为技术标准、管理标准和工作标准。

技术标准是指对标准化领域中需要协调统一的技术事项所制定的标准。它包括基础标准、产品标准、工艺标准、检测试验方法标准，以及安全、卫生、环保标准等。技术标准按照不同的划分方法，可以作多种分类。例如，依据技术标准适用范围，可划分为国际技术标准、国家技术标准、行业技术标准、地方技术标准、企业技术标准；依据技术标准强制程度，可分为强制性技术标准、推荐性技术标准；依据技术标准是否公开，可分为开放性技术标准、封闭性技术标准；依据技术标准制定的主体和程序，可分为法定技术标准与事实技术标准等。

依据技术标准强制程度不同而划分的强制性技术标准和推荐性技术标准，当它对市场主体的行为产生一定影响，特别是当其行为产生排除、限制竞争的后果时需要纳入反垄断规制的范畴。具体说来，推荐性技术标准存在多项与之相互竞争的可替代性技术，它将面临更多的竞争挑战且很难占据市场支配地位，相应地，它影响市场竞争的能力就非常有限。然而，强制性技术标准具有强制执行力的特点，它缺乏与之相互替换的技术，因此，专利权人很容易在相关市场占据支配地位。基于上述原因，强制性技术标准中的专利权人之滥用行为更需要引起反垄断层面的关注。

国际上，根据1991年国际标准化组织（ISO）与国际电工委员会（IEC）联合发布的第2号指南《标准化与相关活动的基本术语及其规定》中所给出的定义："标准是由一个公认的机构制定和批准的文件。它对活动或活动的结果规定了规则、准则或特性值，供共同和反复使用，以实现在预定领域内最佳秩序和效益。"欧洲通信标准协会（ETSI）对标准作了如下规定："标准是由某一被认可的机构通过一致方式批准确立的，为共同及重复使用提供规则、指南的文件，标准致力于实现给定背景下的最优秩序。"

综合国内外相关标准化组织的定义，标准应该是一种可供共同使用的和重复使用的规范性文件，其目的是在一定的范围内获得最佳秩序，标准应当经协商制定并由公认机构批准成立；标准的共同性、反复性和普遍适用性决定了其具有公共属性，在本质上属于一种社会公共资源。

标准制定的目的是得到广泛的应用，在于开放和推广先进的技术，从而避免社会重复劳动，提高生产效率。标准具有较强的公益性质，其本质上属于一种公共资源，具备开放性和公共性。

（二）专利

专利是受法律规范保护的发明创造，它是指一项发明创造向国家审批机关提出专利申请，经依法审查合格后向专利申请人授予的在规定的时间内对该项发明创造享有的专有权。

专利权归属于私人财产权的范畴，是法定的权利主体对其发明创造在一定期限内享有的合法垄断权利。专利权具有专有性、地域性和时间性的特点，此外，还具有独占性和排他性。

专利制度的产生，一方面是对知识产权持有者的私权进行保护，即持有者通过向公众披露自己的发明贡献来获得一定期限内的独占权，这就需要保障专利持有者在知识产权研发中的投入与所收取的许可使用费之间达到平衡。但是另一方面，知识产权制度还应该考虑社会的公众利益，也就是说知识产权持有者所具备的专有权利不得妨碍技术的进步和社会的发展，此外还应考虑公平与效率之间的平衡等。传统的"专利—产品"的二元结构已经进化为"研究开发（专利）、技术集成（标准）、元器件制造、整机制造、品牌销售"的多元产业链结构。

标准制定组织在制定标准的过程中也遵循利益平衡的原则，由于标准必要专利是公有权利和私有专利的结合，其许可需要在公平、合理、无歧视的原则下达成一个利益平衡的状态，此时主要涉及三方之间的利益平衡，即标准制定组织、标准必要专利权利人及标准必要专利潜在实施者。在这种平衡状态下，标准制定组织可以推广有价值的标准，专利持有者从许可费收入中获得自己进行研发投资的补偿，而专利的实施者可以从专利许可中通过使用先进的专利技术，增强企业在市场上的竞争优势。

作为一种法定的垄断权，专利权的认可和保护由各国法律及国际条约作出规定，专利权行使的限制也由各国法律所规定。按照法律规定，专利技术纳入标准并不能成为限制专利人行使专利权的理由，另外，标准的其他参与人在没有专利权人的许可下不得实施标准中的专利技术。

（三）标准与专利的冲突

当具有公共属性的标准和具有私权属性的专利结合后，不可避免地产生利益冲突。一方面，基于知识产权产生的垄断性收益，知识产权的权利范围越广、保护强度越大，越符合其利益保护的需求；另一方面，基于标准的推广的普遍性，知识产权的权利范围越小、保护强度越小，越符合其利益的需求。

标准和专利的结合如下：一是标准的制定或实现必须以专利作为技术

支撑；二是标准所涉及的产品的某些特征必须以专利为技术手段；三是标准的技术要素包含了专利技术的全部技术特征。

专利作为法律授予专利权人的一项私权，其天生就是一种排他性的权利，未经专利权人许可，任何人不得实施该专利。与此相反，标准作为一种公用的技术规范，要求凡是接受这一规范的企业必须按照要求实施该标准，代表的是众多不拥有该新技术的市场竞争者和广大消费者的利益。一方面是个人私人利益，另一方面是社会公共利益，当标准的实施需要使用一项或多项专利保护的技术时，专利和标准之间的潜在冲突就会出现。

一是公共利益与私人利益的冲突。从属性上来说，技术标准具有公共产品的"共享性"属性，制定标准的目的是在一定范围内获产品、服务、流程的最佳秩序，即通过标准化，使人类成功的经验得以肯定并加以推广，从而提高社会整体生产水平。从标准的制定目的来看，技术标准以社会公共利益为主，追求社会福利最大化。专利从法律属性上来说属于私权，具有"私权性"属性。专利权人通过对专利产品的制造、使用、销售和进口等专利实施活动获取收益，追求个人利益最大化，而法律也正是通过这种利益"诱惑"来促使企业提高对知识产权的创造、运用和保护意识。因此，技术标准和专利之间的冲突本质上是社会集体利益和个人私人利益的冲突。

二是集体使用与排他使用的冲突。标准具有公开性，一旦标准被制定出来，将会对市场上所有的潜在标准实施者开放。企业通过实施该项标准达到准入市场的条件，以防被市场所摒弃。现代经济中有无数标准化产品，这些标准化产品让消费者获益颇多，这在网络经济中尤为明显。因为网络经济中，一件产品对特定消费者的价值是多少人使用相同或兼容产品的函数，典型的代表就是电话网络、计算机操作系统。因此，技术标准的开放使用将给消费者带来可观的效益。专利是一种排他性权利。专利技术的价值是通过专利的实施实现的，即专利技术的实施可以为实施者带来相应的财产利益。专利权人专利申请的直接目的是垄断技术的实施权，并凭借这种垄断权利获得独占利益。因此，其他人在未经专利权人授权许可的情况下不得使用该项专利技术。技术标准的开放使用和专利的排他使用使得两者在融合过程中产生极大的冲突。

二、标准必要专利引发的法律问题

(一) 标准必要专利劫持与反劫持

1. 标准必要专利劫持

劫持来源于经济学中的机会主义,是指由于交易双方的信息不对称、人逐利的本性以及人的有限理性会为了获取自身最大利益而做出损人利己的行为,既可能是在追求自身利益时"附带"损害他人利益,也可能专门以损人手段达到利己的目的。劫持可能发生在标准必要专利中,这种现象就是"专利劫持"(patent hold-up)。

标准必要专利劫持,是指标准必要专利权人利用标准必要专利要挟标准必要专利的实施者,以获取不合理的许可费用或者在许可谈判中附加明显不合理的许可条件。专利权制度设置的目的在于保护创新,专利权人通过转让或授权他人实施其专利权,以获得基于创新所带来的补偿,而专利技术一旦纳入标准,专利权人就增加了获得索取额外许可费的能力,但专利权人仅能够就其专利权而不能因标准而获得额外利益。因此,标准必要专利劫持违背标准必要专利对外授权许可的 FRAND 原则,应予以遏制。例如,在华为诉 IDC 一案中,IDC 公司就实施了专利劫持行为。

专利劫持通常表现为,拥有标准涉及的专利技术的专利权人在标准制定当中不披露专利信息,而在标准已经确立后披露其所有相关标准必要专利或正在进行的相关必要技术的专利申请,一方面,由于更改标准耗费成本巨大,经济层面上不可行,导致标准被"劫持";另一方面,由于产品已投产或者行业准入的限制,标准实施者须支付过高的专利实施许可费或面临被控侵权的风险,导致标准实施者被"劫持"。标准具有相对稳定性、权威性,标准必要专利借助标准推广的力量,使其在一定时期内具有不可替代性,处于不可缺少的地位,占有主要的市场份额。标准必要专利权人在许可谈判中因其优势地位而拥有更多的议价权,并且随着标准的进一步推广,这种利益失衡的现象可能加剧。

(1) 标准必要专利劫持法律属性

1) 专利劫持为违约行为

专利权人参与标准制定的行为构成默示许可；标准化组织要求标准必要专利权人在专利被纳入标准前作出 FRAND 承诺，多数标准化组织均对标准涉及的必要专利许可的 FRAND 原则进行了说明，专利权人应该按照公平、合理与无歧视的原则进行专利许可，专利劫持行为违反了专利权人在标准制定过程中作出的按照 FRAND 原则进行许可的承诺。

2) 专利劫持是权利滥用行为

标准专利权人一方面不当地利用其权利的绝对性基础；另一方面利用标准推广不当地扩大了专利的垄断权利，超出了专利本身的价值，利用专利被纳入标准而截取利益。

3) 专利劫持是垄断行为

专利劫持的后果与垄断行为一致，都是排除、限制竞争。例如，华为诉 IDC 案件，法院通过认定 IDC 具有的市场支配地位，对比 IDC 曾经达成的专利许可费协议认定其对华为公司收取了过高的专利许可费率，滥用市场支配地位构成垄断。

(2) 标准必要专利劫持行为表现

1) 参与标准化活动时不进行专利披露

标准必要专利权人在标准的制定过程中不披露专利信息，而在标准实施时向标准实施者要求高额的专利许可费。

2) 参与标准化活动时过度披露或虚假披露

利用标准化组织本身不对披露专利的有效性和必要性进行审核的漏洞，大量向标准化组织进行专利披露，有些标准化组织在进行技术标准制定的同时会着手专利池的构建，只有那些被标准化组织认可为必要专利的技术才可以进入专利池，而且专利池内拥有的必要专利数量越多，相应地专利许可费也会增加，因此导致某些专利权人主动披露非必要专利、无效专利，甚至是垃圾专利。

3) 滥用禁令救济或禁令威胁

禁令是专利权人以受到侵权为事由，向法院或执行机关申请禁止包括制造、使用、销售等行为在内的侵权行为。禁令救济作为一种保护专利权的重要制度为各国专利法广泛运用，专利权人可以向法院或执法机关申请禁令，制止侵犯其专利权的不法行为。禁令将使标准实施者无法实施整个标准，在没有其他替代技术的情况下，其甚至无法进入该产品市场。禁令本应是法律赋予专利权人的权利救济途径，但专利劫持的行为恰恰是滥用了禁令救济，对标准实施者以禁令相威胁，收取高额的专利许可费或控制市场准入专利劫持中的滥用禁令行为之所以对标准实施者产生巨大的威胁，是因为禁令将使其前期的成本以及预期的利益无法收回，还可能使其诚信受损，相对于金钱赔偿来说，禁令威胁将造成善意的标准实施者更大且难以估量的损失。例如，在苹果公司与摩托罗拉的专利纠纷当中，摩托罗拉在苹果公司同意执行判决后仍申请禁令，欧盟委员会最终否认了其申请禁令的合法性。

4）不合理的专利许可费

标准必要专利权人收取不合理的专利许可费也被称为价格歧视，是专利劫持的行为表现之一。标准必要专利权人利用其专利垄断的地位，针对某些标准实施者收取与专利技术的研发成本无关的、不合理的专利许可费，其目的可能是为了收取高额的费用，也可能为了限制、排除竞争对手，垄断市场。例如，中国国家发展和改革委员会启动了对高通的反垄断调查；IDC 对华为公司的专利许可要约比三星、苹果公司高出数十倍甚至百倍之多。

5）拒绝许可

标准必要专利权人拒绝将其必要专利许可为他人使用，以达到妨碍市场竞争的目的，拒绝许可一般发生在专利被纳入事实标准的必要专利权人为了获得市场垄断地位时。国家市场监督管理总局发布的《禁止滥用知识产权排除、限制竞争行为的规定》明确，无合理理由时，拥有市场支配地位的经营者不得拒绝许可。

6）搭售行为

搭售具体是指专利持有人在许可相对人使用自己的必要专利时，有的时候会将其非必要专利一起捆绑许可给相对人，有的时候也会把某些过期的或者被淘汰的专利一起捆绑给相对人，有时专利持有人把自己掌握的所有专利都一起捆绑许可。这种搭售在某些方面可以为专利权人谋取收益，有其积极的作用。然而要界定搭售是不是合情合理的，需要界定其是不是必要的。在司法实践中，法官在审判此类案件时，会让专利持有者提交搭售必要性的证据，然后再要求被许可者提供专利持有者的行为能给市场竞争秩序产生巨大的负面作用。若能证明是必要的，就不属于滥用行为，就更谈不上违反法律法规。然而现实中，大部分搭售行为都是专利持有人无论是不是必要专利统统都捆绑给相对人，标准的实施者因为标准的不可替代性只能接受专利持有人的捆绑搭售，这样实施者接受了不公平的许可条件，专利持有人也会因此谋取不正当的利益，因此，搭售的的确确属于滥用标准必要专利的行为。

7）干预下游企业竞争

干预下游产品竞争问题是指上游专利权人由于给予不同被许可人不同的许可条件，而影响下游产品市场的商业成本，从而干预了下游产品市场的竞争秩序，或者对于特定产品的供货与专利许可相关联，导致部门下游企业无法及时或者足量获得所需的上游产品，从而影响下游市场的竞争。由于专利权的垄断性，利权被标准化，专利权人在涉及其专利技术的产品市场中的地位也被大大提高了，因而获得了"裁决"专利技术实施者市场命运的权力。例如，在高通与魅族标准专利诉讼中，由于魅族没有就专利许可问题与高通公司达成一致，高通拒绝将芯片卖给魅族公司，从而使魅族无法获得高端芯片，严重干预了下游企业的竞争。

8）附加不质疑条款

专利权人要求被许可人承诺不挑战专利的有效性，从而获得稳定的许可费收益。专利权人通常采取打包的方式进行专利许可，其包涵有必要专利、非必要专利甚至是无效过期的专利，但是会通过在许可协议中加入不质疑条款等不合理条件，从而额外获取超合理范畴的专利许可费。

2. 标准必要专利反向劫持

SEP反向劫持是指标准实施者策略性地利用FRAND的不确定性和模糊性，意图达到尽量少支付甚至不支付SEP许可费，反向劫持SEP权利人的现象。具体而言，是指现实或潜在的标准实施者以标准必要专利的许可条件无法达成一致但自己又不得不实施该标准必要专利为借口，试图拒绝获得标准必要专利的许可或长期免费实施标准必要专利，从而使标准必要权利人的研发投入无法获得合理补偿的现象。例如，在就标准必要专利许可使用费进行磋商谈判的过程中，在没有任何证据和充分理由的情况下，怀疑标准必要专利权人有违 FRAND 承诺，认为标准必要专利权人开出的专利许可使用费条件不公平、具有歧视性、违背合理性，无正当理由拒绝签订许可使用费协议，故意拖延谈判进程。FRAND 原则应当体现为一种双方义务，因为单方的义务容易导致 FRAND 原则被反向劫持行为利用，故对标准必要专利权人应当作出公平、合理、无歧视的专利许可，被许可人也应当遵循诚实信用等义务，积极参与许可费谈判，努力与标准必要专利权人达成合意，否则，标准实施者的不诚信行为将会侵害标准必要专利权人的合法利益。

又如，在西电捷通诉索尼一案中，索尼公司被法院判定为故意拖延谈判，具有明显主观恶意，即为反向劫持的典型表现。

美国司法部反垄断部门负责人马坎·德尔拉西姆（Makan Delrahim）2017 年 11 月在美国南加州大学古尔德法学院（USC Gould School of Law）的一次演讲中宣布，美国司法部在标准必要专利领域的执法重点，将从聚焦专利劫持向反向劫持转变。德尔拉西姆认为反向劫持对竞争的损害可能比专利劫持更大，也反映了当前美国司法界对于标准必要专利反向劫持的最新认知与态度。

（1）标准必要专利反向劫持法律属性

1）反向劫持违背诚实信用原则

标准必要专利许可关系是市场经济关系的一种，是标准必要专利权人与标准实施者就专利的交换、使用、收益、分配等达成的合意，这种市场经济关系以诚实信用为基础，而反向劫持行为利用专利司法维权的难点损害标准必要专利权人的利益，显然属于非善意、不诚信的行为。

2）反向劫持违背公平原则

标准必要专利权人为该技术方案付出了智力劳动或相应对价，其有权通过专利许可获取其应得的收益，这有利于专利权人收回成本，激励社会创新。但反向劫持行为打破交换正义，破坏社会经济关系，导致结果的不公平。

（2）标准必要专利反向劫持行为表现

1）拖延谈判

专利许可费谈判是标准必要专利权人与标准实施者为了交换意见，达成合意的一种磋商行为，各取所需，通过合作达到利己的目的，是专利许可的重要环节。由于反向劫持中，标准实施者实质上并没有通过相互磋商而取得许可的真实意愿，因此可能采用拖延谈判的方式妨碍标准必要专利权人行使权利。例如，标准实施者在许可费谈判过程中不合理地认为标准必要专利权人的许可条件违反 FRAND 承诺或制造其他干扰使得谈判无法顺利进行。无论何种行为，标准实施者都不积极追求，甚至妨碍谈判达成合意，导致谈判低效、谈判时间冗长，令谈判陷入停滞。

2）拒绝支付许可费

标准实施者通过诉讼降低许可费的主观可能不存在故意使标准必要专利权人遭受不合理的损失的主观恶意，而是受到专利信息不对等的影响，标准实施者容易产生一种"被专利挟持"的心理，认为标准必要专利权人给予的许可费过高，从而拒绝支付。

3）滥用诉讼资源

标准实施者以标准必要专利权人没有披露其许可给其他所有被许可人许可费率，以证明此次的许可费率符合 FRAND 原则，因而致使无法做出判断，主动向法院起诉，防止标准必要专利权人滥用标准必要专利权，以达到在最大程度上压低许可价格。

3. 专利劫持与反向劫持原因分析

（1）专利与标准之间的利益冲突

法律之所以赋予发明人申请专利权，并在取得专利权后的一定时期内形成合法的市场垄断地位，他人必须尊重专利权，未经权利人许可不得使用其专利技术，本质上是为了通过设置创新者取得一定时期的合法垄断权，赋予其经济利益的激励，促进社会创新，这是法律认为需要保护的利益；专利权直接表现为垄断权，专利权人在实现私人利益时容易与公共利益发生冲突；与之不同，标准的出现是贸易全球化、生产力不断发展的结果。制定标准无法避免将他人的专利技术纳入标准，由此出现了标准与标准结合的新现象，也带来了专利权的私权属性与标准的公共属性之间的一种矛盾——开放的社会资源与私权利之间的冲突。

（2）专利披露信息的不完整，双方信息不对称

从标准化组织的披露制度来看。标准化组织通常要求组织成员披露其所有的专利技术或正在申请专利的技术，不同的标准化组织对披露制度有不同的要求，但很少有标准化组织对专利信息的披露作出强制的规定，也没有明确违反披露义务的责任。例如，欧洲电信标准化组织规定，成员应当尽合理努力、诚信地披露其知识产权，尤其是提出技术建议的成员，并且要求在标准制定前三个月内以书面形式作出 FRAND 承诺，规定当中没有明确"尽合理努力"的标准，也没有对 FRAND 承诺的具体内容作出解释，导致纠纷发生时产生认定的困难。

由于专利权人和专利实施人信息不对称，无法就标准必要专利的范围、认定以及必要性等一系列内容达成统一，因此常常发生专利许可谈判中的纠纷和矛盾，直至诉诸法庭。

（二）标准必要专利的法律规制

1. 对标准必要专利进行规制的原因

（1）标准必要专利的不可替代性和排他性

一般的专利和标准必要专利之间存在的明显差异是，一般的专利强调技术上的差异，在性质上具有私人财产的属性，如果专利权人拒绝许可或者市场上的其他生产商不愿支付高昂的许可费，则可以避开该专利选择其他技术；而专利一旦被纳入标准成为标准必要专利，标准化前与其展开竞争的技术由于未被纳入标准而失去其价值甚至变得毫无价值，这就意味着被纳入标准的技术排除了相关技术市场上的竞争成为垄断性技术。那么，标准化产品的制造商如果想在该领域继续从事生产经营则必须执行该标准，无法像对待普通专利一样避开标准必要专利，只能向标准必要专利权人寻求许可，否则其产品或者服务就达不到标准从而不能进入市场。由此可知，取得标准必要专利的使用权就成为相关生产企业的一种强制性要求。由于

标准化组织在标准制定过程了排除了相关技术市场可能存在的其他专利技术路线的竞争，因此，标准必要专利成为生产企业不二选择的技术，标准必要专利权人在其必要专利许可市场自然就会占支配地位。例如，中国国家发展和改革委员会在评估高通公司是否占据市场支配地位时，分析了"需求替代"和"供给替代"两个方面，指出"从需求替代分析，无线通信终端生产商制造特定的无线通信终端，相关技术标准中的任何一项标准必要专利都不具有替代性，它们是执行该标准时一定要使用的专利，缺少任何一项无线标准必要专利，都将造成无法生产出符合相关技术标准的无线通信终端的后果，不能满足市场需求。从供给替代分析，每一项无线标准必要专利都具有唯一性，在被相关无线通信技术标准采纳并发布和实施后，不存在实际的或者潜在的替代性供给"。因此，标准必要专利权人通常在该技术市场占据支配地位。

（2）标准必要专利的公共性

技术标准化的目的或者核心问题就是"使社会更加有效地利用有限资源，并使所有的正在从事各种活动、进行各种交易及处理各种工作的人们都能享受改进后的技术条件"。随着标准化作用的逐步显现和标准化进程的不断推进，经济领域中标准化程度高的行业，标准必要专利往往涉及众多经营者的利益乃至整个社会公共利益。首先，技术标准与标准制定组织和其成员有关，因为它反映了参与标准制定的企业之间的合作与协调，从而可被认为是标准化组织内部成员之间存在的合同关系。其次，它与技术标准使用人有着非常密切的关系，因为标准使用人只能执行技术标准所接纳的专利技术，他们需要且必须对这种技术产品的生产进行投资，才能生产出符合技术标准的合格产品。再次，技术标准化也能体现和维护消费者的利益，因为他们可以从技术标准化的高效率和高标准生产中获得益处。例如，2013年美国在涉及标准必要专利政策的声明中指出，美国国际贸易委员会对作出FRAND承诺的标准必要专利权人给予禁令救济可能引发专利劫持、导致扭曲竞争的后果，这样的救济与法定的社会公共利益不相符。美国奥巴马政府的贸易代表在其向美国国际贸易委员会发布的禁令否决书中也指出，只要处理涉及标准必要专利的案件就应当考虑社会公共利益，作出的决定不得排除、限制竞争，不得破坏社会公共利益，不得损害消费者的合法权益。

（3）标准必要专利易引发反垄断行为

由于标准必要专利的特殊性，在标准发布后，尤其是国家标准发布后，相关市场主体为了尽快使新产品满足国标要求，就必须尽快获得相关专利授权和相关专利技术的许可，因为在专利许可谈判中极容易产生不对等的谈判地位，导致专利权一方占据主导地位，当有些企业未能满足专利权人提出的一些不合理条款时，专利权人就会以拒绝许可、专利诉讼、拒绝供货等相关手段作为逼迫潜在专利实施方达成专利许可的手段，从而容易引发市场垄断行为。

综上所述，作为技术标准与专利相结合产物的标准必要专利，它具有一般专利的特点，例如，标准必要专利具有客体的无形性、存续的时间性、效力的地域性、创制的易复制性等特点。但是，它还具有不同于一般专利的特点（如不可替代性、公共性、有限性和反竞争性等特点），特别是它对标准实施人来说，就其标准化产品的生产是不可或缺的，具有不可替代性，从而它们与非标准必要专利相比明显地具有垄断性。同时，纳入标准的专利一般不存在替代技术，专利权人在相关技术市场通常占据大部分乃至全部的市场份额，他们更容易占据市场支配地位。因此，对标准必要专利应当予以规制。

2. 标准必要专利规制途径

专利权人在法律框架体系内主张其专利权并获得收益是受专利法所保护的，但是由于标准必要专利的特殊性，其比一般的专利权更容易出现被滥用的可能，标准必要专利的滥用不仅应当受到知识产权法本身的约束，同时也将受到民法基本原则（如公平原则、诚实信用原则、公序良俗原则和禁止权利滥用原则等）的规制。更重要的是，尽管知识产权作为一种合法的垄断权，但当其权利被滥用时应当受到法律的规制。

（1）标准必要专利的知识产权法规制

知识产权法本身将通过具体的规定对标准必要专利权的行使进行规范。例如，强制许可即是对专利权使用的限制。再如，知识产权法中还直接规定相关权利不得滥用的原则，这是知识产权法自身涉及权利限制的规定，这也正是知识产权调节机制在法律上的具体反映。之所以从知识产权法的角度看待标准必要专利问题,是因为我国在早期的标准制定过程中,标准化组织并不要求专利权人作出 FRAND 承诺或者承担信息披露的义务,即使现在要求承担这两项义务也并不影响标准必要专利权人在专利法上的法律地位。标准必要专利权人提出侵权诉讼、寻求禁令救济或要求损害赔偿的权利都不会因为其专利标准化而受到任何限制,同时标准实施者针对专利权人提出的侵权诉讼进行不侵权抗辩或者专利无效抗辩也符合专利法上的规定。因此,在涉及标准必要专利的问题时可以选择知识产权法包括专利法进行规制。

(2) 标准必要专利的合同法规制

标准必要专利作为知识产权,是民事权利的一种,因此民法的基本原则也将约束标准必要专利权的行使,其中权利不得滥用是最直接且最主要的体现。《中华人民共和国宪法》第 51 条指出,我国公民在行使自由和权利时,不得损害国家、社会、集体以及其他公民合法的利益。由此,权利不得滥用原则应当是我国所有法律都遵守的共同原则,毫无疑问知识产权的运用也应当遵守这一原则。具体到适用合同法处理涉及标准必要专利的案件时,特别需要考虑两个方面的问题。一方面,专利权人主动将专利纳入标准的行为是否构成默示许可他人实施其专利;另一方面,尽管学术界和实务界针对 FRAND 承诺的法律性质未达成共识,但大家都认同该承诺在标准必要专利权人、标准制定组织以及标准制定组织的成员之间成立合同关系。综上,标准必要专利应当受到民法包括合同法在内的规制。

(3) 标准必要专利的反垄断法规制

标准必要专利作为知识产权的一种形式,标准必要专利与反垄断的关系,其实如同知识产权与反垄断的关系一样,也就是说,通过分析知识产权与反垄断的关系可以看出标准必要专利与反垄断的关系,进而厘清标准必要专利的反垄断规制路径。知识产权法与反垄断法之间的关系既相互一致,又存在矛盾冲突。知识产权法与反垄断法在基本功能和追求的目标方面是一致的。具体来说,第一,知识产权法与反垄断法均推动竞争和鼓励创新。只不过反垄断法是通过维护自由竞争,以及限制或破除垄断的方式,而知识产权是通过保护知识产权人的专有权等方式鼓励创新以此维护自由竞争,两者殊途同归。

尽管不是所有涉及知识产权滥用的问题都需要反垄断法进行调整,但基于竞争政策作为很多国家的基本公共政策,涉及知识产权的垄断行为将影响竞争政策的正常实施,由此许多国家都倾向于在反垄断法的框架下解决该问题,而且许多国家的反垄断执法机构都特别关注知识产权滥用的反垄断规制问题。

第二节 全球标准必要专利政策概况

一、美国标准必要专利政策

2013年1月8日,美国司法部反垄断局和美国专利商标局发布了《关于受自愿FRAND承诺约束的标准必要专利的救济措施的政策声明》❶(以下简称《2013年声明》),首次表达了美国政府对于标准必要专利救济措施的立场。2019年12月19日,美国司法部反垄断局、美国专利商标局和美国国家标准与技术研究院共同发布了更新版声明文件❷(以下简称《2019年声明》)并撤回了《2013年声明》。2021年12月6日,为响应拜登政府2021年颁发的关于推动美国经济竞争的行政令,三部门对《2019年声明》

---

❶ United States Department of Justice and United States Patent & Trademark Office: Policy Statement on Remedies for Standards-Essential Patents Subject to Voluntary FRAND Commitments, available at: https://www.essentialpatentblog.com/wp-content/uploads/sites/64/2013/11/Final_DOJ-PTO_Policy_Statement_on_FRAND_SEPs_1-8-13.pdf.

❷ The U.S. Patent & Trademark Office: Policy Statement on Remedies for Standards-Essential Patents Subject to Voluntary FRAND Commitments, available at: https://www.justice.gov/atr/page/file/1228016/download.

进行了修订，并就该修订草案❶（以下简称《2021年声明草案》）征集意见。2022年6月8日，三部门联合发布公告❷，正式撤回《2019年声明》。

（一）《2013年声明》

《2013年声明》表明，美国政府支持所有由专利权人自愿作出FRAND许可的制度，反对"一刀切"地强迫专利权人免费许可或以低于市场价格的条件或价格作出许可。该声明中的观点可以总结为，如果专利实施方在专利权人承诺的FRAND许可范围之内行事且并未拒绝接受FRAND许可，则公共利益因素可能会排除权利人的禁令救济。

（二）《2019年声明》

《2019年声明》变更了《2013年声明》中的部分观点，主要体现在标准必要专利侵权案件可以适用美国法律规定的所有救济措施，但由于存在FRAND承诺，双方当事人的行为将会对救济方式的选择产生影响。《2019年声明》还特别指出传统专利侵权案件中颁发禁令的判断标准对于标准必要专利案件同样适用。对于禁令救济的选择，FRAND承诺、标准制定组织的知识产权政策以及当事人的许可谈判行为都会对其造成影响，需要进行个案分析。

（三）《2021年声明草案》

《2021年声明草案》指出，专利权人在专利实施方有意愿接受许可并能为过去及未来的使用向专利权人提供补偿的条件下寻求禁令救济是不符合FRAND承诺的，标准必要专利权人和专利实施方应当进行善意谈判以达成符合FRAND义务的许可条款。《2021年声明草案》还为各方在谈判中应尽

---

❶ U. S. Department of Justice, Public Comments-Draft Policy Statement on Licensing Negotiations and Remedies for Standards–Essential Patents, available at: https://www.justice.gov/atr/guidelines-and-policy-statements-0/public-comments-draft-policy-statement-licensing-negotiations-and-remedies-standards-essential.

❷ The U. S. Patent & Trademark Office: Withdrawal of 2019 Policy Statement on Remedies for Standards-Essential Patents Subject to Voluntary FRAND Commitments, available at: https://www.uspto.gov/sites/default/files/documents/SEP2019 - Withdrawal.pdf? utm_campaign=subscriptioncenter & utm_content = & utm_medium = email & utm_name = & utm_source=govdelivery & utm_term.

到的善意谈判义务进行了具体说明。

此外,《2021年声明草案》还认为,如果双方之间的善意谈判失败并且双方当事人无法就替代性争议解决方案或者就在双方同意的司法辖区确认FRAND许可费达成一致,则FRAND承诺以及个案中的谈判情况将影响适当救济方式的选择("eBay框架")。但通常认为,金钱性救济可以完全补偿专利权人因专利侵权造成的损失。

《2021年声明草案》还赞同了eBay案中的观点,表示针对标准必要专利颁发禁令比较罕见,只有专利实施方不愿意或者不能达成FRAND许可时,颁发禁令才是正当的。而且如果专利实施方在谈判中的行为并非善意,FRAND承诺则不能排除针对故意侵权的惩罚性损害赔偿。

二、欧洲标准必要专利政策

从2013年起,欧盟就已开始了专利与标准的研究。2014—2015年,欧盟曾就标准与专利问题向公众征求意见,还组织专家学者对标准必要专利问题进行研究。2017年,欧盟发布了《关于制定标准必要专利的欧盟方法》[1],对标准必要专利的透明度、许可、谈判等问题表明了官方立场。2020年,欧盟提出《知识产权行动计划》[2],提出要重点提升标准必要专利许可的透明度和可预期性。

2022年2月14日,欧盟委员会针对专利声明透明度和可预见性不足、FRAND条款和条件的不确定性以及不透明度、欧盟目前的标准必要专利执法相对低效且成本高昂三大问题发起了为期三个月的公众意见咨询,并发

---

[1] European Commission:Communication from the Commission to the Institutions on Setting out the EU approach to Standard Essential Patents,available at:https://ec.europa.eu/docsroom/documents/26583.

[2] European Commission:Intellectual property action plan implementation,available at:https://single-market-economy.ec.europa.eu/industry/strategy/intellectual-property/intellectual-property-action-plan-implementation_en

布了咨询结果报告❶（即《2022 咨询报告》）。该报告仅为调查结果的数据整理，欧盟委员会表示之后会出台系统整理后有具体内容的文件。2023 年 4 月 27 日，欧盟发布了《关于标准必要专利和修订（EU）2017/1001 号条例的提案》❷（以下简称《关于标准必要专利的提案》），该规定关注的重点在于提升整体许可框架的透明度，整体性解决有关标准必要专利许可的若干问题。

（一）《关于制定标准必要专利的欧盟方法》

《关于制定标准必要专利的欧盟方法》认为，应当提升数据库质量以及开发其他信息工具从而提升标准必要专利相关信息的透明度，并确定兼备公信力与技术能力的独立机构开展必要性审查，从而帮助企业降低相关成本、促进公正谈判。

《关于制定标准必要专利的欧盟方法》认为，要针对 FRAND 概念设置一组如专利许可要专注于技术本身的经济价值、现有价值、总体价值，并确保许可费数额足以对标准必要专利权人产生持续激励，注重许可效率等内容的关键原则，从而提供更加稳固的许可环境、为许可谈判提供指引。

针对禁令问题，《关于制定标准必要专利的欧盟方法》在华为诉中兴案所确定的谈判框架基础上提供了额外指引，针对权利人的解释义务、实施方的反报价要求、实施方对抗禁令的担保数额及禁令的效果要件进行了更加清晰的说明。此外，《关于制定标准必要专利的欧盟方法》还讨论了专利组合许可以及替代性争议解决方案的适用条件。

（二）《知识产权行动计划》

《知识产权行动计划》从总体上为提升标准必要专利的透明度，开发独

---

❶ European Commission: Intellectual property – new framework for standard–essential patents, available at: https://ec.europa.eu/info/law/better-regulation/have-your-say/initiatives/13109-Intellectual-property-new-framework-for-standard-essential-patents/public-consultation_en.

❷ European Commission: Internal Market, Industry, Entrepreneurship and SMEs, available at: https://single-market-economy.ec.europa.eu/publications/com2023232-proposal-regulation-standard-essential-patents_en.

立必要性审查系统，推动由产业带头制定的政策倡议，以及进一步修订《关于制定标准必要专利的欧盟方法》中指定的标准必要专利声明、谈判和实施框架进行规划。

(三)《2022 咨询报告》

根据《2022 咨询报告》，大部分受访者支持对每个标准必要专利家族中的每个标准必要专利进行由独立专家开展的审查，且该审查不应具有任何法律效力。此外，专利实施方认为许可可以发生在产业链的任何环节中，而专利权人认为许可只应发生在一个环节上。

就许可行为而言，大部分专利实施方会主动寻求许可以避免诉讼。对于符合 FRAND 原则的许可条件，专利权人认为其应当取决于产品中实施标准的功能。除此之外，专利权人和专利实施方对于许可费率的合理折扣区间存在争议。

(四)《关于标准必要专利的提案》

《关于标准必要专利的提案》主张需要欧盟知识产权局（EUIPO）建立一个负责标准必要专利登记、调解、必要性评估、FRAND 确认等工作的职能中心。

登记制度中需要登记的信息包括相关标准信息、登记标准必要专利识别信息、技术规范、专利权人 FRAND 承诺、专利权人相关信息、公开标准条款、专利池许可等信息。在该制度下，如果专利权人未在规定的时间内完成标准必要专利的登记，则无法在相关法院执行相关专利以及要求许可费或损害赔偿。

《关于标准必要专利的提案》还为专利权人、法院等设置了通知义务。举例而言，专利权人应当向职能中心披露其标准必要专利实施信息、许可条件（包括许可费及折扣）、必要性审查结果等信息。任何欧盟辖区内的法院应当向职能中心通报其作出的有关标准必要专利的禁令判决、侵权程序判决、必要性和有效性判决、滥用市场支配地位判决、FRAND 许可费率判决等信息。除此之外，《关于标准必要专利的提案》还主张建立 FRAND 累积费率确定制度以及 FRAND 条款的强制确定制度。就累积费率而言，《关于标准必要专利的提案》主张专利权人可以向职能中心通知一项标准的累积费率。同时，职能中心还可以就累积费率进行调解。此外，专利权人或专利实施方还可以请求职能中心就一项标准的全球累计费率出具不具有法律约束力的专家意见。针对FRAND条款强制确定制度而言，根据《关于标准必要专利的提案》的规定，在SEP权利人向欧盟辖区内的法院提起专利侵权诉讼或专利实施方提起FRAND确认诉讼之前，应提起FRAND条款确定程序。但这一程序将不影响向法院申请针对侵权方的财务性质的临时禁令的可能性。FRAND条款确定程序裁定结果本身也并不具有法律约束力，许可双方可选择接受或拒绝。此外，《关于标准必要专利的提案》还对标准必要专利的必要性审查的方法、效力以及持续工作作出了详细规定。

三、英国标准必要专利政策

英国政府为推进英国国家创新能力和制度的发展所提出的创新战略（UK Innovation Strategy）[1]中包括对移动通信等领域的标准必要专利加以保护的内容。为确保英国与全球标准必要专利同步发展，英国知识产权局（Intellectual Property Office，IPO）于2022年8月5日发布了意见征集结果的摘要报告[2]，并将公开后续调研结果。《摘要报告》体现出各方对于利益问题迥然不同的立场和观点，且官方并未给出明确立场。2023年1月25日发布的《横向协议草案》[3]还对标准必要专利知识产权许可的垄断相关问题进行了规定。2023年3月21日，英国知识产权局对中小企业和中、低市值

---

[1] The UK Government：UK Innovation Strategy：leading the future by creating it（accessible webpage），available at：https://www.gov.uk/government/publications/uk-innovation-strategy-leading-the-future-by-creating-it/uk-innovation-strategy-leading-the-future-by-creating-it-accessible-webpage.

[2] The UK Intellectual Property Office：Standard Essential Patents and Innovation：Summary of Responses to the Call for Views，available at：https://assets.publishing.service.gov.uk/government/uploads/system/uploads/attachment_data/file/1096888/Standard-essential-patents-summary-of-responses.pdf.

[3] The UK Government：Draft guidance on Horizontal Agreements，available at：https://www.gov.uk/government/consultations/draft-guidance-on-horizontal-agreements.

上市企业就关于标准必要专利框架的观点发出意见征集问卷❶，主要询问企业在目前的标准必要专利许可框架下能否有效、充分地了解与标准必要专利相关的信息以及在标准制定过程中的参与度是否充分等问题。2023 年 7 月 5 日，英国知识产权局发布了意见征集结果的摘要❷，但仍未给出任何明确的官方立场。

（一）《摘要报告》

1. 标准制定组织透明度

关于目前标准制定组织（如 ETSI）知识产权政策和透明度的关系，该《摘要报告》发现知识产权政策容易导致过度声明或声明不充分两种后果。对于过度声明问题，一些反馈者认为过度声明某种程度上是无法避免的；其反对者则认为目前过度声明的比例过大，增加了确定专利组合标准必要性所需的成本和时间，使得挑战相关声明的必要性需要巨大的谈判和诉讼成本。对于声明不充分的问题，反馈者的争议集中在声明不充分可能会导致潜在标准必要专利的确定性降低，以及专利劫持等问题上。

关于标准制定组织的专利声明政策是否充分透明的问题，部分支持者认为如 ETSI 等少数标准制定组织已经具有足够的透明度，而反对者认为目前标准制定组织采取的自愿声明模式不足以保证整体专利系统的透明度。各方从标准制定组织更新其知识产权政策或以其他方式要求专利权人进行更具体的声明、增加对标准制定组织的责任要求、政府更多地介入标准必要专利声明的审查和指导等角度出发，提出提高透明度的建议。

2. 必要性审查

对于审查节点，存在在声明的早期披露以及在某些触发节点（如正式

---

❶ The UK Intellectual Property Office：Standard Essential Patents（SEP）Licensing Questionnaire for SMEs, available at：https://ipoconsultations.citizenspace.com/ipo/sep-licensing-questionnaire-for-smes/consultation/subpage. 2023－02－23. 4871659496/.

❷ The UK Government：SEPs questionnaire for SME, small-cap and mid-cap businesses：Summary of Responses, available at：https://www.gov.uk/government/consultations/standard-essential-patents-and-innovation-call-for-views/outcome/seps-questionnaire-for-sme-small-cap-and-mid-cap-businesses-summary-of-responses#licensing-disagreement-and-dispute-resolution.

确定相关标准或对标准进行更新）时对专利必要性进行强制审查等观点。对于实施必要性审查的主体，存在当事人审查、第三方机构审查、公权力机关审查以及专利池审查等不同观点。而对于抽查方法的选择，部分答复认为在处理专利组合时，应当随机抽样、明确审查范围，以避免专利权人扩大实际权利。

对于必要性审查的法律效力，大部分反馈者认为，具有法律约束力的专利必要性决定只能由法院作出，也有反馈者指出不能赋予专利的必要性审查结果法律上的效力。

3. 许可层级

关于许可的层级，诺基亚与 Nordic Semiconductor 的许可安排被认为是一种物联网的新许可示例。对于物联网产业而言，大部分反馈者认为应当向少数在产业链中具有较高位置的上游芯片或模块制造商发放许可，也有观点认为，FRAND 许可应当平等地开放提供给任意第三方。

4. 许可框架

欧盟法院在华为诉中兴案中已就如何进行符合 FRAND 原则的标准必要专利谈判提供了相应框架，并为禁令的颁发条件和裁定原则给出了指导，英国法院在无线星球诉华为案中也对相关问题做出了进一步的澄清。

而对于许可谈判中的仲裁条款，许多反馈者表示替代性纠纷解决渠道不应是强制性的，因为仲裁员并不一定具备技术专长，而且仲裁过程不透明等原因会使得仲裁结果缺乏确定性。

5. 许可费计算

许多利益相关方反对引入固定的定价和计算方法，认为其缺乏灵活性，无法满足市场的变化。

关于许可费的计算基础，存在以整机产品作为计算基础以及最小可销售实施单元作为计算基础的两种对立观点。对于设定单位固定许可费的方法，有反馈者提出先确定总金额再根据专利权人各自专利组合实力进行分摊的方法，可以提高专利许可费用的透明度。也有反馈者主张设定一个许可费上限，使得专利许可费能够准确地反映专利技术本身产生的附加价值，但反对者认为专利的价值不一定与制造成本相关。

反馈意见中还普遍提到了不同地区专利保护程度、司法保护路径、市场生产、制造、销售成本、产品利润的差异程度等因素对于标准必要专利许可费率的影响。这些因素对确定费率时如何兼顾效率性和公平性提出了挑战。

6. 禁令救济

大部分专利权人认为颁发禁令同样适用于标准必要专利纠纷案件，作出 FRAND 许可承诺并不意味着放弃请求或实施禁令，并支持英国法院继续在发出禁令问题上行使自由裁量权。

而专利实施方普遍认为禁令救济不应作为标准必要专利纠纷的备选救济措施，禁令的颁发不仅会阻碍企业实施标准化技术，还会被专利权人滥用，从而要求远高于符合 FRAND 原则的许可费率，而这些费用最终会被转嫁给消费者。

颁发禁令的条件，存在在专利实施方拒绝或者无法支付相应的损害赔偿金额等极少数情况下才发布以及在标准必要专利权人及实施方未出于善意进行许可、谈判或实施时发布的两种观点。对于颁发禁令的考虑因素，存在合比例性测试、评估禁令是否与被侵犯的专利价值成比例、公共和国家利益的影响、实施者是否做出了 FRAND 承诺、双方是否进行了善意谈判等观点。

(二)《横向协议草案》

《横向协议草案》认为透明度以及必要性审查对于提升标准化至关重要，且判断标准化协议是否违反反垄断相关规定，主要看相关协议是否对获得许可的被授权人范围以及获得许可的条件设置了不公平不合理的限制。若一项标准化协议签署后使得其竞争对手依据自身替代性技术生产的产品仍无法符合标准，则可能会导致该协议因限制创新和产品多样性而产生垄断问题。

四、日本标准必要专利政策

截至 2022 年，日本政府在标准必要专利方面陆续出台《多部件产品许可指南》《诚信许可谈判指南》❶《许可谈判指南》❷ 三部指南。

尽管上述指南均不具有法律效力,但《多部件产品许可指南》《诚信许可谈判指南》代表了日本政府的官方立场。而《许可谈判指南》只客观地总结了关于标准必要专利许可谈判的不同论点,以供各方参阅。❸

(一)《多部件产品许可指南》

《多部件许可指南》提出了针对多部件产品许可费的计算三大原则。

1. 原则一:针对许可协议的当事人,应当以"license-to-all"作为基础

《多部件产品许可指南》指出,就多部件产品领域而言具有明确的层级划分,终端制造商位于最上层,而供应商则作为主分包商和次级分包商应位于下层。《多部件产品许可指南》认为,适用"license-to-all"这一概念是适当的,即标准必要专利权人必须许可给有意愿接受许可的任意实体,无论其处于供应链的何种层级。

2. 原则二:应当采用自上而下法计算许可费

《多部件产品许可指南》指出,应当采用自上而下法计算许可费,这样可以避免专利费堆积的问题。此外,自上而下法本身也可以使得全部标准必要专利权人获得公平的许可费份额。

3. 原则三:应当根据标准必要专利对于实施专利的主要产品价值的贡献率计算许可费

《多部件产品许可指南》指出,许可费的计算要以标准必要专利对于实施专利的主要产品价值的贡献率作为基础。以汽车领域为例,作为典型包含多部件的多部件产品,贡献率价值的计算应基于根本上实施涉案专利部

---

❶ Ministry of Economy, Trade and Industry (METI): Good Faith Negotiation Guidelines for Standard Essential Patent Licenses, available at: https://www.meti.go.jp/policy/economy/chizai/sep_license/good-faith-negotiation-guidelines-for-SEPlicenses-en.pdf.

❷ Japan Patent Office: Guide to Licensing Negotiations Involving Standard Essential Patents, available at: https://www.jpo.go.jp/e/system/laws/rule/guideline/patent/document/rev-seps-tebiki/guide-seps-en.pdf.

❸ Ministry of Economy, Trade and Industry (METI): Difference between the METI's Guidelines and the JPO's Guide, available at: https://www.meti.go.jp/policy/economy/chizai/sep_license/diff-METIguidelines-JPOguide-en.pdf.

件的具体情况。任何情况下，与基于贡献率计算出的价值相差较大的许可费无法体现标准必要专利的公平价值。

（二）《诚信许可谈判指南》

《诚信许可谈判指南》提供了专利权人与实施方在善意许可谈判中应当遵守的准则，但并不具有法律约束力，不能保证遵守相关准则的许可谈判一定会被认定为是善意许可谈判。而且该指南不适用专利池与专利实施方之间的许可谈判。

《诚信许可谈判指南》提出的双边谈判 FRAND 许可框架包含了四个主要步骤，分别为"许可要约""许可意愿表达""具体许可条款提议"以及"反报价"，其对每一步骤中权利人和专利实施方应当遵循的善意谈判行为标准都做出了指引。

1. 许可要约

专利权人应当提供专利清单、权利要求对照表、专利实施方产品使用相应标准的信息以及存在 FRAND 承诺和相应标准号的信息。

2. 许可意愿表达

专利实施方应当表达其愿意接受许可的意愿。即便专利实施方在表达该种意愿时保留质疑专利必要性、有效性或者是否侵权的权利，也可被认定为是善意的。

3. 具体许可条款提议

专利权人需要提供具体的许可条款（包括许可费），且需对除了许可费的计算方式外的条款为何符合 FRAND 原则作出解释。

4. 反报价

如果专利实施方拒绝接受专利权人提出的许可条款，则专利实施方应当提供其反报价（包含许可费）。同理，实施方需对除了许可费的计算方式外的条款为何符合 FRAND 原则作出解释。

（三）《许可谈判指南》

《许可谈判指南》旨在提高透明度和可预测性，促进专利权人与专利实施方之间的谈判，并将许可谈判分为五个步骤。

1. 专利权人提出许可谈判要约

《许可谈判指南》认为，专利权人需要提供标准必要专利识别文件（专利清单、标准名称、专利地域范围）以及权利要求对照表。《许可谈判指南》还罗列出了在这一阶段专利权人可能违反 FRAND 义务的行为。

专利权人发现有人疑似侵犯自己的专利权时，可向技术使用者列举相关专利，并且指出这些专利如何遭到侵权。一般情况下，专利权人必须至少提出以下 3 项文件，佐证其所指控的侵权行为。

① SEP 清单，列出被侵权专利的编号、名称、地区等；

② 专利侵权对照表（Claim Chart），将 SEP 的权利请求项对应到技术标准或产品的文件；

③ 其他证明 SEP 之必要性的文件，如专利权人向标准制定机构（SSO）提出的 FRAND 承诺文件。

如果专利权人提出的佐证资料不足，例如没有专利清单或少了专利侵权对照表，技术使用者最好立刻要求对方提供这些资料。

在此阶段，专利权人可能会被视为恶意（bad faith）的行为有以下几种。

① 还没发函警告技术使用者，就向法院申请禁制令，或才发函警告，就立刻申请禁制令；

② 在向技术使用者提出授权谈判要约时，SEP 清单、专利侵权对照表、SEP 必要性证明等文件揭露不足；

③ 要求技术使用者先签保密协议，才愿提供专利侵权对照表。

2. 专利实施方表达许可意愿

《许可谈判指南》认为，在收到专利权人的许可谈判要约后，专利实施方应作出善意回应。专利实施方可以在表达接受许可意愿的同时保留对于专利的必要性、有效性以及质疑是否侵权的权利。至于许可意愿的表达期限，可由涉案专利数量、技术复杂程度、专利实施方对于技术的了解情况、商业交易、专利必要性、有效性以及是否侵权等因素共同决定。《许可谈判指南》还特别指出了在这一阶段专利实施方可能违反 FRAND 义务的行为。

在此阶段，技术使用者可能会被视为恶意的行为有：

① 不说明很晚回复或甚至干脆拒绝谈判的理由；

② 双方还没同意是否就整个专利组合进行授权谈判，就要求专利权人必须先证明 SEP 的必要性与有效性，才愿开始谈判；

③ 不合理拖延谈判，如坚持专利权人必须提供受到保密协议保护的资讯；

④ 拒绝签订保密协议，却要求专利权人提供含有机密资讯的专利侵权对照表；

⑤ 重复提出无意义的回应；

⑥ 仅因别人没有取得授权，就拒绝取得授权。

3. 专利权人提供具体许可要约

在专利实施方表达接受许可意愿之后，专利权人可以立即向专利实施方发送书面许可要约，并且专利权人需要具体解释其要约符合 FRAND 原则的原因。《许可谈判指南》还指出了这一阶段专利权人可能违反 FRAND 义务的行为。

在此阶段，专利权人可能会被视为恶意的行为有以下几种。

① 为了取得授权谈判的优势地位，还未提出 FRAND 条件授权要约，就寻求对表达取得授权意愿的技术使用者下达禁制令；

② 谈判尚在进行，就发函警告技术使用者的业务合作对象；

③ 一开始提出不合理的要约；

④ 不说明权利金计算方式，或不证明授权要求符合 FRAND 原则。

4. 专利实施方提供具体反报价

如果专利实施方不同意专利权人提供的许可要约，则专利实施方可以提供反报价。除说明许可费计算方法外，专利实施方专还需要具体解释其反报价符合 FRAND 原则的原因，具体理由可以包括：①许可费的计算方式，或者②可比协议及其条款清单（根据保密协议可不披露）。

就反报价的合理回复期限而言，《许可谈判指南》认为专利实施方提出反报价的期限应根据涉案专利数量、专利的复杂性、涉案专利数量和种类、是否存在可比许可费率、是否为全球/地区许可谈判等具体情况决定。《许可谈判指南》同样指出了在这一阶段专利实施方可能违反 FRAND 义务的行为。

在此阶段，技术使用者可能会被视为恶意的行为如下。

① 在专利权人提出具体理由证明其授权条件符合 FRAND 之后，未提出任何基于 FRAND 原则的反要约；

② 不说明自己提出的权利金如何计算而来，或不证明反要约符合 FRAND 原则。

5. 通过法院或 ADR（调解/仲裁）解决争议

《许可谈判指南》认为，如果专利权人拒绝了专利实施方提供的反报价并且双方无法达成许可协议，作为诉讼的替代性解决方案，双方可能会同意由调解或者仲裁解决双方之间的争议。《许可谈判指南》还认为，与诉讼相比 ADR 可能更加迅速且能够节约成本，但 ADR 的内容可能缺乏透明性。拒绝 ADR 不会立即被认为是非善意，但是在某些情况下持续拒绝 ADR 会被认为是非善意的一个考虑因素。

针对担保金，《许可谈判指南》认为尽管欧盟法院可能会认为设置担保金是考虑善意的一个因素，但是在日本以及美国，专利实施方不提供担保金可能不会增加被认为是非善意的风险。针对禁令救济，《许可谈判指南》认为在世界范围内很多司法辖区已经就涉及标准必要专利的禁令作出了判例，并且各个司法辖区限制专利权人的禁令救济的原因不尽相同。针对许可层级，《许可谈判指南》总结了专利权人与专利实施方对于许可层级、权利用尽等问题的观点，但未作出最终的评判或者确定观点。

针对标准必要专利与非标准必要专利打包许可的问题，《许可谈判指南》指出双方可以选择许可的专利范围以及地域范围。针对透明度问题，《许可谈判指南》认为提高与标准必要专利必要性、有效性相关的透明度将有助于提高许可谈判的效率。针对许可费计算问题，《许可谈判指南》总结了目前关于最小可销售实施单元法以及整体市场价值法为许可费的计算基数的争议，并且认为无论是最小可销售实施单元法还是整体市场价值法，其共同特征是以标准必要专利的根本部分的贡献作为计算基础。

针对可比协议问题，《许可谈判指南》总结了司法实践中在判断相关协议是否为可比协议时需要考虑的九个因素。针对许可费计算方法，《许可谈判指南》认为自上而下法是通过计算全部标准必要专利对于专利的贡献比例从而确认适当许可费率的，同时自上而下法可以有效回避许可费的堆叠问题。

除上述内容外，《许可谈判指南》还总结了对于无歧视许可费、不同用途许可费、许可费的支付方式等问题的不同观点，但未在此基础上形成自身观点。

五、中国标准必要专利政策

截至目前，中国有关标准必要专利的规定可见于最高人民法院作出的司法解释、各级人民法院作出的指引以及国家市场监督管理总局颁发的有关规定中。例如，在《最高人民法院关于审理侵犯专利权纠纷案件应用法律若干问题的解释（二）》中，最高人民法院明确表示"推荐性国家、行业或者地方标准明示所涉必要专利的信息，专利权人、被诉侵权人协商该专利的实施许可条件时，专利权人故意违反其在标准制定中承诺的公平、合理、无歧视的许可义务，导致无法达成专利实施许可合同，且被诉侵权人在协商中无明显过错的，对于权利人请求停止标准实施行为的主张，人民法院一般不予支持。本条第二款所称实施许可条件，应当由专利权人、被诉侵权人协商确定。经充分协商，仍无法达成一致的，可以请求人民法院确定。人民法院在确定上述实施许可条件时，应当根据公平、合理、无歧视的原则，综合考虑专利的创新程度及其在标准中的作用、标准所属的技术领域、标准的性质、标准实施的范围和相关的许可条件等因素"。

除最高人民法院外，在北京市高级人民法院发布的《专利侵权判定指南》中，北京市高级人民法院对于禁令颁发的标准、专利权人以及专利实施方的谈判义务进行了细致规定。而在广东省高级人民法院发布的《关于审理标准必要专利纠纷案件的工作指引（试行）》中，广东省高级人民法院同样对于禁令颁发标准、专利权人以及专利实施方的谈判义务进行了说明。除此之外，广东省高级人民法院还对标准必要专利的许可费计算方法以及反垄断问题进行了进一步的梳理和阐释。

国家市场监督管理总局颁发的有关规定同样对于标准必要专利相关问题进行了规定。举例而言，2023年6月25日发布的《禁止滥用知识产权排除、限制竞争行为规定》明确要求标准必要专利权人不得利用标准制定和实施、达成垄断协议或从事延迟披露、以不公平高价许可、拒绝许可、搭售、差别待遇、未经善意谈判寻求禁令等行为。而在国家市场监督管理总局于 2023 年 6 月 30 日发布的《关于标准必要专利领域的反垄断指南（征求意见稿）》中，国家市场监督管理总局从标准必要专利概念定义、相关市场界定、信息披露、善意谈判和涉及标准必要专利的垄断协议和滥用市场支配地位等方面对涉及标准必要专利的垄断相关问题进行了细致规定。

2022 年 9 月，中国汽车技术研究中心和中国信息通信研究院依托中国汽车工程学会知识产权分会、IMT-2020（5G）推进组和汽车标准必要专利工作组，联合发布《汽车行业标准必要专利许可指引》。该指引作为我国首个垂直行业标准必要专利许可的指引性文件，旨在促进不同产业间的良性互动和融合发展，进一步推动我国智能网联汽车产业的健康可持续发展。该指引从我国汽车产业实际出发，明确了汽车行业标准必要专利的相关定义和指引的适用范围；提出汽车标准必要专利许可的四大核心原则——"利益平衡原则"，"'公平、合理、无歧视'原则"，"产业链任一环节均有资格获得许可原则"和"协商处理行业差异原则"。

该指引对于汽车行业标准必要专利的合理许可费的计算基础、考虑因素、计算方法和累积许可费率等方面也做出了进一步的规范说明。在许可费计算基数方面，对同一标准必要专利而言，不应由于许可层级而导致最终的许可费有较大差异，其差异应控制在合理范围内。在计算许可费时，宜以能够直接体现标准必要专利技术价值的最小可销售的专利实施单元为计算基数；在许可费考虑因素方面，由于汽车产品的价值不仅仅是因为应用该标准技术而产生的，技术、市场、生产、品牌、售后等多个环节综合造就了汽车的最终售价，因此，技术对产品的实际贡献度、专利地域等都应纳入合理许可费的考虑范围；在避免产生许可费堆叠方面，指引提出了"针对汽车产品的标准必要专利许可费之和应具有合理上限"的"累积许可费率限制原则"。该原则可以有效避免每个标准必要专利权人无限制地向被许可人索要许可费，从而产生的"许可费率堆叠"现象，以保证许可费率之和控制在相对合理的价格范围内。

第三节　全球主要国家标准必要专利政策评述

一、标准必要专利透明度

通过对全球主要司法辖区相关司法政策进行梳理，可以发现各司法辖区几乎均在主张提升标准必要专利的相关透明度。具体而言，欧盟的《制定关于标准必要专利的欧盟方法》认为应当注重专利数据库的质量和访问体验，进一步加强标准制定，提高组织数据库与官方数据库互联和专利状态更新的及时性，尽快开发新的声明工具，从而协助许可谈判。而《知识产权行动计划》也指出，有必要提升标准必要专利的透明度，推动标准必要专利许可更稳定、有效率、公平地进行。《关于标准必要专利的提案》更是直接通过规定通知义务，最为直接地提升标准必要专利的各方面信息的透明度。日本的《标准必要专利许可的善意谈判指南》也认为提高与标准必要专利必要性、有效性相关的透明度将有助于提高许可谈判的效率。《诚信许可谈判指南》认为，随着标准制定组织建立数据库并且提供广泛的标准必要专利信息，专利权人将更容易证明其许可要约符合 FRAND 原则，同时专利实施方也更容易获得专利的相关信息。而英国的《摘要报告》也阐述了各方在如何提高透明度的问题上的不同意见和看法。

由此可见，提升标准必要专利相关信息的透明度在各司法辖区基本达成了共识。正如上文所述，提升标准必要专利的透明度具有重要意义，可以有效推动标准必要专利许可谈判，减少中小企业的许可成本，并在一定程度上减少标准必要专利诉讼。但同时需要注意的是，提升标准必要专利的透明度往往需要大量的人力、物力作为基础支持，如《制定关于标准必要专利的欧盟方法》提到的提升标准必要专利的透明度通常需要考虑成本因素及比例原则。如果缺乏基础资源的支持，则提升透明度的目标仅是"空中楼阁"，无法在真正意义上落到实处。因此，尽管《关于标准必要专利的提案》为提升标准必要专利的透明度创设了多项举措并受到了各界的广泛期待，但其是否能够真正意义上起到增加透明度的实际效果，可以待《关于标准必要专利的提案》正式落地实施后更加准确地观察和评析。

二、标准必要专利的必要性审查

从欧盟历年的工作文件看，欧盟支持对标准必要专利进行必要性审查，同时也主张开发独立的必要性审查系统作为提升相关专利的法律确定性的工具。欧盟认为需要以渐进的方法进行必要性审查，谨慎选择启动必要性审查的时机，确保审查实施成本和效益之间的平衡。而根据《关于标准必要专利的提案》，相比于此前主张由独立第三方进行必要性审查，其明确将由新创设的职能中心负责必要性的审查工作。除此之外，《关于标准必要专利的提案》还对必要性审查进行了细致规定。英国的《摘要报告》总结了必要性审查诸多关键问题的不同观点，关于进行必要性审查的时间节点，可以考虑尽早进行，也可以考虑在某些关键触发节点要求进行强制审查，而关于进行必要性审查的主体，可供考虑的有谈判各方、独立第三方机构、政府机构和专利池，主体选择的主要考虑因素包括实施审查的成本、效率和审查结果的权威性。从反馈结果来看，大部分反馈者均认为必要性审查结果不应具有法律约束力，而对于必要性审查费用承担方案则有如专利权人全数支付、专利权人按比例支付等不同意见。日本的《标准必要专利许可的善意谈判指南》只对目前主流机构和学术界对于必要性审查的意见进行了介绍，并未表达明确态度。与此同时，《标准必要专利许可的善意谈判指南》指出若专利权人和专利实施者无法就专利必要性达成一致，可考虑由独立评估方（提供专利实质性审查服务的独立公司或组织）对专利必要性进行审查。

总体来看，各司法辖区的司法政策均支持对标准必要专利的必要性进行审查。但是值得关注的是，根据欧盟发布的《2022咨询报告》，仅有24%的专利人支持由独立第三方对专利的必要性进行审查，而专利实施方的这一比例为90%。由于必要性审查的结果很可能会导致专利权人在许可谈判过程中的筹码减少，因此专利权人通常会反对由独立第三方对专利的必要性进行审查。就必要性审查的主体而言，各方也基本同意由独立第三方作为必要性审查的主体，但随着《关于标准必要专利的提案》的出台，新设立的职能中心将成为必要性审查的主体。此外，由于在一般情况下由独立第三方出具的报告本身并不具有任何法定约束效力，因此对于必要性审查的效力，各方亦基本认同必要性审查不应具有法律约束力，但认为相关审查研究结果可以作为判断专利权人标准必要专利实力的依据。《关于标准必要专利的提案》更是明确指出，抽样的标准必要专利必要性审查结果可以作为利益相关方、专利池、公共机构、法院或仲裁员的证据使用。此外，对于必要性审查的方法而言，欧盟和英国目前都提出了"将审查范围限制在一组专利中的某一特定专利和样本中，从而确保该审查的成本和效益的平衡"的观点。而这一观点也符合标准必要专利许可谈判和诉讼的实践活动。

三、标准必要专利的许可框架

根据欧盟发布的《2022咨询报告》，专利实施者倾向于许可应发生在产业链任何环节中，而专利权人则更倾向于仅对于单环节主体进行许可更为有利。欧盟本身未就该问题表明官方立场。而日本在《多部件产品标准必要专利合理许可价值计算指南》中表明，标准必要专利专利权人应当对相关产业链中所有愿意取得许可的人予以许可，这体现了日本政府支持"license-to-all"的官方立场。日本专利局也在其《标准必要专利许可的善意谈判指南》中对于该问题进行了分析，从当事方数量、技术谈判和许可费分配等角度总结了"license-to-all"及"access for all"观点的差异，但并未表明对于某一观点的倾向性。根据英国知识产权局征集到的相关方意见，大部分反馈意见均倾向于在产业链上游针对部分高价值环节进行许可，从而确保下游供应链在销售时不会受到侵权问题的困扰，也能将与技术许可最相关、最具有专业知识的相关方集合在一起，加快整体谈判效率。中国发布的《汽车行业标准必要专利许可指引》中提出，在汽车行业"产业链任一环节均有资格获得许可"（即"license-to-all"），明确了汽车产业链的任何层级都有获得许可的权利，在汽车标准必要专利许可市场，产业链的层级都不应由于其所在产业链的位置而被区别对待。

综上可见，针对许可框架这一问题，日本和中国明确表示许可可以发生在相关产业链的任何层级，即"license-to-all"的观点。其他官方文件在现阶段并没有明确表示是否秉持类似观点，多数司法辖区均未通过官方文件明确表明立场，这可能与专利权人和专利实施方在这一问题上存在的分歧有一定关系。

针对标准必要专利与非标准必要专利的打包许可问题而言，欧盟在《制定关于标准必要专利的欧盟方法》中认可了将标准必要专利和非标准专利进行打包许可的合理性，但明确了专利权人不应强行要求专利实施方接受捆绑许可。而日本专利局《标准必要专利许可的善意谈判指南》中表明，谈判各方可根据其需求，决定是否对于专利组合、标准必要专利与非标准必要专利、多国范围内的专利进行打包许可。因此可以发现，各方基本认可打包许可标准必要专利和非标准必要专利的合理性。不仅如此，各方已基本能够认识到打包许可标准必要专利和非标准必要专利仅在双方存在合意的情形下才是合理的，如果在一方不愿意进行打包许可，另一方不应坚持或强行要求打包许可，否则可能会构成对FRAND义务的违反。这体现出各方对于专利权人与专利实施方在许可谈判中自由意志的充分支持及对各方对反垄断法中违反市场竞争的搭售行为的担忧。

四、标准必要专利的谈判框架

美国政府关于许可谈判义务的规定也在对于《关于受自愿F/RAND承诺约束的标准必要专利的救济措施的政策声明》进行修订的过程中进行了明显的细化。其中，2013年仅原则性地规定了专利权人应自愿作出许可。在2019年则明确，标准必要专利权人和潜在实施者应进行善意谈判，在一方违反FRAND原则的情形下，可使用美国法律规定的所有救济措施。2021年的声明草案则进一步列举了符合FRAND原则的善意谈判行为，包括专利权人应提供有效信息、发出善意报价；专利实施方应在合理时间内进行有效且善意的回应，该回应可能表现为合理的反报价、进一步寻求所需信息或提出疑问、提议提交中立第三方解决等；收到回应后的专利权人可选择接受反报价、重新提出报价、回应专利实施方的问题或要求、提议提交中立第三方解决等。欧盟在《制定关于标准必要专利的欧盟方法》中对于许可谈判义务进行了较为详细的规定。就专利权人而言，其应首先提出许可要约，并对于专利必要性、侵权产品、要约中的费率计算方法和要约符合FRAND义务等问题进行详细解释。而专利实施方则应评估专利权人提出的要约并提出反报价，反报价内容需翔实具体，如专利实施方表示愿意接受第三方对许可费率进行裁断，也可帮助认定其履行了FRAND义务（但采取替代性争议解决方案并非谈判双方必须遵循的义务）。英国知识产权局征集到的反馈意见体现出现行的、根据欧盟法院在华为诉中兴案中创设的标准必要专利谈判框架基本可行。但与此同时，在如何判断许可意愿等问题上反馈者提出了不同的意见。日本在《标准必要专利的诚信许可谈判指南》及《标准必要专利许可的善意谈判指南》中均对FRAND许可谈判的义务进行了类似的规定，都是在欧盟华为诉中兴案的谈判框架基础上补充了更细节的指引，均包含"许可要约""表达愿意遵照FRAND条款签订许可合同的意愿""具体条款建议""反报价建议"四个主要步骤，并对每一步骤权利人和实施人应当遵循的善意谈判行为标准予以指引。就国内的相关规定而言，广东省高级人民法院发布的《关于审理标准必要专利纠纷案件的工作指引（试行）》明确认为未向专利实施者发出谈判通知、未按商业惯例和交易习惯向专利实施者提供示例性专利清单、权利要求对照表等专利信息及未向专利实施者提出具体许可条件及主张的许可费计算方式等行为属于专利权人的明显过错。而在收到谈判通知后未在合理时间内作出明确答复、拒绝签订保密协议、未在合理期限内对标准必要专利权人提供的示例性专利清单、权利要求对照表等专利信息作出实质性答复等行为属于专利实施方的明显过错。在北京市高级人民法院发布的《专利侵权判定指南》中，专利权人和专利实施方的上述过错行为也得到了再次重申和强调。而国家市场监督管理总局在2023年6月30日发布的《关于标准必要专利领域的反垄断指南（征求意见稿）》中对标准必要专利善意谈判程序及要求进行了系统性的说明，如要求专利权人应对标准实施方提出明确的许可谈判要约，专利实施方应在合理期限内对获得许可表达善意意愿，专利权人应提出符合其所作出的公平、合理和无歧视承诺的许可条件，标准实施方应在合理期限内接受许可条件或提出符合公平、合理和无歧视原则的方案等。

整体而言，首先，各司法辖区的司法政策表明，各方基本形成了系统性的标准必要专利许可谈判框架，即形成了"许可通知/邀约""许可意愿""许可报价""反报价"等基本步骤。其次，这也反映出欧盟法院在华为诉中兴案中创设的许可谈判框架对于各方产生了重要且深远的影响，各方对于许可谈判框架的搭建或者分析方法基本沿用了欧盟法院在华为诉中兴案中的基本构造。日本的官方政策文件更是直接表明其是在欧盟华为诉中兴案的谈判框架基础上补充了更细节的指引。美国的官方政策文件虽未明确表示对于欧盟华为诉中兴案的谈判框架的引用，但是相关官方政策文件设立的许可框架本质上与华为诉中兴案谈判框架相呼应。最后，通过横向比较，可以发现针对许可框架的分析，各方也基本认为应当遵循一定的步骤。以欧盟法院在华为诉中兴案创设的"事先侵权通知→许可意愿→许可报价→要约回应/反报价→提供担保"谈判框架而言，需先从"事先侵权通知"出发，分析专利权人是否履行了通知义务，而不能仅因为专利实施方未提供担保而直接认定专利实施方未履行许可义务。

五、标准必要专利的许可费计算

在欧盟的政策文件中，欧盟认为FRAND许可费和许可条件的判断只能采取个案判断，应符合方向性原则，鼓励各方在决定许可费或许可条件时主要考虑专利本身的价值（排除因专利被纳入标准而产生的溢价）。欧盟的《制定关于标准必要专利的欧盟方法》进一步认为，为避免许可费堆叠，不能仅就单个标准必要专利自身进行评估，应当考虑标准中的累积费率，评估技术总体的附加价值。从欧盟《2022咨询报告》的反馈结果看，专利权人和专利实施方之间对于合理的许可费折扣区间、累积许可费率透明度、许可费计算基础等问题均存在极大的立场差异。而在《关于标准必要专利的提案》中，主张设置 FRAND 累积费率确定制度及 FRAND 条款的强制确定制度，用以确认 FRAND 累积费率及 FRAND 许可条款。英国的《摘要报告》主要对各方关于许可费率计算基础、许可费率计算方法和其他影响因素的意见做了概括总结。大部分专利权人反对以最小可销售实施单元作为计算基础，而专利实施者的意见则与此相反。部分反馈者提到了设定每单位固定许可费的方法，也有反馈者认为制造成本也应作为计算许可费率的一个考虑因素。除此以外，各方比较具有共识的是在决定费率时需要考虑许可地区的影响，由此展开，针对某一专利的全球许可制定差异化区域费率的做法也得到了支持。日本在《多部件产品许可指南》中明确指出应当采用自上而下法计算许可费，从而避免专利费堆积的问题。《多部件产品许可指南》还指出，对于许可费的计算是采用最小可销售实施单元法还是整体市场价值法，仍存在争议，但是根本问题并不是采用何种方法，而是许可费的计算需要以标准必要专利对于实施专利的主要产品价值的贡献率作为基础。在《许可谈判指南》中，日本政府再次重申无论是最小可销售实施单元法还是整体市场价值法，其共同特征是以标准必要专利的根本部分的贡献作为计算基础。不仅如此，《许可谈判指南》还总结了司法实践中在判断相关协议是否为可比协议时需要考虑的因素，并主张自上而下法是通过计算全部标准必要专利对于专利的贡献比例确认适当的许可费率，可以有效回避许可费的堆叠问题。

针对许可费计算基础这一问题，政府立场明显更加模糊，并未明确是按照终端价格还是最小可售单元收取许可费。日本在其发布的官方政策文件中，更是通过强调许可费计算需要反映标准必要专利技术对产品价值的贡献率的方式来回避在这个问题上进行"站队"。正如英国收到的反馈意见中所显示的一样，绝大部分专利权人反对使用最小可销售实施单元作为计算基础，认为这会导致许可费率低于 FRAND 原则下的许可费率。而部分专利实施方则认为应当使用最小可销售实施单元而非终端整机产品作为计算许可费率的基础，这可以确保许可费准确反映标准必要专利的附加价值，而非不适当地包含由专利实施方在终端产品处创造的价值（如品牌价值或产品质量价值等）。《汽车行业标准必要专利许可指引》指出，在计算许可费时，宜以能够直接体现标准必要专利技术价值的最小可销售的专利实施单元为计算基数。

针对许可费的计算方式，各司法辖区亦基本持相同看法，即认为许可费的计算方式并不应仅局限于某一种，而是可以通过多种方式（如自上而下法和可比协议法）计算和推导许可费，且各司法辖区基本均认为通过自上而下法可以有效避免累积许可费的堆叠问题。就累积许可费本身而言，各司法辖区的立场也基本趋同，即认为需要考虑标准中的累积费率，评估技术总体的附加价值。换句话说，在确定涉案专利的许可费时，需要同时考虑涉案专利所属标准的行业累积费率。较高的许可费率可能会导致行业累积费率过高，从而影响从业者的运营和发展。

六、标准必要专利的禁令救济

就美国的司法政策而言，《2013年声明》认为专利权人自愿作出的FRAND承诺会影响专利侵权的适当救济选择，在特定情况下禁令救济并不符合公共利益。但同时，《2013年声明》认为公共利益因素并不意味着完全排斥针对标准必要专利的禁令救济，如果专利实施方不能或拒绝接受FRAND许可，并在超出专利权人承诺的FRAND许可范围之外实施专利时，那么颁发禁令则是适当的救济方法。《2019年声明》相较而言对专利权人更为和缓，明确了禁令救济不应被排除在标准必要专利侵权救济方法之外，且在分析是否应当颁发禁令时，不必单设分析框架，可延续eBay案中确定的分析框架，个案中的具体救济应当进行个案分析。《2021年声明草案》延续了认为无须为颁发禁令单独创设分析框架的立场，认为针对标准必要专利颁发禁令通常会是非常少见的情况，通常只有在专利实施方不愿意或者不能达成FRAND许可的情况下颁发禁令才是正当的。可以看出，美国司法政策对于禁令救济的态度呈现出了"严→松→严"的特点。欧盟的禁令救济立场以欧盟法院判定的华为诉中兴案为基础，欧盟提出颁发禁令时应当考虑谈判过程中双方的行为是否符合FRAND原则要求，法院需要特别注意对禁令有效性、合比例性和劝阻效果的考虑，注意对商业、消费者和公共利益的广泛影响。而在《关于标准必要专利的提案》中,将禁令与专利登记问题挂钩,如果专利权人未在规定的时间内完成标准必要专利的登记,则无法在相关法院执行相关专利及要求许可费或损害赔偿。在英国的《摘要报告》中,反馈者主要对标准必要专利纠纷是否应当适用禁令救济、禁令救济的颁发情况和颁发时点、颁发禁令的考虑因素等问题作出了回应。对于颁发禁令的考虑因素,存在各种建议:包括认为英国法院应当适用更为严格的判断标准,只在特殊情况下才颁发禁令,此时颁发的禁令应当通过合比例性测试,评估禁令是否与被侵犯的专利价值成比例。对于与关键基础设施相关的技术,在颁发禁令时,需要考虑对公共和国家利益的影响。也有观点提出,法院在决定时应当考虑双方的行为,专利实施方是否作出了 FRAND 承诺,双方是否进行了善意谈判等。日本的《标准必要专利许可的善意谈判指南》认为在世界范围内很多司法辖区已经就涉及标准必要专利的禁令作出了判例,并且在这些判例中,绝大多数法院对于善意的专利实施方颁发禁令予以限制。

总体来看,各司法辖区在司法政策中对于颁发禁令都持审慎立场,基本均注意到了涉标准必要专利的纠纷案件的特殊性,强调考察许可谈判过程中双方的行为是否存在过错,并往往综合考虑其他因素,作出是否颁发禁令的判断。事实上,从各国司法实践角度而言,各司法辖区甚至基本形成了"以不颁发禁令为常态,以颁发禁令为例外"的立场。以美国司法实践为例,由于禁令颁发的标准为 eBay 案中确定的分析框架,而《2021 年声明草案》及司法实践明确表示金钱性救济足以补偿专利权人因专利侵权造成的损失,因此 eBay 分析框架中的要素之一,即法律上可获得的救济(如金钱赔偿)通常无法得到满足,进而专利权人无法申请禁令救济。相关数据显示,截至 2016 年 1 月,美国法院未在任何一起标准必要专利诉讼中针对专利实施方颁发禁令。[1] 就英国的司法实践而言,英国法院实质上将禁令

---

[1] J. Gregory Sidak, Injunctive Relief and the Frand Commitment in The United States, 1 Cambridge Handbook of Technical Standardization Law: Antitrust and Patents 389 (Jorge L. Contreras, ed., Cambridge Univ. Press 2018), available at https://www.criterioneconomics.com/docs/injunctive-relief-and-the-frand-commitment.pdf.

问题与接受判定的许可条件挂钩，若专利实施方不遵守英国法院作出的 FRAND 许可费率或许可条款/条件，或不与专利权人进行善意磋商，将被视为违反 FRAND 义务，触发颁发禁令的条件。也正因如此，英国法院颁发的禁令才被称为特殊的 FRAND 禁令。这也表明英国法院颁发禁令"需要"以专利实施方拒绝按照英国法院裁定的 FRAND 许可条件与专利权人达成许可协议为前提。而在通常情况下，如果英国法院针对涉案标准必要专利的许可费率或许可条件作出了裁定，那么即便不考虑潜在的 FRAND 禁令，专利实施方往往也会出于尊重司法机关作出的生效判决和平衡社会舆论的考虑，遵守英国法院作出的 FRAND 许可费率或许可条款/条件，因此 FRAND 禁令往往很难有机会得以真正地实施。

参考资料

［1］ United States Department of Justice and United States Patent & Trademark Office：Policy Statement on Remedies for Standards-Essential Patents Subject to Voluntary FRAND Commitments.

［2］ The U.S. Patent & Trademark Office：Policy Statement on Remedies for Standards-Essential Patents Subject to Voluntary FRAND Commitments.

［3］ U.S. Department of Justice，Public Comments-Draft Policy Statement on Licensing Negotiations and Remedies for Standards-Essential Patents.

［4］ The U.S. Patent & Trademark Office：Withdrawal of 2019 Policy Statement on Remedies for Standards-Essential Patents Subject to Voluntary FRAND Commitments.

［5］ European Commission：Communication from the Commission to the Institutions on Setting out the EU approach to Standard Essential Patents.

［6］ European Commission：Intellectual property action plan implementation.

［7］ European Commission：Intellectual property – new framework for standard-essential patents.

［8］ European Commission：Internal Market, Industry, Entrepreneurship and SMEs.

[9] The UK Government:UK Innovation Strategy:leading the future by creating it(accessible webpage).

[10] The UK Intellectual Property Office:Standard Essential Patents and Innovation:Summary of Responses to the Call for Views.

[11] The UK Government:Draft guidance on Horizontal Agreements.

[12] The UK Intellectual Property Office:Standard Essential Patents(SEP)Licensing Questionnaire for SMEs.

[13] The UK Government:SEPs questionnaire for SME,small-cap and mid-cap businesses:Summary of Responses.

[14] Ministry of Economy,Trade and Industry(METI):Good Faith Negotiation Guidelines for Standard Essential Patent Licenses.

[15] Japan Patent Office:Guide to Licensing Negotiations Involving.

[16] Japan Patent Office:Guide to Licensing Negotiations Involving Standard Essential Patents.

[17] Ministry of Economy,Trade and Industry(METI):Difference between the METI's Guidelines and the JPO's Guide.

[18] 中华人民共和国最高人民法院.最高人民法院关于审理侵犯专利权纠纷案件应用法律若干问题的解释(二)[EB/OL].(2009-12-28)[2023-09-30].https://www.court.gov.cn/zixun-xiangqing-18482.html.

[19] 北京市高级人民法院.专利侵权判定指南[EB/OL].()[2023-09-30].https://bjgy.bjcourt.gov.cn/article/detail/2017/04/id/2820737.shtml.

[20] 广东省高级人民法院.关于审理标准必要专利纠纷案件的工作指引(试行)[EB/OL].()[2023-09-30].www.wncyip.com/UploadFiles/20200313/20200313180822318.pdf.

[21] 国家市场监督管理总局.禁止滥用知识产权排除、限制竞争行为规定[EB/OL].(2023-06-25)[2023-09-30].www.samr.gov.cn/zw/zfxxgk/fdzdgknr/fgs/art/2023/art_e155397fbe5c4c05ad3c1838c1322ad2.html.

[22] 国家市场监督管理总局.关于标准必要专利领域的反垄断指南(征求意见稿)[EB/OL].(2023-06-30)[2023-09-30].www.samr.gov.

cn/hd/zjdc/art/2023/art_6422b2fb728f486b9814349213ea07c6. html.

[23] 中国汽车技术研究中心,中国信息通信研究院. 汽车行业标准必要专利许可指引(2022 版)[EB/OL]. ( )[2023-09-30]. www. ppac. org. cn/news/detail-1-424. html.

[24] SIDAK J G. Injunctive Relief and the Frand Commitment in The United States[M]// The Cambridge Handbook of Technical Standardization Law: Competition, Antitrust and Patents. Cambridge: Cambridge University Press, 2018.

第三章 汽车标准必要专利现状

第一节 智能网联车领域企业标准必要许可专利现状调研报告

一、调研方法介绍

为形成《智能网联车领域企业标准必要专利许可现状调研报告》（以下简称《调研报告》），本书着眼于智能网联车领域企业在标准必要专利许可谈判中需参与的三个阶段，即保密协议签署阶段、技术谈判阶段、商业谈判阶段，以围绕这三个阶段设计的问题为抓手，形成《标准必要专利许可调研问题清单》（以下简称《问题清单》）。在形成《问题清单》之后，通过与智能网联车领域企业相关领导及法务人员进行线上或线下访谈及通过发放调查问卷的形式全面了解智能网联车领域企业在标准必要专利许可谈判中所面临的客观实际情况，并在此基础上整理、汇总形成了《调研报告》。《调研报告》全面、客观地反映了当前阶段智能网联车领域企业在与专利权人进行标准必要专利许可谈判时面临的实际困难。

二、调研结果汇总

（一）标准必要专利许可谈判实践不足

根据访谈及调查问卷的反馈结果，在调查的智能网联车领域企业中，除个别企业因保密或其他因素考虑未选择披露是否与专利权人就标准必要专利进行过许可谈判的历史或经验，其余绝大部分整车企业均明确表示不具有与专利权人就标准必要专利进行许可谈判的全流程实践经验。

相较于非标准必要专利，标准必要专利的许可谈判更加具有特殊性，企业只有真正参与到标准必要专利许可谈判之中，才能充分地了解和意识到标准必要专利许可谈判的节奏和重点。标准必要专利通常掌握在少部分专利权人手中，他们对于标准必要专利的许可具有较大的议价权。如果企业在标准必要专利许可谈判中缺乏经验，可能会导致不公平的许可条件，包括高昂的许可费用、不合理的许可限制等，从而对企业的经营造成不利影响。而具备标准必要专利许可谈判经验的企业，首先，可以更好地理解许可谈判的流程和技巧，能够有效地与专利权人进行谈判，争取合理的许可条件，保护企业的合法权益；其次，可以更好地识别和应对法律风险，采取合适的策略和措施，降低侵权风险，保护企业的合法权益；最后，标准必要专利许可谈判经验还有助于实施人建立良好的许可谈判关系。在许可谈判中，积极、诚实、公平、公正的谈判态度和行为对于与专利权人的关系至关重要。具备标准必要专利许可谈判经验的企业，能够更好地理解专利权人与实施人双方的合法权益，并通过合理的许可条件和灵活的谈判策略，建立良好的许可谈判关系，共同推动许可谈判的顺利进行。

缺乏许可谈判实践经验，企业在与专利权人进行许可谈判时很可能会做出不利于自身的许可行为或立场表达（如拒绝表示接受许可的意愿等），而相关行为或立场很有可能会在未来的标准必要专利诉讼中被法院认定为是非 FRAND 的，进而将面临禁令等严重风险。

（二）标准必要专利许可谈判资源不足

根据访谈及调查问卷的反馈结果，标准必要专利许可谈判资源不足主要反映在两个方面：①内部资源不足；②外部资源不足。

就内部资源不足而言，根据访谈及调查问卷的反馈结果，尽管近年来随着智能网联车领域企业的不断发展和壮大，相关企业内部法务资源的储备也在不断丰富，但是内部法务通常对于常见的非标准必要专利、著作权、不正当竞争等涉及知识产权的法律业务领域较为熟悉，而对于标准必要专利这一较为"冷门"的领域的知识储备和实践经验较少。根据访谈的反馈结果，绝大部分企业的法务人员了解标准必要专利的基础概念及关注近期发生在汽车行业的标准必要专利相关诉讼，但是对于标准必要专利领域的相关了解仍处在较为初级的阶段，不了解标准必要专利许可谈判的重点、难点问题及后续潜在的解决途径。此外，法务人员获取标准必要专利相关信息的途径也较为有限，通常是通过个人学习和行业组织的论坛获取相关信息。

企业内部资源的不足还体现在智能网联车领域企业技术部门对于标准必要专利技术层面的理解较为有限。根据企业法务人员的访谈，绝大部分法务人员表示在其与技术部门就技术事宜进行沟通和讨论时，可以发现技术部门对于技术的理解主要集中于与汽车制造和生产有关的技术上，而对于通信领域相关技术，技术部门的了解十分有限，并且也不具备通信领域技术背景。这主要是因为在整车制造领域，绝大部分的通信相关系统、零部件是从供应商处采购，由整车厂装机组装，因此，企业技术部门对于通信技术了解不多，可能无法提供企业在通信领域标准必要专利许可谈判所需的专利必要性审查、专利强度分析、专利对比等工作，对企业的标准必要专利许可谈判造成一定的影响。

就外部资源不足而言，企业外部资源的不足主要体现在企业缺乏合作的第三方机构（如专利分析机构、律所、经济学家或机构等）。根据访谈及调查问卷的反馈结果，绝大部分智能网联车领域企业截至目前未与任何专利分析机构或者律所发展过合作关系，而在有合作关系的个别企业中，相关合作关系目前也仅停留在初期的意向沟通阶段，双方也并未在相关项目中有过实质性合作。在标准必要专利许可谈判中，第三方机构扮演着重要角色，相关机构可以提供企业参与技术谈判和商业谈判所必需的专利必要性审查、专利强度分析、专利对比、许可费估算等服务工作，对企业回应专利权人不合理的观点和立场并在谈判过程中争取更好的许可条件具有重要的支持作用。

(三) 标准必要许可邀约/通知应对不足

根据访谈及调查问卷的反馈结果,在被问及"标准必要专利许可谈判邀约或通知(专利侵权通知)的查收"这一问题时,绝大部分智能网联车领域企业表示目前企业尚未在内部进行过相关部署,要求相关部门重点关注专利权人发送的相关邮件或者信函。更为重要的是,绝大部分智能网联车领域企业也未针对公司(集团)的关联企业、代工厂就许可谈判邀约/通知(专利侵权通知)的查收问题进行过任何有针对性的安排和部署,也没有设置用于接收许可信息的统一对外邮件或信函接收方。企业缺乏许可谈判邀约/通知(专利侵权通知)查收的相关部署很有可能导致公司相关人员会无意间错过包含相关邀约/通知的邮件或者信函,特别考虑到就目前的许可环境而言,绝大部分专利权人为外国企业,其撰写邀约/通知的邮件或者信函的语言通常为英语。标准必要专利许可谈判以侵权通知和许可谈判邀请的发送与接收作为起始,如果专利权人发送的相关邀约/通知始终无法真正意义上传递到公司内部,则专利权人可能借此认为企业缺乏接受许可的意愿,并会选择向法院提起诉讼。

应对不足还体现在对许可邀约/通知的后续处理问题上。根据反馈结果,绝大部分智能网联车领域企业截至目前还没有形成许可邀约/通知的应对预案,对于如何回复及由哪个公司主体进行回复等问题并没有事先的解决方案。在标准必要专利许可谈判中,针对专利权人发送的许可邀约/通知的回复需要专利实施方特别谨慎对待,多个国家的司法实践已经表明,如果专利实施方在对许可邀约/通知的回复中没有充分表达愿意接受许可的意愿,则通常情况下会被认定为非善意的被许可人,进而法院可能会发布禁令。此外,由哪个公司主体回复专利权人也具有重要的战略考量价值。举例而言,在没有提前安排和部署的情况下,如果多个公司甚至下游代工厂同时进行了回复,则除了增加沟通成本、造成沟通混乱以外,还有可能会导致专利权人在未来潜在的标准必要专利诉讼中建立更加有利的管辖连接点。更为严重的是,如果回复内容不当或不妥,则有可能被认为是非善意的被许可人，极有可能在许可谈判阶段被视为不利证据，甚至可能因此以被许可人无意接受许可等原因，引起相关诉讼。

（四）标准必要专利许可信息获取匮乏

根据访谈及调查问卷的反馈结果，绝大部分智能网联车领域企业对于产业链上游（如零部件企业）的标准必要专利许可情况并不掌握，这主要是由于汽车产业通常是由上游供应商解决知识产权许可，且与供应商签署的供应商合同中往往具有知识产权相关条款对其进行保护。因此，很大一部分智能网联车领域企业并不会主动关注产业链上游的零部件企业与专利权人就标准必要专利达成的许可情况。然而，根据目前智能网联车领域的许可背景，专利权人往往选择绕过上游零部件企业径直与智能网联车领域整车企业展开许可谈判。在上游零部件企业许可信息有限的情况下，智能网联车领域企业有可能会为已经由上游零部件企业缴纳过许可费的专利再次缴纳许可费，造成额外的许可费支出，增加生产成本。

此外，绝大部分智能网联车领域企业对于其他竞争企业达成许可情况的了解也较为有限，通常情况下只能通过公开信息（公开新闻、专利权人发布的信息）了解许可的相关情况。在一般情况下，达成许可协议的汽车企业出于信息保密等考虑通常也不会披露许可协议的具体信息。许可信息获取匮乏的问题将导致企业可能无法更好地主张有利的可比协议，从而导致企业在与专利权人进行许可谈判时无法进一步争取更加有利于自身的许可条件。

不仅如此，通过访谈和调查问卷的结果可以发现，绝大部分智能网联车领域企业了解和掌握竞争企业、上游供应商与专利权人进行标准必要专利诉讼的信息渠道也非常有限，基本只能通过公开渠道了解相关的信息。专利权人与竞争企业、上游供应商之间的专利诉讼信息对于企业而言具有非常高的价值，企业可以通过相关诉讼了解专利权人近期的许可动向、诉讼立场等信息，有助于企业及时调整许可谈判策略或者提前准备诉讼预案。此外，相关诉讼信息也有助于企业进一步了解专利权人是否就同一专利重复收费（供应商许可）、可比协议等高价值信息。通过了解专利权人与竞争企业、上游供应商之间的专利诉讼信息，企业可以更好地评估专利权人的诉讼倾向和态度，合理安排许可谈判策略，从而避免可能的法律诉讼风险，降低企业的法律诉讼成本。另外，了解专利诉讼信息还有助于企业在许可谈判中更好地理顺关系。通过掌握竞争企业、上游供应商与专利权人之间的专利诉讼信息，更好地了解各方的立场和动向，为许可谈判提供更为明确的信息基础。

第二节 智能网联车领域面临的标准必要专利许可问题与挑战

一、许可层级冲突

（一）组件级许可或整车许可

截至目前，汽车行业对于通信标准必要专利的许可主要分为两种模式：①组件级许可；②整车许可。组件级许可是指由上游供应商与专利权人签订专利许可协议并向专利权人缴纳许可费，而整车许可则是指由汽车厂商与专利人签订许可协议并向专利权人缴纳许可费。在汽车领域，汽车企业通常以组件级许可作为行业惯例。正如《汽车行业标准必要专利许可指引》中所明确指出的："汽车产业链体系复杂，整车上所有零部件数量数以万计，在目前成熟的产业实践中，汽车行业通行的商业惯例是产业链纵向许可模式，即汽车企业通常会以合同约定的方式由上一级供应商来解决其供货零部件产品的知识产权许可问题，且整车企业通常会通过供应商来解决整车上各类零部件产品的知识产权问题。"

然而，相关专利权人或专利池的许可费率❶及近期许可实践❷均表明，专利权人往往会选择绕过上一级供应商径直与汽车企业直接进行许可谈判

---

❶ 以 Avanci 专利池为例，根据 Avanci 专利池官网披露的公开许可费率,3G 费率为 9 美元/每台汽车,4G 费率为 20 美元/每台汽车。

❷ 以 Avanci 专利池为例，根据 Avanci 专利池官网披露的新闻,Avanci 已经与超过 80 个汽车品牌直接达成了许可协议。

并签订许可协议,即采取整车许可模式。Avanci 专利池的高级副总裁劳星·菲次杰拉德(Laurie Fitzgerald)明确表示 Avanci 专利池的专利许可是针对整车层级的。Avanci 专利池认为,这是基于专利权人及汽车制造商对该专利池的要求。而事实上围绕着汽车的整个价值链的每个层级都存在一对一的专利许可现象。

这种趋势可能对实施人造成一定的挑战和压力。绕过上一级供应商直接与汽车企业进行许可谈判可能使得实施人在谈判时处于相对弱势的位置。由于标准必要专利的不可绕过性和必须实施性,权利人通常在许可中具有较强的谈判地位,而实施人可能在许可谈判中面临较大的压力,包括许可费率的谈判、许可范围的限制等。此外,整车许可模式可能会对实施人的商业模式和产品定价产生影响,从而对其经济利益造成影响;实施人还需要关注专利权人是否就同一专利重复收费(多级供应商级许可)、可比协议等信息,了解专利权人的许可实践和许可费率可以帮助实施人更好地评估许可合同的合理性,并在许可谈判中保护自身的权益。

由此可见,专利权人的许可模式颠覆了过去汽车行业对待专利许可的商业惯例,企图将手机行业的标准必要专利许可模式完全复制到汽车行业,与汽车领域目前成熟的产业实践形成了明显的许可层级冲突。而之所以专利权人采取与汽车企业直接进行许可谈判的整车许可模式,表面原因可能如有关专利权人所说的,汽车供应链非常复杂,而且供应商的身份可以保密,专利权人很难追踪车辆的各级供应商中哪些组件已经获得许可,提供整车许可则更加容易并且更加高效。但究其根本在于专利权人希望收取更高的许可费。汽车企业往往自身体量较大,具有较强的许可费支付能力,采取整车许可模式可以收取较高的许可费。相反,如果专利权人采取汽车领域目前成熟的许可模式,即与上一级供应商签订许可协议的组件级许可,则供应商能够缴纳的许可费通常较为有限。

事实上,专利权人与汽车企业就目前的整车许可模式已经展开过多轮诉讼交锋,而其中最为重要一场"战役"在戴姆勒与诺基亚之间展开。作为通信标准必要专利领域的巨头,诺基亚在与戴姆勒的标准必要专利许可谈判中主张以整车模式进行许可。相反,Daimler 及其供应商则认为,作应用于汽车的通信技术，通常是零部件供应商提供给整车企业，因此应该以组件级许可模式进行谈判。在双方许可谈判停滞不前后，戴姆勒向欧盟委员会提出了反垄断举报，认为诺基亚的许可行为违反了《欧盟运行条约》第102条。作为回应，诺基亚于2019年初在德国的慕尼黑、杜塞尔多夫和曼海姆法院针对戴姆勒提起专利侵权诉讼并寻求禁令救济。随后，戴姆勒的供应商大陆集团在美国对诺基亚发起诉讼，主张诺基亚违反了FRAND原则和反垄断义务。然而在2020年，德国多个法院相继认定戴姆勒构成专利侵权并颁发了禁令。面临禁令的威胁，戴姆勒选择于2021年6月1日被迫与诺基亚和解并向诺基亚支付了专利许可费（具体细节并非披露）。2021年12月，戴姆勒最终选择加入Avanci专利池以获得4G标准必要专利许可。

此外，在夏普诉戴姆勒案中，德国法院亦表示ETSI的知识产权政策并未限制专利权人在许可中选择交易对象，并且专利权人可以根据专利情况自由选择许可级别。[1]

由此可见，在目前域外的司法实践中，整车许可模式本身并未被法院或反垄断执法机构认定为是违法行为，但可以预见的是，专利权人与汽车企业就整车许可模式的纠纷将会不断发生，随着反垄断执法和市场的不断变化，整车许可模式可能会面临不断增加的诉讼纠纷和新的挑战。

（二）最小可售单元

许可费的计算基数一直是一个存在广泛争议的重点问题。同其他领域的专利实施方一样，汽车企业主张以最小可售单元作为许可基础。《汽车行业标准必要专利许可指引》明确表示，"针对标准必要专利许可费计算基数，应以标准必要专利技术对汽车产品中起到实际贡献的产品单元作为许可费计算基数，同时应避免将与标准必要专利技术无关的其他产品单元纳入许可费计算基数"。相反，根据Avanci专利池公开的许可费率，其针对3G标准必要专利的收费标准为9美元/每台汽车；针对4G标准必要专利的收费标准为20美元/每台汽车。换言之，Avanci专利池显然不是以最小可售单元作为其许可费率的计算基数。

---

[1] LG München I, Endurteil vom 10.09.2020-7 O 8818/19, available at: https://openjur.de/u/2294940.html.

如果根据最小可售单元计算许可费,则在针对价值较高的多组件设备计算专利许可费率时,可以以其中使用相关专利且体积最小的零组件价格作为许可费计算基础。使用最小可售单元计算许可费,不仅计算过程较为简单,最重要的是还可以避免因最终产品的高价格而得到不合理的高额许可费。❶

但是,最小可售单元作为许可费计算基数是否合理仍然存在争议。一方面,汽车企业主张使用最小可售单元作为许可费计算基数,认为这可以更加准确地反映标准必要专利技术在汽车产品中的实际贡献,并避免因其他与标准必要专利技术无关的产品单元而支付不必要的许可费。此外,使用最小可售单元计算许可费还可以避免因整车价格高而导致不合理的高额许可费,从而保护汽车企业的合法权益。

另一方面,一些专利权人和专利池可能主张使用整车作为许可费计算基数,认为这可以更好地反映标准必要专利技术在整车产品中的使用和价值。例如,Avanci 专利池在其公开的许可费率中,并未采用最小可售单元作为计算基数,而是采用了固定的许可费率。这种做法可能会导致汽车企业需要支付较高的许可费,尤其是对于高价值的多组件设备,其许可费率可能会被放大,从而对汽车企业造成负担。

在这个问题上,不同的利益相关方之间存在分歧,没有统一的标准和方法。因此,许可费的计算基数仍然是一个存在广泛争议的问题,需要在未来的司法实践和产业规范中进一步明确和解决。

二、许可费率过高

以 Avanci 专利池为例,根据 Avanci 专利池官网披露的公开许可费率,3G 费率为 9 美元/每台汽车,4G 费率为 20 美元/每台汽车。对于 Avanci 专利池主张的这一费率标准,在诺基亚诉戴姆勒案中,Avanci 明确提出其许可费率计算方法采取的是自上而下法,参考了无线星球诉华为案,主要考虑了产品平均销售价格、通常的累积许可费率和一定的售价百分比,最终得

---

❶ 龙小宁. 标准必要专利定价方法的新进展(二):SSPPU、成本比例法和消费者支付意愿估计法[EB/OL].(2022-04-14)[2023-09-30]. https://mp.weixin.qq.com/s/BF0X54lBOoJRJLdQxLzmKw.

出一辆车的许可费率。[1]

尽管 Avanci 专利池对其许可费率的计算提供了一定的澄清和解释，但是上述解释并不能从根本上论证其高额定价的合理性。事实上，根据《美国反垄断局对 Avanci 的商业审查函》披露的信息，Avanci 已经汇集了全球范围内的大约 50% 声明 3G 标准必要性专利族和 46% 声明 4G 标准必要性专利族。[2] 如果按照这一比例和许可费率进行比例换算，全部 4G 标准必要专利的许可费高达 43.5 美元。根据大陆集团提供的信息，整个 TCU 的成本大约为 75 美元[3]，而 4G 标准必要专利的许可费就占据了近 60%。如果再加上 3G 标准必要专利的许可费甚至 5G 标准必要专利的许可费，则汽车企业支付的许可费甚至有可能会超过汽车企业从上一级供应商购买 TCU 的价格。就整车而言，根据公开数据可知，2022 年中国部分主流车企平均单车净利润仅为 2294 元，按照 Avanci 专利池的许可费标准计算，当前仅 4G 标准必要专利许可费就占单车整体利润的 13% 之多，若按专利族数量估算，4G、5G 的全部许可费将超过整车利润的 40%，这一比例显然过高，缺乏合理性。2022 年中国部分车企利润及销量情况见表 3.1。

表 3.1　2022 年中国部分车企利润及销量情况

序号	车企	净利润 /亿元人民币	销量 /辆	序号	车企	净利润 /亿元人民币	销量 /辆
1	比亚迪	166.22	1 868 543	7	吉利汽车	52.60	1 432 988
2	北京汽车	41.97	947 000	8	江铃汽车	9.15	282 008
3	长城汽车	82.66	1 061 745	9	理想汽车	−20.12	133 246
4	东风集团	102.65	2 464 502	10	小鹏汽车	−91.39	120 757
5	长安汽车	77.98	2 346 000	11	蔚来汽车	−145.59	122 500
6	广汽集团	80.68	2 433 800	12	零跑汽车	−51.09	111 168

---

[1] Landgericht Mannheim, Im Namen des Volkes Urteil, available at: http://eplaw.org/wp-content/uploads/2020/10/DE-2-O-34_19-URT-Allgemeines-Urteil-FINAL_ANONYMISIERT.pdf.

[2] Makan Delrahim. Letter to Mark Hamer [EB/OL]. (2023-09-30). https://www.justice.gov/atr/page/file/1298626/download.html.

[3] 姜古松. 汽车行业躲不过"高通税" [EB/OL]. (2022-08-17) [2023-09-30]. https://mp.weixin.qq.com/s/QLT2cy36VVee4JKrQv4blQ.html.

从研发投入和许可费收入来看，以权利人的研发投入及其持有的 5G SEP 占比估算，可以看到主要的移动通信 SEP 权利人每年的总体研发投入平均约为 4000 亿元人民币，其中高通、诺基亚、爱立信、华为、中兴的公司业务较为广泛，除了通信技术的研发之外，还涉足终端产品、芯片以及软件研发等各种领域。华为 10 年中累计的 5G 标准研发费用 40 亿美元❶，每年在 5G 标准开发领域投入约 4 亿美元，约占其平均年度研发投入的 2.5%，华为的研发投入强度高于行业平均收入，据此可以将华为的研发投入占比作为通信行业在 5G 通信技术中研发投入水平的测算基准。据此推测，按照通信行业每年约 4000 亿元人民币研发总费用，测算出主要通信企业用于通信标准开发的研发投入约为 100 亿元人民币。然而，根据公开数据估算，单是手机行业每年所支付 5G SEP 许可费约 1500 亿元人民币。按照研发成本进行统计，目前通信行业 SEP 许可费率大约超出其研发投入的 15 倍，远远超出了合理研发回报的范围。❷

表3.2 移动通信 SEP 主要权利人研发投入

年度	高通 /亿美元	诺基亚 /亿美元	爱立信 /亿美元	Interdigital /亿美元	华为 /亿元人民币	中兴 /亿元人民币
2015	54.90	22.59	41.24	0.72	1000.00	122.00
2016	51.51	52.73	34.83	0.68	764.00	127.62
2017	54.85	59.10	46.36	0.70	897.00	129.62
2018	56.25	54.73	43.89	0.69	1015.00	109.06
2019	53.98	50.88	41.55	0.74	1317.00	125.48
2020	59.75	49.98	48.38	0.84	1418.93	147.97
5G SEP 占比/%	10.0	6.8	6.2	1.3	14.6	8.1

数据来源：公开年报及对外公开公布信息。

---

❶ https://user.guancha.cn/wap/content? id=313749.
❷ 以上为作者根据公开数据整理汇总得到，仅供参考。

表 3.3　全球手机 3G、4G 许可费估算

年度	平均售价/美元	出货量/亿台	3G 许可费（以终端产品售价的 5% 测算）/亿元人民币	4G 许可费（以终端产品售价的 6% 测算）/亿元人民币
2020	303.12	12.4	1578.65	2894.19
2021	318.62	13.5	1806.58	3312.05
2022	299.31	12	1508.52	2765.62

数据来源：Digitimes Research、Canalys、IDC、Statista 统计数据。

通信领域的司法实践表明，较为透明的许可费率有赖于法院作出的许可费率判决。但令人遗憾的是，专利权人与汽车企业现有的标准必要专利诉讼还没有进入确认许可费率的"深水区"，几乎均是以双方和解结案。而这正为专利权人主张不合理的高额许可费提供了庇护。因此在当前阶段，专利权人主张的高额许可费是汽车企业在标准必要专利许可谈判中必然会面临的另一大挑战。

值得注意的事，目前通信作为基础服务，其及其标准必要技术的供给，具有公共属性，投入产出比应该符合类似于电力、水资源等公共设施的公共产品回报率，过高的许可费率最终都将由消费者在多个应用场景下重复买单，损害社会公共利益。

三、禁令威胁

禁令救济是专利权人针对专利实施方启动专利侵权诉讼的核心诉求，通过禁令，专利权人可以在许可谈判过程中最大限度地向对方施加谈判压力，迫使对方签订有利于专利权人的许可协议。在上述提及的诺基亚诉戴姆勒案中，正是由于诺基亚在德国的专利侵权诉讼和禁令申请得到了德国法院支持，戴姆勒迫于禁令的压力才与诺基亚达成了和解并最终支付了高额许可费。而由于标准必要专利的特殊性，在通常情况下专利实施方势必会使用专利权人的相关标准必要专利，而由此法院也通常会认定专利实施方侵犯了专利权人的专利并颁发禁令。可以预见的是，一旦专利权人与汽

车企业的许可谈判陷入僵局，专利权人将在各个司法辖区提起专利侵权诉讼并寻求禁令救济，届时汽车企业将面临在全球范围内禁售的风险，而这对于库存成本极高的汽车企业而言显然是无法接受的。

而对于汽车企业而言，如果仅因未缴纳 TCU 的许可费就导致汽车整体无法在某一国家进行销售，那么说明相关禁令的颁发似乎并没有适当地考虑比例原则。正如《德国专利法》第 139 条第一款规定的，在颁发禁令时应当考虑专利权人主张停止侵权是否会给专利实施方造成不合比例的困难。但令人遗憾的是，德国法院的司法实践表明，比例原则抗辩的适用存在现实困难。例如，在 IP Bridge 诉福特案中，德国慕尼黑第一地区法院仍然对福特颁发了禁令。

但值得注意的是，国际司法实践却在一定程度上表明在标准必要专利诉讼中应谨慎颁发禁令，以不颁发禁令为原则，颁发禁令为例外。以美国为例，自 2001 年起，美国法院未在一起标准必要专利诉讼中针对专利实施方颁发禁令，美国已经形成了"以不颁发禁令为常态，以颁发禁令为例外"的司法立场，原因在于专利人通过作出 FRAND 承诺，其已经承认金钱补偿将足以弥补专利侵权对专利权人造成的损害，因而不存在不可弥补的损失。就中国而言，截至目前尚未有颁发标准必要专利禁令的生效判决，并且法院在颁发禁令时会考虑禁令是否会导致专利权人与专利实施方之间的利益失衡。

四、标准制定环节参与度低

汽车企业在过去的很长一段时间里将侧重点放在了整车和产业链本身，并没有过度参与上游的底层技术（如通信技术）的研发，因此也很少有汽车企业主动参加欧洲电信标准化协会（ETSI）、电气与电子工程师协会（IEEE）、国际电信联盟（ITU）等跨界标准制定组织并参与针对有关标准开展的制定活动。缺少汽车企业在标准制定过程中的参与，导致 ETSI、IEEE、ITU 等标准制定组织在制定知识产权政策、标准时会更多地反映专利权人的立场和利益，而不一定能充分考虑到汽车和其他物联网行业及消费者的利益。这也进一步导致汽车行业标准必要专利许可"乱象"丛生，专利权人通过禁令、整车许可等手段向汽车企业收取高额的许可费,导致企业的生产成本增加。如果企业需要缴纳高额的许可费以确保企业生产和销售的产品合规,则其可用于研发和创新的投入将势必减少,而这将削弱企业的创新竞争力。此外,企业对于高额许可费的预期将会进一步降低企业投资研发和创新的信心,从而导致削弱创新。此外,通常情况下企业也会将许可成本包含在其产品的价格中,从而最终导致消费者支付更高的价格。这种成本转嫁方式实质上是迫使消费者为其根本用不上、不知道、不需要的功能买单,侵害了消费者的知情权、选择权和实际利益。不仅如此,高额的许可费同时也会"鼓励"专利权人针对相关标准必要专利开展新一轮投机行为,如可能重复利用其在标准制定组织中的影响力扭曲标准制定过程,排除竞争性技术,使得技术标准成为谋取私人利益的工具。而新一轮的投机行为又将对企业成本、创新、消费者权益造成新一轮的消极影响,形成恶性循环。

参考资料

[1] Avanci 4G Vehicle:Vehicle connectivity relies on multiple generations of cellular technologies. www. avanci. com/vehicle/4gvehicle/.

[2] Avanci:Avanci Expands 4G Coverage to Over 80 Auto Brands. www. avanci. com/2022/09/21/avanci-expands-4g-coverage-to-over-80-auto-brands/.

[3] 龙小宁. 标准必要专利定价方法的新进展(二):SSPPU、成本比例法和消费者支付意愿估计法[EB/OL]. (2022-04-14)[2023-09-30]. https://mp. weixin. qq. com/s/BF0X54lBOoJRJLdQxLzmKw.

[4] Landgericht Mannheim,Im Namen des Volkes Urteil. www. verbraucherzentrale. de/sites/default/files/2023-03/lg_mannheim_16. 2. 2023_az. _6_o_222-21. pdf.

[5] Makan Delrahim:Letter to Mark Hamer. [2023-09-30]. https://www. justice. gov/atr/page/file/1298626/download. html.

［6］ 姜古松. 汽车行业躲不过"高通税"［EB/OL］. (2022-08-17)［2023-09-30］https://mp.weixin.qq.com/s/QLT2cy36VVee4JKrQv4blQ. html.

［7］ CRA：SEP Royalties, Investment Incentives and Total Welfare. fair-standards. org/wp-content/uploads/2023/04/SEP-Royalties-Investment-Incentives-and-Total-Welfare. pdf.

第四章
汽车标准必要专利焦点问题

第一节 FRAND 原则及其内容解读

一、FRAND 原则的基本内容

出于寻求因公共使用目的而进行的技术标准化和专利权保护之间的平衡，标准化组织在其相关知识产权政策中，不仅要求标准参与者及时向标准化组织披露其拥有或者实际控制的专利，而且要求其承诺以"公平（Fair）、合理（Reasonable）和无歧视（Non-Discriminatory）"的条件许可所有标准实施者利用其专利。这就是通常所说的标准必要专利许可使用中标准必要专利权人必须遵守的 FRAND 原则。

行业惯例是公平、合理、无歧视原则的现实基础：至今为止，大多数标准组织确立了 FRAND 原则并将其作为核心许可规则。合同法是公平、合理、无歧视原则的有效支撑：标准必要专利合同属于合同法调整的范畴，也就是说，许可人和被许可人之间会因为专利许可成立民事法律关系，而合同的本质要求订立合同双方在平等、自愿的基础上协商，这正是 FRAND

原则的内在含义,也是合同法的应有之义。反垄断法是公平、合理、无歧视原则的法律依据。

公平、合理原则的核心在于利益分配的公正,而利益分配的关键点就在于公正、合理的标准必要专利许可费率。无歧视原则要求专利权人应当善意地授权每一个技术标准实施者,而且许可费率在同等条件下应当大致相等,不得拒绝竞争对手,或者无理由地歧视下游生产厂商。

① 专利权人仅能就其技术价值部分获益,不得抢夺属于社会公众的"额外"利益。考虑到多个权利人的许可费堆叠问题,应该对许可费限额作出限制;此外,产品商业上的成功,与标准技术并无关联,不应该作为权利人主张获益的基础。

② 专利权人应根据其专利权对标准的贡献大小,以及其持有的专利对被许可人产品的贡献值获取一定比例利益。技术涉及多个标准,不同标准对于产品功能和附加值的贡献度不同;同时,在标准中涉及多个专利权人,多个专利权人在不同标准中的贡献也不同。

③ 专利权人不得附加不公平、不合理条款,如搭售条款、回购协议、不质疑条款等。

④ 专利权人拒绝许可、提出禁令的条件应该被严格限制。

⑤ 无歧视原则要求专利权人应当善意对待每一个技术标准实施者,且许可费率在同等条件下应当大致相等。许可费保密问题与无歧视之间存在矛盾。

关于何为FRAND原则,不同学者看法和角度不同,美国学者莱姆利(Lemley)和夏皮罗(Shapiro)给出下列定义:FRAND承诺从本质上来说是这样一种协议,专利持有者为了将其技术纳入行业标准,以增加许可机会,承诺不会过度使用其专利权。可见,FRAND承诺是没有外在力量附加下标准制定组织自行设立的承诺,是专利持有者将其技术纳入相关行业标准所必须付出的代价。

国内外学者大都认为,FRAND原则的建立是为了消除标准必要专利许可过程中通常会产生的"专利套牢"问题或"锁定效应"。简而言之,锁定效应是指在标准建立以后,为从事商业活动,标准专利实施者没有其他可选技术而只能向标准专利持有者获取授权。在一个行业标准形成之前，可能会有多种备选技术（或多家企业同时研发不同备选技术）可供选择成为行业标准。当一个或一组给定的技术被选择成为行业标准后，行业中所有企业必须遵循已建立的标准，这时标准专利实施者通常需要对其生产技术、工艺流程等作相应调整，以便与已建立的行业标准相容，从而可以使用标准技术生产产品。此时市场中已没有其他相近的替代技术，标准专利成为唯一技术，标准专利实施者只能向持有者获取授权，否则无法从事本身的经营活动。面对被"套牢"的买家，标准专利持有者有可能肆无忌惮地提高其专利技术授权价格，对标准专利实施者强加不公平、不合理的许可费以赚取垄断利润，此即所谓的事后"套牢"现象。该现象必然会降低标准专利实施者进行相关投资的积极性，这反而不利于行业标准的采用和实施，从而影响标准专利持有者的收益。因此，在标准形成之前，需要专利持有者承诺，在其技术成为标准之后不会收取不公平、不合理的许可费，即会遵循 FRAND 原则。

二、FRAND 原则的价值基础

（一）利益分配中的公平与合理

合理的市场模式往往是基于交易双方利益平等的基础之上的。专利权作为一项具有独占性和垄断性的专有权利，专利权人势必将其作为产生商业利益的工具和谈判的筹码。他们除了利用专利权从被许可人那里获取大量的直接经济利益，也享受着当专利被纳入标准后的各种间接利益。而被许可人的目的则是获取许可后，自身将会拥有进入相关市场的资格。在合理的市场模式下，专利权人和专利被许可人都有各自选择的权利。他们分别会对许可费率、该项技术的先进程度、市场需求等各项指标进行分析，然后得出自身是否有利益的损失或者收益的结论。通过不同的结论，他们可以选择达成许可协议或者另行寻求适合谈判的目标。这种正常的商业竞争使得双方当事人能够平衡利益。

但是在标准必要专利的许可模式下，被许可人别无选择，只能够通过专利人的专利许可获得进入某个市场的权利。这种无形之间被剥夺了选择权的境遇，导致了被许可人与专利权人的谈判地位出现了不平等。正常的商业竞争已经无法起到平衡作用。这样一来，基于不平等的关系，专利权人将很有可能以此为筹码寻求高昂的专利许可费或者向专利权人要求各种苛刻的专利许可条件，最终导致专利权人和被许可人的利益失衡。

所以 FRAND 原则中公平与合理，本质上是强调一种利益分配上最终的平衡。而实现这种平衡，就需要付诸法律、经济等各种层面上的调整，这种调整的目的首先要寻求对于专利权人更多的限制，进而实现双方当事人的平等的谈判地位，并且最终平衡双方利益。

（二）专利许可费的公平与合理

专利许可费作为被许可人向专利权人在专利许可中应尽的最主要义务，是双方利益分配公平合理与否的标志。在标准必要专利的许可模式下，专利权人坐拥"高高在上"的谈判地位，完全可以为了自我的利益最大化而向被许可人索取高昂的专利许可费，否则便可以拒绝许可。为了平衡双方的利益分配问题，势必需要一个合理的专利许可费率的基准。然而学界对此并无统一的认识。

对此，有一部分学者认为，当专利被纳入某项技术标准以后，标准的实施会使得该项专利更加具有垄断性。因为标准具有公益性和公共性，从价值判断上来说是没有道理为专利权这种带有垄断性质的权利提供增值服务的。一个合理的专利许可费不应该包含这部分利益。这也就是说，他们认为合理的专利许可费应该仅仅包含该项专利在进入标准之前本身所具有的价值。但是，这种观点的缺点在于在现实情况中很难操作，毕竟，在标准必要专利的许可模式下，几乎所有的许可谈判都存在于专利被纳入标准之后，在这种情况下，模拟出该专利被纳入标准之前的状态几乎是不可能的。还有一部分学者认为，一项专利技术的价值在于其能够提供给被许可人高于其他可供替代技术的价值。所以说一个合理的专利许可费应该等于或小于这项专利所带给被许可人的利益。这种观点的缺点在于没有考虑不存在替代技术的情形。另外一部分学者则直接认为所谓的合理的专利费仅仅是基于谈判形成的，也就是说他们认为事先是无法形成一个基准性的专利费率的。利夫·拉那斯托（Leif Rahnasto）认为"公平合理"概念应该逐案解释，并且双方当事人基于特定的经济现实来接受各自提供的条件，那么"公平合理"的目的就已经达到了。这种观点明显没有考虑在标准必要专利的许可模式下，因专利权人掌握专利权而被许可人想要不被市场淘汰选择余地近乎为零的现状。

（三）禁止不合理限制和附加条款

专利许可同样也是专利权人保护并实现自己专利权益的形式，在一个专利许可中，专利权人除了收取专利许可费，往往也会通过合同条款对被许可人加以不同限制。这种限制是专利权人为了维护自身的市场地位或者得到对方的技术信息而做出的。有的限制是合理的，如要求被许可人对于技术保密和接受专利权人监督等。但有些限制是不合理的，最典型的例子是限制技术改进条款。限制技术改进是指专利权人要求被许可人只能对其引进的技术加以改进，同时也不允许其对于相关技术的新技术新工艺进行研究。这种不合理的限制严重阻碍了技术的发展，也显著违背了公平原则。

此外，其他的不合理限制条款还包括搭售条款、不质疑条款、单方面回函条款等。专利许可中的搭售条款在标准必要专利许可模式中通常指的是"搭售专利"，即专利权人强迫被许可人在接受其专利许可时同时接受一项或多项被许可人不需要的专利。因为在标准必要专利许可中专利人往往处于优势地位，而被许可人选择权受到限制，所以专利人借机搭售的情况很多。不质疑条款是指专利权人要求被许可人在获得专利后，假若发现该专利存在法律上的瑕疵，也不得对该专利的有效性提出异议，同时也禁止其协助其他人进行控告异议的条款。该项限制实际上剥夺了被许可人异议的合法权利，如果一个专利已经不具备新颖性、创造性等实质要件，则任何人都有权申请该专利无效。限制被许可人异议，同时也让其支付巨额许可费，显然是对被许可人的不公平。单方面回函条款是指专利权人要求被许可人在接受许可后，在使用标准过程中对于该专利的任何取得的技术进步和改进信息无偿地单方面地给予专利权人。这种明显的义务不对等的限制条款也损害了被许可方的利益，是一种不平等的限制条款。

三、FRAND 原则的内涵解释

（一）司法领域的解释

我国法院在华为诉 IDC 案中，首次适用 FRAND 原则。该案中，FRAND 的内涵被解释为："对于愿意支付合理使用费的善意的标准使用者，标准必要专利权人不得径直拒绝许可，既要保证专利权人能够从技术创新中获得足够的回报，同时也避免标准必要专利权利人借助标准所形成的强势地位索取高额许可费率或附加不合理条件。"但该判决并未说明如何理解"专利权人从技术创新中获得足够的回报"，如何界定"高额许可费率或附加不合理条件"。可以说，我国法院在华为诉 IDC 案中对 FRAND 许可的内涵界定略显抽象，实质上是对许可的原则进行了界定。

早在华为诉 IDC 案之前，最高人民法院将 FRAND 许可的内涵解释为："专利纳入国家、行业或者地方标准的，视为专利权人许可他人在实施标准的同时实施该专利……专利权人可以要求实施人支付的使用费数额应明显低于正常的许可使用费……"从最高法院的释义来看，FRAND 许可是"明显低于正常的许可使用费"的许可，但对于"明显低于"是否意味着"远远低于"，"正常的许可使用费"应如何确定等，最高法院未以明确。

（二）经济学领域的解释

1. 公平

标准具有广泛的适用性，这就导致标准专利权人在适用的行业拥有明显的技术优势，在相关市场中也容易形成垄断地位。为了更好地实现标准专利权人和专利实施者之间的利益平衡，以及标准专利权人与不同被许可人之间的利益平衡，必须强调公平的利益分配。其中，有学者认为 FRAND 原则中的"公平"指的是许可中不应该再添加附加限制条件，如搭售等；也有部分学者认为"公平"包括相关专利许可费不可过高的要求。总而言之，公平性强调的是技术许可双方谈判地位的平衡。

获取专利权后，具有技术优势的专利权人可以通过专利许可获取经济利益，并且直接或者间接实现其技术的市场拓展收益；被许可方可以通过购买专利的使用权，提升技术实力，在市场竞争中获益。在专利许可市场中，买卖双方均可以根据自身的利益和需求进行选择和谈判，双方都具有自主选择权，因此此时的谈判和利益分配是公平的；但是，当专利技术纳入标准之后，由于标准具备垄断性，二者之间的利益分配的公平性就被打破了。凭借标准的广泛使用，标准必要专利权人便具备了很强的技术优势和排他性，原先与其竞争的其他技术由于未被纳入标准中，便无法与标准必要专利进行相同程度的竞争，同时由于标准的推动作用，专利实施方的产品要想具备市场竞争力，就不得不采用标准中所采用的技术标准和技术方案，此时，专利实施人的选择余地大大减少，专利权人的主动权大大增加，从而导致原本公平的利益分配变得对专利许可人有利、对专利实施方不利，极易出现专利权人在专利许可谈判中利用其优势地位而附加不合理许可条件的情形，最终使得二者之间公平的利益分配格局不复存在。因此，在标准必要专利许可中必须首先强调公平原则，专利权人不能因为专利被纳入标准中而索取与专利技术本身价值不符的许可费，从而最大化保证许可双方的利益平衡。

2. 合理

FRAND 许可承诺中的"合理"意味着"任何标准实施者支付的许可费率不得高于某一专利成为在标准之前、有替代技术与之竞争时的许可费率"。理由是，标准专利权人应当得到与其实际贡献相符合的回报。当专利被纳入标准后，专利本身能够带来的利益增值从技术的角度看并没有发生变化，技术还是原先的技术。标准必要专利之所以出现价值增值，是因为标准的存在限制了标准实施者寻求其他可替代技术的机会，标准实施者只有获得标准必要专利权人的许可才能够进入市场，制造符合市场需求的产品。换言之，标准必要专利权人提升许可费的能力源自整个产业的参与者前期已经付出的不可恢复的总投资，而非专利技术本身，故标准必要专利权人不能因为标准而获益。问题是，这样界定"合理"的内涵，虽可以保护标准实施者的利益，但是否忽视了对标准必要专利权人参与标准制定的激励？答案是否定的。因为标准的制定已经帮助纳入标准的必要专利排除了与其他可替代技术的竞争，专利被纳入标准之中意味着专利权人的许可规模已扩张到了整个产业，如此规模的许可足以弥补甚至远远超过专利权人对技术研发的投资；换言之，对许可规模急剧膨胀的预期，足以形成对专利权人参与标准制定的有效激励。

在专利许可谈判中，最核心的还是专利许可费用的谈判，因此这也是衡量FRAND原则的最重要的内容。在专利许可中，由于FRAND原则的不确定和模糊之处，究竟何为合理的许可费，无论在理论界还是司法界，都存在很大的争议，也很难判断其具体数值。

在标准必要专利许可中，专利权人由于其具有的垄断地位、获取额外收益等目的，会在专利许可中附加很多不合理的条件，如专利搭售条款、非标准必要专利打包许可、专利回售条款、不质疑条款及其他不合理附件条款等，严重违背了FRAND承诺中关于公平和合理的承诺。搭售条款是指专利权人要求被许可方接受其本不需要的知识产权的许可或购买；回售条款是指许可人以不对等的条件要求被许可方将利用专利技术过程中所取得的技术进步和改进许可给许可方。

例如，中国国家发展和改革委员会在2013年对高通公司进行反垄断调查后，发现其对过期专利进行收费、无理由搭售非标准必要专利及附加不合理的条件，包括不挑战专利许可协议等，明显属于对被许可人施加不合理的许可要求和许可条款，违背了其在标准化组织所作出的FRAND承诺。

3. 无歧视

从许可角度，无歧视意味着标准必要专利权人不得拒绝许可，或者不得针对不同的许可对象，其许可方式、条件及费用等存在巨大差异，对其中个别许可人采取歧视的许可条件或许可费用；从经济学的定义来看，"无歧视"意味着所有的标准实施者在许可条件相当时应该支付相近的专利许可费，无歧视许可并不意味着单纯的许可费或者许可条件的一致，而是每个潜在的被许可方在与专利权人进行协商时，应该具有相同的考量标准和决定许可的条件，而不是事先针对不同类型的许可人（如公司规模、国籍等）采取差异化的许可条件或许可谈判策略；表现在专利许可合同上，则是无论价格条款还是其他条款，至少在字面上均不存在任何歧视。然而，这种严格定义并不能发挥"无歧视"原则最佳的制度效果，因为同样的专利在不同的技术领域所创造的价值并不相同。例如，一项有关无线通信技术的标准必要专利，被用在手机中所创造的利益增值与被用在无线心脏检测仪中所创造的利益增值显然不同。因此，"无歧视"不是对所有的标准实施者适用相同的许可费率，而是"对情况相同的标准实施者适用相同的许可费率"。所谓"情况相同的标准实施者"，是指处于相同行业且相互间具有竞争关系的公司。例如，前述的手机制造商与无线心脏检测仪的医疗设备制造商，分别处于通信设备行业和医疗设备行业，相互之间并不存在竞争性，同一项标准必要专利所带来的利益增值也各不相同，应当允许对两个公司适用不同的许可费率。再如前述的华为诉IPC案中，其标准必要专利均被适用于相同的行业（华为公司、苹果公司、三星公司均为手机制造商）中相竞争的产品，应当适用相同的许可费率。

综上，在平衡专利权人、标准化组织和标准实施者三方利益的基础上，FRAND许可承诺可以被解释为：①标准必要专利权人不得拒绝许可；②标准必要专利权人执行的许可费率不得高于该专利被纳入标准之前有替代技术与之相竞争时的许可费率；③对没有竞争关系的产品，可以适用不同的许可费率，但应受到②的限制。

四、FRAND原则的法律效力和法律性质

（一）法律效力

1. 可诉性

FRAND原则来源于国际标准化组织的知识产权政策，是从产业实际中发展而来的，而非法理中发展而来的原则，因此其法律性质一直受到质疑，对其定性也不够确切，其可诉性一直受到广泛的争议。

我国司法实践中已经把FRAND承诺作为裁判的依据，如在2016年4月施行的《关于审理侵犯专利权纠纷案件应用法律若干问题的解释（二）》中，虽然没有明确使用FRAND原则这一名称，但是实际上已经有了"公平、合理、无歧视"的规定。

在广东省高级人民法院《关于审理标准必要专利纠纷案件的工作指引

（试行）》第三条中也明确规定了"标准必要专利权人作出的公平、合理和无歧视声明，可以作为审理标准必要专利纠纷案件的依据"，可见，FRAND 原则的可诉性效力的争议已经不存在。

2. 不可撤销性

由于部分标准化组织对于标准参与方作出的 FRAND 承诺是否可以撤销没有作出明确规定，因此针对此问题出现了争议。

通常来说，专利权人在标准制定过程中作出的 FRAND 承诺是不可撤销的，如 ETSI 的知识产权政策中规定，"当 ETSI 发现某件专利与特定标准或规范有关时，组织总干事应要求权利人作出关于其将根据公平、合理和无歧视的条件进行许可的承诺，该承诺不可撤销"。

美国电信工业协会（TIA）同样在其知识产权政策中规定了针对知识产权许可作出的 FRAND 承诺不可撤销，且当知识产权发生转让时，该规定同样有效。

3. 可转让性

标准必要专利的专利权属关系发生转让后，新的专利权人在进行专利许可时仍然受到原专利权人向标准化组织所作出的 FRAND 承诺的约束。

在 ETSI、IEEE 等组织的 IPR 政策中对知识产权转让与 FRAND 的继承性都有相应的规定。

《ETSI 知识产权政策》第 6.1 bis 条款中规定了"必要知识产权的转让"。IEEE-SA 章程第 6 条第 2 款中规定，LoA 的提交者和所有关联方不得基于规避 LoA 中作出的声明和承诺之目的转让 LoA 中其拥有、控制或者有权许可的必要专利权利要求。如果 LoA 的提交者或者其关联方拟转移受 LoA 制约的任何必要专利权利要求，LoA 的提交者应通过一份负担声明或者使任何受让方受 LoA 条款约束的方式提供 LoA 的通知，以及要求其受让方统一在未来转让涉案必要专利权利要求时作出相同行为。

2018 年广东省高级人民法院《关于审理标准必要专利纠纷案件的工作指引（试行）》中第四条也有相关规定。

（二）法律性质

FRAND 原则是标准化组织在约束标准参与方在后续标准实施过程中可

能涉及知识产权许可时所需要遵守的原则。涉及标准化组织、专利权人和潜在的专利实施方三方主体，关于 FRAND 承诺的性质，也是学界和司法界一直以来具有较大争议的话题。

1. 单方法律行为说

西电捷通诉索尼移动标准必要专利侵权案（以下简称西电捷通诉索尼案）一审认为，FRAND 承诺是专利权人单方作出的承诺，是一种单方法律行为。承诺不等于已经作出了许可，因此仅有 FRAND 承诺不能认为专利权人和标准实施者达成了专利许可合同。而 FRAND 承诺的作用在于使第三人产生专利权人在未来会以 FRAND 条件进行专利许可的信赖，一旦违背 FRAND 承诺，第三人基于信赖就会受到损失。

2. 要约邀请说

2012 年，荷兰法院在处理三星与苹果纠纷时认定两者的 ETSI 知识产权政策并没有成立许可合同。在微软就 ITU 标准必要专利诉摩托罗拉公司一案中，德国曼海姆地区法院认为 FRAND 承诺并未创设合同，而是专利权人的要约邀请，标准实施者有权根据邀请向专利权人提出要约请求，FRAND 承诺构成要约请求权的基础。这是欧洲国家的主流观点，然而也存在一定疏漏。有观点认为，由于相当一部分的标准化组织不允许 FRAND 承诺的撤销，而根据我国《合同法》（1999 年颁布）第 15 条对要约邀请的定义，要约邀请是希望他人向自己发出要约的意思表示，是订立合同的预备行为，不会产生订立合同的法律效果，要约邀请可以被撤回而不承担法律责任。

3. 第三方利益合同说

为第三人利益合同说认为，当专利权人向标准化组织作出 FRAND 承诺，二者之间就成立了第三方受益人（third-party beneficiary）为标准实施者的第三人利益合同，标准实施者有权以 FRAND 条件与专利权人签订专利实施许可合同。美国的微软诉摩托罗拉一案就采取了此种学说。摩托罗拉公司与标准化组织之间达成第三人利益合同，FRAND 承诺赋予了摩托罗拉公司善意与公平交易的义务，须以 FRAND 条件许可微软实施其专利。摩托罗拉公司认为微软公司应该发出请求并与本公司协商。但美国第九联邦巡回上诉法院认为，按照 FRAND 条款的目的来看，合理限制专利权人的权利，促进 SEP 许可的实施，进而促进先进标准的普及推广，如果需要向专利权人请求，就意味着专利权人有拒绝的权利，违背了 FRAND 承诺的初衷，致使其无法发挥应有的作用；如果需要与专利权人协商，会降低专利许可实施的效率，也不利于 FRAND 承诺目的的实现。

但第三人利益合同说在我国的华为诉 IDC 案和西电捷通诉索尼案中均未被采用，理由与要约说的反对意见相似，FRAND 承诺太过于抽象，仅依赖 FRAND 承诺所确定的内涵认定专利权人和标准化组织达成第三人利益合同不可行，不具备合同成立的要件。

4. 强制缔约说

深圳市中级人民法院审理华为诉 IDC 案的判决采用了这一学说。法院认为，SEP 专利权人所作的 FRAND 承诺应理解为"SEP 专利权人对标准实施者及潜在的标准实施者负有以符合 FRAND 条件许可的义务，该义务与供水供电等垄断企业所担负强制缔约义务相似"。

5. 普遍义务说

其认为 FRAND 承诺是 SEP 专利权人对该标准的所有标准实施者所作出的承诺，即专利权人愿意以 FRAND 条款和条件向标准实施者许可其 SEP。这实际上就是专利权人向标准实施者所作出的一种普遍承诺，是专利权人相对于标准实施者所负的一种普遍性的义务。这是一种形式义务，如果潜在的专利被许可人没有决定采用某一标准技术，则专利权人不对其负有义务；如果这些主体选择实施该项标准，则专利权人的形式义务转化为具体的义务。

第二节　移动通信标准必要专利的过度声明现象

对于当前移动通信标准必要专利许可的关键焦点问题——许可费率来说，一般需要综合考虑多种因素（如 SEP 数量及其专利族规模、行业累积费率、地域分布等）。在决定 SEP 专利族/专利数量的过程中，需要确定

SEP 的有效性和必要性。SEP 的有效性可以通过查询专利法律状态、评估新颖性和创造性等方式确认。其必要性的确定则需评估专利技术与标准的真实必要性，通常会面临更大的挑战。

由于缺乏对 SEP 声明的有效审核和制度约束，许多专利持有者可能会过度声明其专利是标准必要的，即使这些专利在实际上并不是实施相关标准所必需的。这种过度声明现象会导致 SEP 数量虚高，进而影响许可费率的公平、合理，增加标准实施者成本，阻碍标准技术的推广和应用，而且还可能引发知识产权纠纷，破坏行业的正常竞争秩序和社会福利。因此，深入分析 SEP 过度声明现象及其产生原因，对于构建公平、透明、合理的 SEP 制度，促进技术创新和行业发展具有重要意义。

一、移动通信技术标准必要专利

（一）移动通信技术标准概述

移动通信技术是一种通过无线电波进行数据传输的通信技术，该技术打破了地理位置和有线连接的限制，使得用户能够在任何地方随时进行语音通话、数据传输、上网浏览等活动。

自第一代移动通信技术（1G）至今，移动通信技术经历了近 40 年的飞速发展，已经进入第五代（5G）。第一代移动通信技术主要采用的是模拟技术和频分多址（FDMA）技术。由于受到传输带宽的限制，不能进行移动通信的长途漫游，只能是一种区域性的移动通信系统。第二代移动通信技术（2G）是以数字技术为主体的移动经营网络，能够提供数字化的话音业务及低速数据业务。第三代移动通信技术（3G）是将无线通信与国际互联网等多媒体通信结合的一代移动通信系统，支持高速数据传输的蜂窝移动通信技术。第四代移动通信技术（4G）是在 3G 通信技术基础上不断优化升级、创新发展而来，以 WLAN 技术为发展重点，进一步提高了信息通信速度。随着移动互联网快速发展，移动数据流量爆炸式增长，具备高速率、低时延和大连接特点的第五代移动通信技术应运而生，成为支撑经济社会数字化、网络化、智能化转型的关键新型基础设施。目前第六代移动通信技术（6G）正朝着全球无缝覆盖，比 5G 更快的传输速率、更低的时延等目标进行研发和标准制定。

（二）移动通信技术标准化组织

国际电信联盟（International Telecommunication Union，ITU）是主管信息通信技术事务的联合国机构，负责制定全球电信标准、分配和管理全球无线电频谱与卫星轨道资源等。第三代合作伙伴计划（3rd Generation Partnership Project，3GPP）是在 ITU 指导下成立的专注于研究电信系统规范的组织，联合了 7 个电信标准开发组织（中国 CCSA❶、欧洲 ETSI❷、日本 ARIB❸ 和 TTC❹、北美洲 ATIS❺、印度 TSDSI❻ 以及韩国 TTA❼），由它们共同决定 3GPP 的整体政策和代际演进策略。3GPP 最初的工作范围是为第三代移动通信系统制定适用的技术规范和技术报告，随后增加了对后续演进标准技术的研究和标准制定。

目前 2G、3G、4G 标准已经完全冻结，不再更新。2022 年 6 月，3GPP 宣布 5G Rel-17 冻结，这标志着全球 5G 商用迈向新的阶段。当前 3GPP 正在进行 Rel-18 的相关工作，5G 正式进入演进阶段（5G-Advanced）。由于高带宽、低延迟的特性，支持 10~100 倍于 4G 的传输速率，5G 标准已经在全球的大部分国家广泛应用。根据全球移动通信系统协会（GSMA）研究，全球 70 个市场的 176 家移动运营商推出了 5G 商用服务，预计 2025 年全球 5G 连接数量将达 20 亿。

（三）移动通信技术标准必要专利声明机制

标准化组织的知识产权政策定义了其成员在标准的制定和实施过程中需要遵循的行为规范，旨在更高效地协调技术标准的制定、执行、推广和管理。此外，标准化组织的知识产权政策也可以被视作组织与其成员间的

---

❶ 中国通信标准化协会（China Communications Standards Association）
❷ 欧洲电信标准化协会（European Telecommunications Standards Institute）
❸ 日本无线工业及商贸联合会（The Association of Radio Industries and Businesses）
❹ 电信技术委员会（Telecommunication Technology Committee）
❺ 世界无线通讯解决方案联盟（The Alliance for Telecommunications Industry Solutions）
❻ 印度电信标准发展协会（Telecommunications Standards Development Society）
❼ 韩国电信技术协会（Telecommunications Technology Association）

契约，所有成员都应当将这些政策作为行为准则，并且尽责地遵守。

虽然各个标准化组织在知识产权政策上可能存在差异，但在标准必要专利问题上，各标准化组织仍然拥有一些相同的基本立场，包括平等原则、信息披露原则、鼓励公平、合理、无歧视（FRAND）的许可原则，以及在纠纷中保持中立的原则等。

对于标准必要专利来说，大多数标准化组织采取"应当""鼓励"披露的知识产权政策，如3GPP要求每个个体成员或其他组织向其所属的合作组织或机构声明其拥有的标准必要的知识产权。然而，各个标准化组织在标准必要专利声明的要求上并不完全一致（表4.1）。大多数组织不要求成员就可能拥有的标准必要专利进行具体声明（Specific Declaration），而只要求进行全面声明（Blanket Declaration）。在这种情况下，成员无须提供相关专利的规模，以及与标准相关的任何信息，甚至无须列出具体的专利号。只有少数组织，如ETSI，要求其成员做出具体声明，必须提供专利号以及对应的标准版本信息。

表4.1 重点标准化组织的声明方式

标准化组织	是否允许全面声明	标准化组织	是否允许全面声明
ETSI	不允许	ISO	允许
ITU	允许	CEN	允许
ATIS	允许	CENELEC	允许
IEEE	允许		

尽管各个标准化组织都规定了成员需要披露专利信息的义务，但这些规定多为鼓励性质，并且缺乏对违反披露义务的有力惩罚措施，对标准必要专利权人的有效约束力不足，导致在标准实施过程中频繁出现专利纠纷。同时，许多标准化组织在其知识产权政策中也做出了免责声明。在《ITU-T/ITU-R/ISO/IEC共同专利政策》的实施规则第一条中就明确指出，三大标准化组织——ITU、ISO和IEC所制定的标准中的所有有价值的信息都应被公开。然而，这些标准化组织并不提供关于专利有效性和权利范围的权威性信息，也不负有确认其成员披露信息有效性的义务。

二、标准必要专利的过度声明现象

(一) 过度声明概念及具体表现

标准化组织的知识产权政策通常只要求专利持有人将"任何可能"是实施标准所必需的专利声明为标准必要专利,而并不会对声明的"标准必要专利"做进一步的审查。因此,并非所有的标准必要专利实际上是必要的,这种现象被称为过度声明。

在无线星球诉华为案中,英国高等法院曾指出:"我们必须认识到,通过专利数量来协商许可费会为权利人制造申报尽可能多的专利的动机,从而使过度声明问题更加严重。"2017年欧盟委员会发布的《关于制定标准必要专利的欧盟方法》❶中指出,针对各种关键技术的研究表明,在严格测试的条件下,只有10%~50%声明的专利是必要的,并强调大量的过度声明对任何愿意接受许可的企业,特别是那些中小和初创企业来说,在许可谈判的过程中因为要承担大量的必要性检查而增加了沉重的负担。

标准必要专利的过度声明行为将会增加许可以及标准实施中复杂性和成本,具体可以分为以下几类。

① 不准确的专利声明:错误地将非必要的专利认为是标准必须而进行声明的专利。

② 含糊不清的专利声明:由于大部分的标准化组织并不要求做具体声明,因而在某些情况下,企业会尽可能多地声明其持有相关必要专利,不会具体明确专利信息,这会造成过度声明问题。

③ 未被标准采纳的声明专利:在标准制定过程中声明的专利,但是该专利技术并未被最终的标准版本所采纳。

④ 滥用的声明专利:在一些极端的情况下,某些企业可能会夸大声称其拥有标准必要专利,以此来提升其在行业中的地位,或者企图影响标准

---

❶ European Commission: Setting out the EU approach to Standard Essential Patents, COM (2017) 712 final, Brussels, 29.11.2017.

的制定过程，在许可中寻求更多的许可费。

（二）移动通信技术标准必要专利过度声明的主要原因

标准必要专利的过度声明的主要原因可以分为以下几点。

① 不透明的声明信息。在声明要求方面，如前所述，很多标准化组织对于标准必要专利的声明要求并不明确，还有大部分标准化组织允许进行"全面声明"，不需要详细列出具体的标准必要专利。不明确的声明要求进一步加剧了标准必要专利信息的不透明性。在专利审核方面，大多数标准化组织并不会对声明专利的有效性、必要性等进行严格的审核，这使得企业有可能过度声明其专利是标准必要的。在信息披露方面，在许多情况下，标准必要专利的具体信息（如专利的具体技术内容、专利的有效性、专利与标准的具体对应关系等）并不会被收集或被完全公开。这使得其他利益相关方难以准确判断哪些专利真正为标准必要。这种情况下，专利所有者可能会利用信息不对称的优势进行过度声明。

② 最终标准版本技术的过程不确定性。标准制定是一个长期、动态且复杂的过程，涉及大量技术和利益相关方的选择。在标准制定的初期阶段，许多企业会尝试将自己的专利技术引入标准，期望它们在最终版本中得到采纳。然而，由于标准制定过程的不确定性，无法预知最终的标准将采纳哪些技术方案，因此，在标准制定的过程中有些企业声明的专利技术并未被最终标准采纳，进而在前声明的专利是非必要的。

③ 企业对于竞争优势的追求。在高度竞争的技术市场中，企业会寻求各种方式来获取或增强自己的竞争优势，其中，拥有大量标准必要专利是企业在技术和商业领域内获取竞争优势的一种重要途径。在经济收益方面，标准必要专利的所有者可以通过向使用该标准的公司收取专利许可费来获得经济收益。因此，一些公司可能会尝试过度声明专利以增加自己的潜在的收益。在许可谈判力量方面，拥有更多的标准必要专利可以为企业提供更大的谈判筹码。在市场影响方面，在标准化的过程中，拥有大量标准必要专利的企业可以更好地影响和塑造未来的技术方向和市场趋势，争取最佳的市场地位和竞争优势。

三、移动通信标准必要专利的过度声明分析

（一）声明专利来源

自1998年第三代移动通信系统开始，3GPP负责制定全球适用的通信技术规范和技术报告。随后，其工作范围更进一步扩展到了对长期演进系统的研究和标准制定工作。作为3GPP的成员，ETSI、ATIS、ARIB等标准化组织承担了相关标准必要专利的自主声明任务。其中，ETSI拥有相对完善的专利声明机制和数据库，因此，绝大多数的专利持有人选择在ETSI处进行专利声明。也有部分专利持有人选择在ATIS、ARIB等其他标准化组织处进行声明。IPlytics数据库包含了来自ETSI、ATIS、ARIB等主要标准化组织的专利数据。通过对声明时间范围、权利人、发明人等信息进行比对，进一步收集并整理了相关专利声明信息，从而拥有了相对全面的标准必要专利信息。本书以IPlytics数据库作为数据来源，对全球范围内的3G、4G、5G的标准必要专利声明情况以及必要性进行分析，检索时间范围为1990年1月1日至2023年5月31日。

（二）分析说明

1. 数据概述

通过检索，得到3G标准声明文本494 994份、声明的相关标准必要专利42 437件、INPADOC专利族3 246个；4G标准声明文本2 226 639份、声明的相关标准必要专利172 761件，INPADOC专利族22 237个；5G标准声明文本1 818 803份、声明的相关标准必要专利298 916件、INPADOC同族58 475个（表4.2、图4.1）。

表4.2 3G、4G、5G标准必要专利声明情况

标准	声明文本/份	声明专利/件	INPADOC专利族/个
3G	494 994	42 437	3 246
4G	2 226 639	172 761	22 237
5G	1 818 803	298 916	58 475

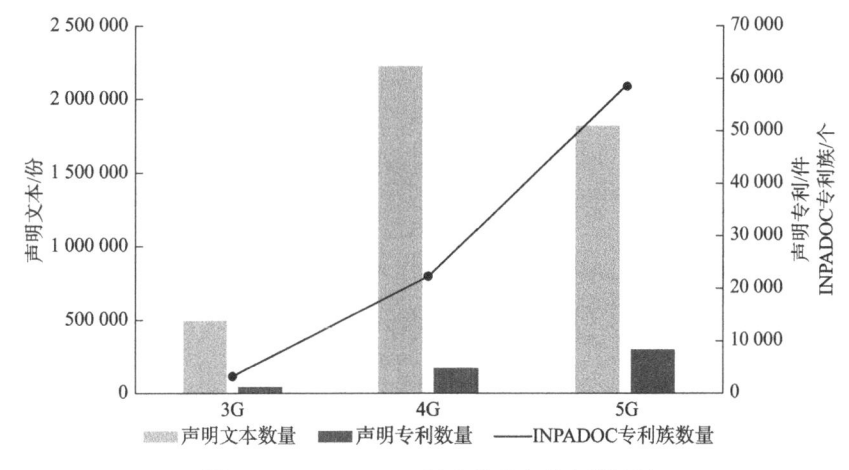

图 4.1 3G、4G、5G 标准必要专利声明情况

2. 分析维度说明

为全面分析 3G、4G、5G 声明的标准必要专利必要性情况，选取申请时间趋势、各代际必要性、主要权利人持有专利的必要性分析等维度对相关的声明专利进行整理分析，以期从时间、专利持有人、技术领域、地域等维度展现声明专利的必要性情况，为行业提供参考。

需要说明的是，本书的必要性评价采用 IPlytics 数据库提供的语义映射分析指标（Semantic Essential Score），该指标基于标准必要专利英文专利文本与标准文件进行语义比对结果，并不能全面代表所有声明专利的必要性情况。

（三）申请及声明趋势分析

图 4.2~图 4.4 展示了自 1990 年起，3G、4G、5G 相关专利申请的发展趋势。从申请时间来看，3G 标准必要专利的申请主要集中在 1998—2002 年，这与 3G 标准的制定时间线相吻合。4G 标准必要专利的申请则集中在 2007—2018 年，其申请数量在 2008 年达到峰值，共计 12 871 件申请。这个高峰可能与 4G 技术的 TDD 和 FDD 两个发展路径，以及由 4G 向 5G 演进过程中涌现的相关专利技术有关。5G 标准必要专利的申请主要集中在 2016—2021 年，其申请数量在 2018 年达到峰值，共有 38 755 件申请。然而，随着 Rel-17 标准的冻结及 5G 的正式商用，2022 年 5G 相关标准必要专利的申请量出现大幅下滑，这表明 5G 标准已经进入了稳定的发展阶段。

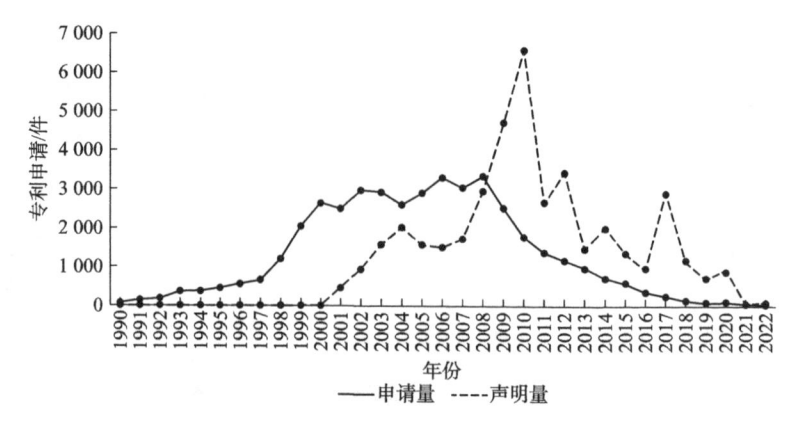

图 4.2　3G 标准必要专利年度申请及声明趋势

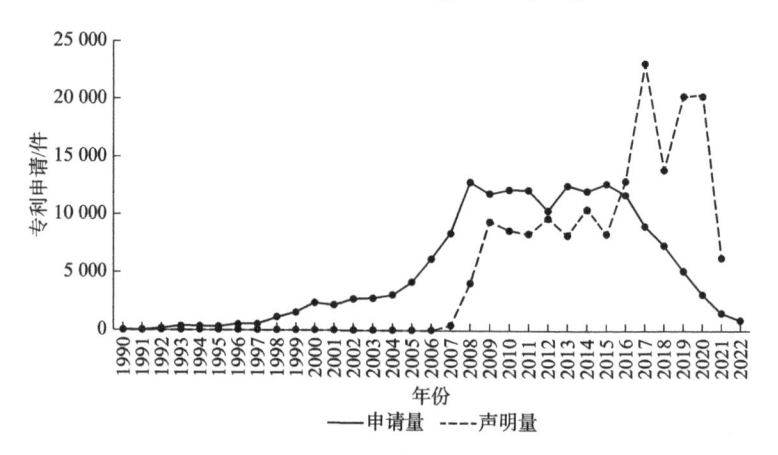

图 4.3　4G 标准必要专利年度申请及声明趋势

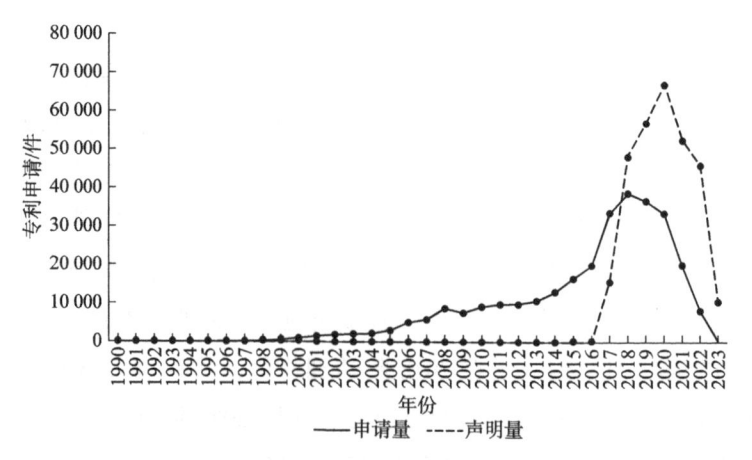

图 4.4　5G 标准必要专利年度申请及声明趋势

(四) 地域分布分析

标准必要专利的主要申请国家和地区包括中国、美国、欧洲、日本和韩国，其中美国、欧洲和中国是重点申请地区，3G、4G、5G 有效声明专利族占比达到 50% 以上。具体来说，3G、4G 有效声明专利族美国占比最多，均超过 70%。在 5G 的领域中，中国的有效声明专利占比达 73.71%，排名第一（表 4.3）。

表 4.3　3G、4G、5G 有效专利族地域分布　　　　　　单位：%

地域	3G 有效专利族占比	4G 有效专利族占比	5G 有效专利族占比
中国	63.14	72.04	73.71
美国	72.43	74.67	68.75
欧洲	47.39	54.77	52.38
日本	53.90	42.22	24.49
韩国	41.89	38.97	25.28

(五) 主要权利人分析

1. 3G、4G、5G 主要权利人分析

在 3G、4G、5G 标准领域，华为以绝对的专利族总量优势排名第一，占全球专利族总量的 14.55%，高通和三星分别以 9.63%、8.21% 的占比位居第二位、第三位。排名第四位至第十位的企业依次为 LG（7.76%）、中兴（7.22%）、诺基亚（5.38%）、大唐（5.08%）、爱立信（4.97%）、OPPO（4.06%）和小米（3.53%），见表 4.4。

表 4.4　3G、4G、5G 有效声明专利主要权利人分析

权利人	专利族/个	专利族占比/%	必要性评分/%
华为	10 128	14.55	80.41
高通	6 708	9.63	78.66
三星	5 719	8.21	82.44
LG	5 405	7.76	82.47
中兴	5 027	7.22	82.42

续表

权利人	专利族/个	专利族占比/%	必要性评分/%
诺基亚	3 746	5.38	83.71
大唐	3 536	5.08	81.28
爱立信	3 463	4.97	80.86
OPPO	2 824	4.06	77.80
小米	2 461	3.53	77.29

2. 3G 主要权利人分析

在 3G 有效专利族中，排名前十位的企业拥有的专利族数量占据了超过 75% 的总量。其中，高通、InterDigital 和诺基亚位列前三，分别拥有 14.04%、13.30% 和 12.01% 的专利族数量。紧随其后的第四至第十位的企业依次是华为、三星、LG、谷歌、中兴、摩托罗拉和爱立信（表 4.5）。值得注意的是，尽管高通拥有的有效专利族数量最多，但其在这十家企业中的必要性评分却最低，反映了标准必要专利的声明数量和其必要性并无直接关系。

表 4.5　3G 有效声明专利主要权利人分析

权利人	专利族/个	专利族占比/%	必要性评分/%
高通	360	14.04	80.59
InterDigital	341	13.30	82.29
诺基亚	308	12.01	84.28
华为	281	10.96	82.24
三星	157	6.12	83.60
LG	120	4.68	86.62
谷歌	102	3.98	81.84
中兴	97	3.78	82.30
摩托罗拉	93	3.63	81.00
爱立信	84	3.28	84.32

3. 4G 主要权利人分析

在 4G 标准下的有效专利族中，排名前十位的企业所持有的专利族近乎占据了全球七成的份额，其中华为、三星和中兴的份额近总量的 1/3，分别持有11.00%、10.51%和8.73%的专利族。排名第四至第十位的企业依次为中兴、LG、高通、大唐、诺基亚、爱立信、夏普和NTT DOCOMO（表4.6）。相较于3G标准，中国企业华为、中兴、大唐在持有的有效专利族数量上都有了显著的提升，从侧面揭示了中国企业在4G标准化工作中所做出的贡献。同样值得注意的是，如同在3G标准中的情况，高通在4G领域的专利必要性评分在前十位企业中仍然排名最后。

表4.6　4G有效声明专利主要权利人分析

权利人	专利族/个	专利族占比/%	必要性评分/%
华为	2 322	11.00	80.87
三星	2 219	10.51	80.47
中兴	1 842	8.73	82.52
LG	1 741	8.25	82.97
高通	1 545	7.32	78.97
大唐	1 360	6.44	80.09
诺基亚	1 149	5.44	83.01
爱立信	884	4.19	83.37
夏普	794	3.76	82.67
NTT DOCOMO	767	3.63	80.31

4. 5G主要权利人分析

在5G有效专利族中，华为以15.42%的份额显著领先，位列首位，其次是高通，占有10.17%的专利族，排名第二位，三星则以9.38%的份额排名第三位。其后LG、中兴、爱立信、诺基亚、OPPO、大唐和小米依次排名第四位至第十位（表4.7）。在前十位的企业中，中国企业占据了一半的席位，共拥有35%份额。在必要性评分方面，高通仍以较高的专利持有量居后位。

表4.7　5G有效声明专利主要权利人分析

权利人	专利族/个	专利族占比/%	必要性评分/%
华为	8 833	15.42	80.11
高通	5 824	10.17	78.24

续表

权利人	专利族/个	专利族占比/%	必要性评分/%
三星	5 375	9.38	81.49
LG	4 443	7.75	81.80
中兴	3 896	6.80	81.93
爱立信	3 139	5.48	79.83
诺基亚	2 945	5.14	83.13
OPPO	2 636	4.60	77.59
大唐	2 620	4.57	81.17
小米	2 320	4.05	77.22

（六）必要性分析

1. 3G、4G、5G 有效专利族排名前十位企业的必要性分析

如表 4.8 所示，在前十位的 3G、4G、5G SEP 有效专利族权利人中，华为拥有最多的专利族占比 14.55%，展现了其在通信标准技术中的领先地位。其专利必要性评分在 3G、4G、5G 以及综合领域中较为平均，均超过了 80%。高通以 9.63% 的专利族占比排名第二位，其 3G、4G、5G 必要性综合评分为 78.66%，低于排名前十位的平均水平。其 3G、4G、5G 的必要性评分依次递减，特别是在 5G 标准上，其专利必要性评分为 78.24%，说明在最新的通信技术中，高通的技术影响力有所下降。三星的专利族占比为 8.21%，其在 3G、4G、5G 必要性总评分中达到 82.44%，高于平均水平。LG 的专利族占比为 7.76%，其在 3G、4G、5G 必要性总评分中达到了 82.47%，值得注意的是其在 3G 技术的必要性评分上，达到了 86.62%，这是所有公司中最高的，表明 LG 在早期通信标准所声明的专利必要性质量较好。

表 4.8 3G、4G、5G 有效专利族排名前十位权利人必要性评分　　单位：%

权利人	专利族占比	3G、4G、5G 必要性综合评分	3G 必要性评分	4G 必要性评分	5G 必要性评分
华为	14.55	80.41	82.24	80.87	80.11
高通	9.63	78.66	80.59	78.97	78.24

续表

权利人	专利族占比	3G、4G、5G必要性综合评分	3G必要性评分	4G必要性评分	5G必要性评分
三星	8.21	82.44	83.60	80.47	81.49
LG	7.76	82.47	86.62	82.97	81.80
中兴	7.22	82.42	82.30	82.52	81.93
诺基亚	5.38	83.71	84.28	83.01	83.13
大唐	5.08	81.28	83.58	80.09	81.17
爱立信	4.97	80.86	84.32	83.37	79.83
OPPO	4.06	77.80	78.00	77.76	77.59
小米	3.53	77.29	78.99	76.49	77.22

诺基亚的专利族占比为 5.38%，在 3G、4G、5G 必要性总评分中达到了 83.71%。其在 3G、4G 和 5G 的必要性评分上均超过了 80%，表明诺基亚在各代通信技术标准中的影响力较强。爱立信的专利族占比为 4.97%，在 3G、4G、5G 必要性总评分中达到了 80.86%。在 3G 和 4G 标准的必要性评分上，爱立信分别达到了 84.32% 和 83.37%，表明爱立信在早期的通信标准技术中发挥了重要作用。然而，其在 5G 技术的必要性评分只有 79.83%，表明在最新的通信技术标准中，爱立信所声明的专利必要性质量减弱。

除了华为外，排名前十位的其他 4 家中国企业中，中兴和大唐在 3G、4G、5G 单独及综合评分均超过了 80%，从侧面反映出这两家公司在通信标准技术的参与和研发上的能力。OPPO 和小米作为后起之秀，虽然在专利族占比和必要性综合评分均显不足，但是可以看出其在 5G 标准的必要性评分上均有保持或略有提升，体现出两家公司对于 5G 技术的重视和投入。

2. 3G、4G、5G 有效声明专利必要性分析

通过检索得到 1 423 家产业主体的 77 935 个 3G、4G、5G 有效专利族，筛选出 1 079 家产业主体的 76 280 个具有有效必要性评分的 3G、4G、5G 有效专利族，并将其作为分析对象。

对于 3G、4G、5G 整体而言，大约 56.16% 的有效声明专利的必要性评分超过了平均值，这表明在整体上，超过一半的有效声明专利在实现相关

标准中的贡献超过平均水平。同时，其必要性评分的范围从 59.03% 到 94.19%，这显示了这些专利在实现标准中的贡献度存在一定的差异。这说明在所有的有效声明专利中，有些专利与标准之间的相关性较强，而有些专利的必要性评分相对较低，可能并非标准的核心组成部分。

在 3G 标准中，大约 58.3% 的有效声明专利的必要性评分超过了平均值，比整体水平略高，这可能表明在 3G 标准的制定和实施过程中，有较多的专利对标准的实现做出了较大的贡献。其必要性评分范围在 59.15% 到 92.56% 之间（图 4.5）。4G 标准中，有 59.68% 的有效声明专利的必要性评分超过了平均值，这一比例是 3G、4G、5G 标准中最高的，这表明在 4G 标准的制定和实施过程中，超过一半的有效声明专利对标准的实现做出了较大的贡献。其必要性评分范围在 59.67% 到 94.19% 之间，其中 94.19% 是 3G、4G、5G 标准中的最高值，表明 4G 标准中可能存在某些对标准实现贡献极大的专利。在 5G 标准中，大约 53.07% 的有效声明专利的必要性评分超过了平均值，这一比例相比 4G 有所降低，可能说明在 5G 标准的制定和实施过程中，相对于 4G，有效声明专利的必要性分布更为平均，其必要性评分范围在 58.99% 到 92.78% 之间。

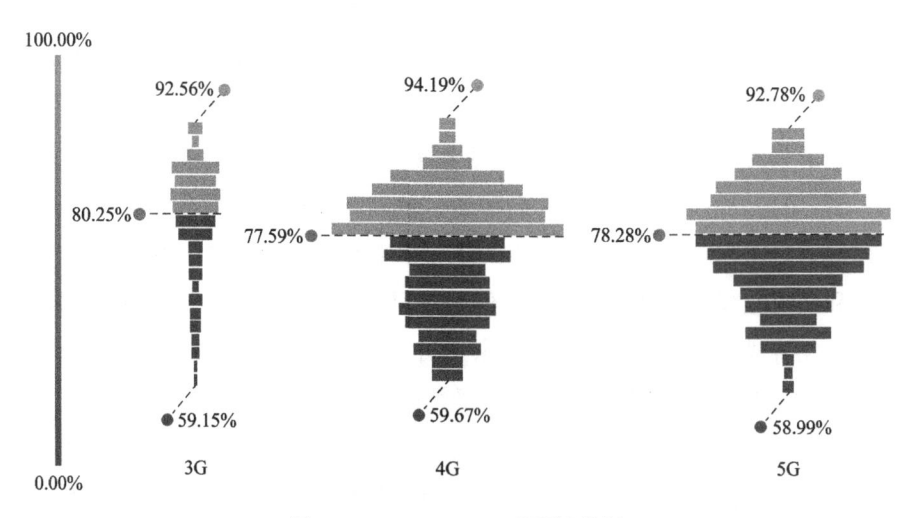

图 4.5　3G、4G、5G 必要性分析

3. 3G、4G、5G 有效专利族技术领域必要性分析

图 4.6 展示了 3G、4G、5G 标准在三个主要技术领域——数字通信、电

信和基础通信过程中的有效声明专利的平均必要性评分。

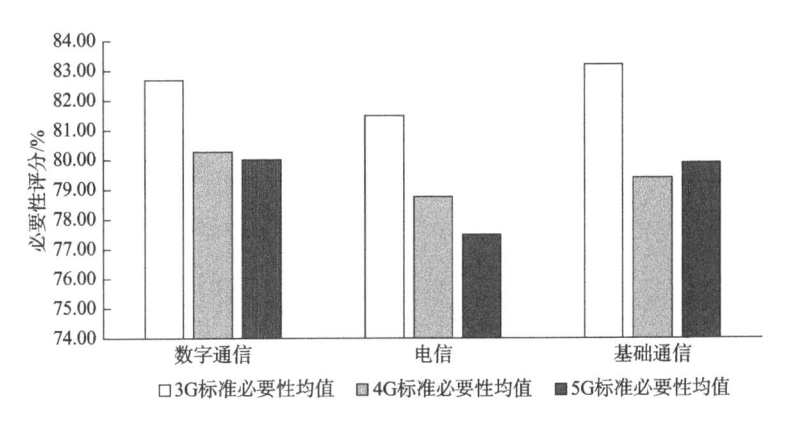

图 4.6　3G、4G、5G 有效专利族技术领域必要性分析

在 3G 标准中，基础通信过程的平均必要性评分最高，为 83.20%；其次是数字通信，为 82.69%；电信领域的评分最低，为 81.49%。在 4G 标准中，三个技术领域的必要性评分都有所下降，其中数字通信的评分最高，为 80.27%；其次是基础通信过程，为 79.40%；电信领域的评分最低，为 78.75%。相比 3G 标准，其声明的专利质量和必要性均有所下降。在 5G 标准中，数字通信的必要性评分再次成为最高的，为 80.00%；其次是基础通信过程（79.89%）；电信领域的评分最低（77.49%）。

我们可以看到，随着 3G 到 5G 标准的迭代，数字通信、电信和基础通信过程这三个技术领域的平均必要性评分都有所下降，这反映了相关声明专利的质量随着标准的演进反而下降的现状，本书前述的标准化组织不透明的声明机制、没有必要性核查机制以及产业主体对于竞争优势的追求都有可能导致这一问题。

4. 3G、4G、5G 有效专利族声明年份必要性分析

在 3G 标准中，可以看出在随着标准制定的进程，声明的专利必要性呈整体下降趋势。在 3G 标准制定初期，必要性评分较高，2002 年达到了峰值 88.14%，此后评分开始下降，直到 2004 年降至 78.60%。然后在 2005 年和 2006 年，评分再次回升至 82% 以上，但之后又开始逐渐下滑（图 4.7）。

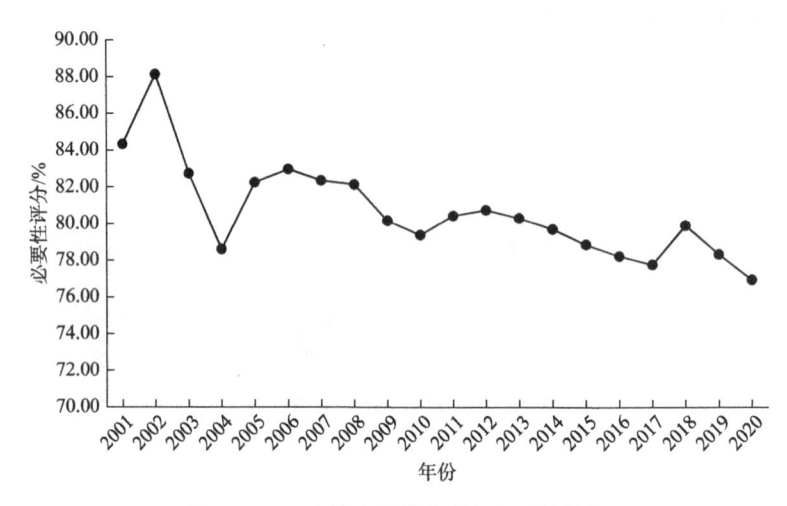

图 4.7　3G 有效专利族声明年必要性分析

在 4G 标准中，可以看到其声明年份和必要性评分之间，整体上并没有像 3G 标准那样呈明显的下降趋势，反而表现出一种波动但相对稳定的状态（图 4.8）。从 2007 年到 2022 年，必要性评分基本维持在 76% 到 80% 的范围内，表明相比于 3G，4G 标准的专利必要性更为稳定，在标准制定过程中，专利的必要性并没有显著变化。

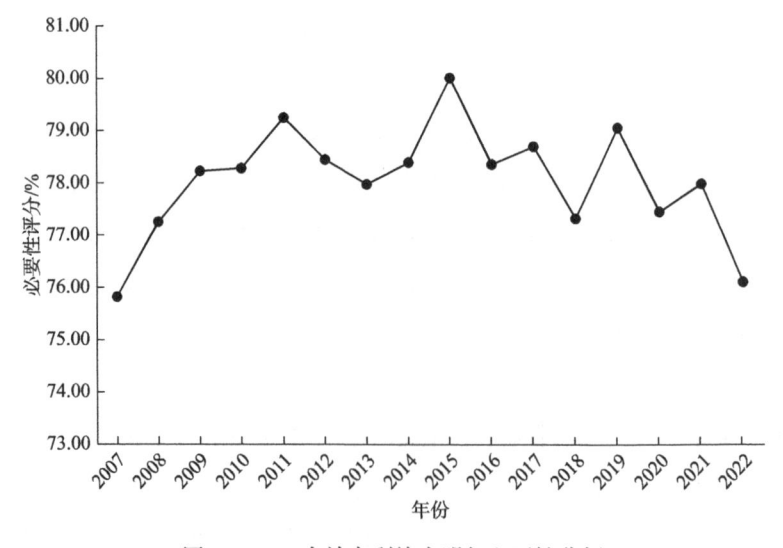

图 4.8　4G 有效专利族声明年必要性分析

在 5G 标准方面，其标准必要专利的必要性呈现整体稳定，且轻微上升的趋势。从 2017 年的 75.84% 开始，到 2023 年评分逐步上升至 78.33%，这个上升的趋势相较于 3G 和 4G 并不显著（图 4.9）。从 2021 年到 2023 年，评分从 77.90% 提高到 78.33%，尽管这个提升不大，但可能意味着在这段时间内，新的 5G 声明专利的质量有所上升，反映出 5G 专利必要性的前后差距不大，专利质量较为稳定的现状。

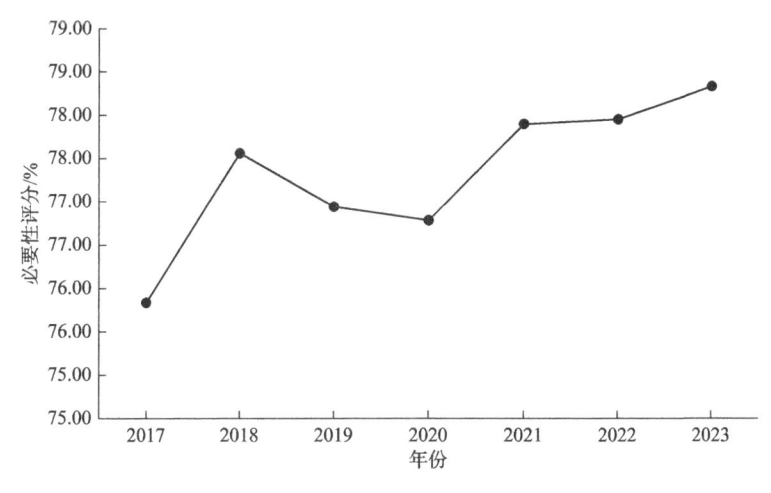

图 4.9　5G 有效专利族声明年必要性分析

四、过度声明对于行业的影响

① 对行业创新和发展的影响。过度声明的 SEP 可能会造成许可费过高，进而增加标准的实施成本，抑制新的产品和服务的研发和推广。尤其对于中小企业和初创企业来说，这可能导致它们由于无法承受相对其研发成本和预期利润来说巨额的许可费用，从而决定放弃该领域的新产品开发，妨碍其进行创新活动，这将对行业的整体创新和发展活力产生负面影响。

② 对产业合作与竞争的影响。过度声明 SEP 可能会导致市场上存在大量的专利"陷阱"，进一步加剧行业的不确定性，影响产业合作与竞争。一方面，过度声明使得企业在开展合作时需要花费极大的时间成本和财务成本去解决潜在的必要性问题，进而加重企业负担，影响合作效率；另一方

面，过度声明也可能导致一些企业通过持有大量的专利而获得市场的竞争优势，使得产业间市场竞争出现失衡。

③ 对法律环境和公平竞争的影响。过度声明 SEP 可能会增加相关法律环境的复杂度，增加法律风险。此外，如果一些企业能够通过过度声明获得不公平的竞争优势的话，不仅抑制了其他企业的创新活动，也将会降低市场的资源配置效率，破坏整体市场的公平竞争环境，对市场的长期健康发展造成严重影响，对于市场的长期健康发展极为不利，危害社会福利。

五、建议

建议标准化组织对其知识产权政策进行重新审视和调整，加强专利声明的过程管理和监督，以防止过度声明现象。例如，可以设立更严格的 SEP 声明规则，要求专利所有者提供更加详细的专利信息，对其声明的专利必要性提供详细证明；加强对 SEP 声明的审核工作，对存在过度声明现象的专利所有者设定相应的惩罚措施；建立公开的 SEP 信息披露平台，提供更详细、更准确的标准必要专利信息，提高 SEP 信息的透明度，帮助市场参与者和公众更好地查询和使用这些专利。

建议政府相关部门完善与 SEP 相关政策制度，加强对 SEP 知识产权的监管力度，以防止过度声明现象发生。例如，相关政府部门可建立 SEP 必要性审查机制，对声称其专利为 SEP 的权利人进行审查，并评估其专利在标准中的必要性，以减少对非必要专利的滥用以及不合理的许可要求，保证专利许可行为的合理性；推动 SEP 信息披露制度，构建公开透明的数据库，对技术标准信息、权利人、SEP 信息、许可条件、必要性审查结果以及相关法院判决等信息进行公开公示，以增加 SEP 透明度，并进一步降低过度声明现象。

| 第三节 | 汽车行业移动通信标准必要专利累积许可费率研究 |

一、标准必要专利的许可费计算问题

标准必要专利的定价问题之所以复杂，因为其本质上是一个在垄断市场中寻求均衡价格的过程。一方面，标准必要专利首先具有专利的基本性质和特征，专利本身是一种边际成本为零的非竞争性使用物品，专利法为了将研究与开发的收益内部化[1]，形成研究与创新的激励，将技术产品的市场竞争前置，转变为专利权的竞争[2]。具体而言，原本在产品市场中以价格和质量为竞争内容的模式转变为行政申请程序中的专利竞赛，前置专利竞争中的胜者可以在下游产品市场中获得技术的专有使用权。这种法定产权机制的介入使得专利定价过程难以借助市场定价机制达到均衡，成为专利法权益保护和经济发展效益双重价值影响下的复杂问题。另一方面，相比专利权所形成的市场垄断效果，标准必要专利是一种范围更大、替代性更小、稳定性更强的垄断力量。在专利权垄断的基础上，为了追求协作集成的网络市场（Network Market）效益，推动产业发展和提升消费者福利[3]，在部分产业领域，特别是信息、通信、互联网等高新技术领域，往往会借助标准制定组织（Standard-setting Organizations，SSOs）的力量确立技术标准，使不同生产者的产品能可靠地以不可见的方式交互兼容[4]。因此，标准必要专利定价问题所面临的市场结构是在专利权所形成的垄断基础上叠加了技术标准的垄断，是市场失灵现象更加显著的领域，这不仅是一个更为复杂的经济问题，同时也是一个各方面利益关系、各种价值导向更为交错复杂的法律和社会问题。

---

[1] 威廉·M. 兰德斯,理查德·A. 波斯纳.知识产权法的经济结构(第2版)[M].金海军,译.北京:北京大学出版社,2016:356.

[2] 张五常.经济解释[M].北京:中信出版社,2015:102.

[3] Lemley M A. Intellectual Property Rights and Standard-Setting Organizations[J]. California Law Review,2002(6).

[4] 马一德.多边贸易、市场规则与技术标准定价[J].中国社会科学,2019(6).

与专利法在长期的商业实践、市场竞争与法律制度发展过程中相互磨合、不断调整所形成的利益平衡机制不同，标准必要专利的定价是新兴产业发展所创造的更为晚近的产物，尚处于理论认识与制度建设的起步阶段。就现有制度而言，当前对于标准必要专利定价过程的制度规制模式可以简单概括为两方面，即FRAND原则的原则性事前约束以及在事后争议解决过程中的司法定价。这种规制模式将事前的定价权交给市场主体❶，希望通过理性行为人的谈判博弈过程达成符合各方利益的合理交易价格，却并未通过制度设计调整技术标准确立后双方严重失衡的谈判地位，也并未在市场失灵的情况下为双方提供合理的谈判起点，导致大量谈判破裂，进入事后的司法定价过程。但司法程序本身是一个事后的纠纷解决机制，其对于标准必要专利的定价是一个时间上的回溯和理论上的替换与模拟过程，存在不可避免的事后之明的偏见。❷ 同时，作为特定案件情形下的纠纷解决方式，司法定价原则对于其他市场主体在后续商业谈判中行为选择的引导作用是非常间接且有限的，容易受到其他现实因素的干预。而就商业实践而言，需要借助技术标准进行行业标准化发展的领域较为集中，主要集中在信息技术领域和生物医药领域❸，因此无论是经济学理论分析层面对于市场结构的认识，还是法律规则层面对于双方谈判行为的分析，都会受到行业技术与市场特征以及行业发展利益的显著影响，导致理论研究的对象欠缺普遍性。

因此，当前解决标准必要专利定价问题的理论难点有二：其一，在现有标准必要专利许可费计算方法中，根据事前和事后定价的差异性要求区分适用不同的定价方法；其二，综合分析现有标准必要专利许可费的计算方法，区分基于专利法和FRAND承诺的基本要求所直接产生的计算方法和基于具体的市场与技术特征所采取的便宜性变量选择。通过这两个理论问题的研究，现有众多标准必要专利许可费计算方法将形成体系性、类别化

---

❶ 刘影.标准必要专利许可费率的计算：理念、原则与方法[J].清华法学,2022(4).
❷ 李剑.标准必要专利许可费确认与事后之明偏见——反思华为诉IDC案[J].中外法学,2017(1).
❸ 马忠法,曾鑫坤.标准必要专利许可的类型化与中国应对研究[J].电子知识产权,2022(12).

的结构关系，为汽车行业标准必要专利许可费的计算提供明确的理论基础和适当的方法指引。

二、标准必要专利计算方法的体系框架

综合现有商业实践、司法判例和学术主张，现有标准必要专利许可费的计算方法可以分为两类：其一，以标准必要专利许可交易和谈判过程作为主要研究对象；其二，以标准必要专利产品所形成的市场价格作为主要研究对象。标准必要专利的许可费计算之所以存在不同的研究视角，是因为FRAND原则所追求的公平、合理、无歧视的许可费在本质上是一个在不同市场主体之间进行利益分配的过程。这种通过交易进行的利益分配过程的合理性可以借助两种方式证成，即①借助市场主体理性、公平的交易行为证成分配结果的合理性；②通过交易价格在最终产品市场价格中的占比成分配结果的合理性。前者为行为导向的分析方法，后者为结果导向的分析方法。二者各有其经济学上的理论依据，前者以理性人假设为前提，而后者以自由竞争市场的资源配置功能作为论证基础。

标准必要专利的许可费计算之所以成为一个法学和经济学上值得关注的复杂问题，是因为真正公平、合理、无歧视的交易关系在标准必要专利的情形下并不能通过市场的力量自发形成，标准必要专利的许可费计算方法的选择在本质上是在回答非市场的力量何时介入以及在何种程度上介入交易过程的问题。所以，不同的计算方法在选择观察研究视角与研究对象时，实际上是在选择介入市场主体谈判过程的方式。市场主体交易行为视角下的计算方法是通过对理性市场主体的分析，影响和塑造标准必要专利的谈判过程，使得双方达成合理的利益分配方案。而产品价格视角下的计算方法则是通过对技术应用所形成的最终产品价格的分析，从交易结果的层面直接进行利益分配。因此，二者之间的本质差异在于，对于市场主体的谈判过程是实质上还是程序上的介入，前者是一种程序上的介入，预设市场主体行为的合理性会导向谈判结果的合理性，后者则是一种结果意义上的介入，根据付出与回报成正比的基本原理直接进行市场主体之间的利益分配。

(一) 交易行为视角下的计算方法

对于标准必要专利的许可费计算问题而言,将标准必要专利本身的交易谈判过程作为主要研究对象是一种在因果逻辑上更为直接的思路,即公平、合理、无歧视的许可费的达成取决于交易双方的谈判地位与谈判行为。因此,这种计算方法将交易结果的合理性判定问题转化为了交易行为的分析,需要论证的核心问题在于,当现实交易场景下双方谈判地位失衡时,如何塑造和模拟理想条件下公平的交易决策过程。由于 FRAND 承诺始终是一个内涵模糊且无强制约束力的规则❶,符合 FRAND 要求的交易场景与交易行为则更具争议。为了定义和描述这一理想状态,在司法实践和学理中存在三种不同的研究方向,即①在既已发生的现实交易中寻找符合 FRAND 原则的标准必要专利许可协议,将其整体或部分作为参考;②将标准必要专利许可交易抽象为特定的理性人决策过程,对于影响这一决策过程的变量进行公式化处理;③借助特定的程序性规则设计,将原本存在谈判壁垒的交易场景转化为平等的交易许可过程。本书将这三种研究方向定义为现实交易分析法、决策模型抽象法和定价机制引导法。

1. 现实交易分析法

现实交易分析法核心优势在于,将专利许可费的确定置于市场真实交易之中,以具有可比性、通过市场自由协商达成的许可费作为参考,而非仅凭推测性的专利增值价值经济分析与测算确定标准必要专利许可费。❷ 适用现实交易分析法的前提有二:其一,在已公开或可获得的商业信息中,既已存在符合 FRAND 原则的标准必要专利许可交易;其二,这种符合 FRAND 原则要求的许可交易模板在整体上或部分上与需要进行定价的标准必要专利许可交易存在关联性。因此,现实交易分析法的适用需要解决两方面的问题:一方面,需要论证作为参考模板的标准必要专利许可交易的合理性;另一方面,需要论证模板交易与定价对象交易之间的可比性。

典型的现实交易分析法是可比协议法,其作为一种专利许可费计算方

---

❶ 马一德.多边贸易、市场规则与技术标准定价[J].中国社会科学,2019(6).
❷ 郑伦幸.论 FRAND 承诺下标准必要专利许可费的确定方法[J].法学,2022(5).

法，并不是为了标准必要专利这一特殊的许可情形而提出的。在著名的Georgia-Pacific案中，为了解决专利定价问题，坦尼（Tenney）法官对于专利许可谈判过程中可能考量的各种要素进行了整理和综述，其中首先被考虑的三个要素如下：①专利权人曾对涉诉专利所收取的许可费；②被许可人为相似专利曾支付的许可费率；③专利许可的性质和范围，包括是否属于独占性许可、是否包含地域范围或产品销售对象的限制等。❶虽然由于缺乏在先的具有可比性的许可交易，这三个要素在Georgia-Pacific案中并未获得适用，该案对于现实交易分析方法仅仅提供了一种方法论上的指引，并未形成具体的分析方法和分析工具。

在微软诉摩托罗拉案中，华盛顿西区地区法院首次将Georgia-Pacific案所提出的许可费计算要素中的可比协议要素具体应用到标准必要专利的合理许可费计算之中，形成了确定可比协议和应用可比协议的基本框架。法院首先针对标准必要专利的市场结构与FRAND要求对Georgia-Pacific案中的假想谈判因素进行了调整，在此基础上形成了判定标准必要专利合理许可费的两步法框架：①确定特定专利在标准中的重要性，以及该技术标准在最终产品中的重要性；②根据具有可比性的许可协议或专利池，确定合理许可费的区间。❷在该案中，法院在比较被告主张的专利许可协议与原告所主张的专利池的可比性时，分析了专利权人在选择进行专利许可、加入技术标准与专利池时不同的决策场景及其合理收益份额，最终选定了专利池作为可比交易，但专利池中的许可费率并不直接等同于该案中标准必要专利的合理许可费，而应当具体分析除专利许可费外，专利权人在专利池整体环境中的获利。

此外，美国加利福尼亚中区联邦地区法院在TCL案中使用可比协议法时，塞那（Selna）法官尝试总结了判定与被控侵权人具有类似地位的参考因素，包括公司销售专利产品的地理范围、销售总量及其对于专利许可的具体要求；至于公司的总体财务状况、品牌知名度、设备的操作系统及是否存在零售店等因素则不予考虑。其中，各公司销售专利产品的地域范围

---

❶ Georgia-Pacific Corp. v. United States Plywood Corp. ,318 F. Supp. 1116.

❷ Microsoft Corp. v. Motorola,Inc. ,2013 U. S. Dist. LEXIS 60233.

是确定相关公司的首要因素。❶ 而在英国的无线星球案中，法官通过对比爱立信和无线星球与其他被许可人签订的 5 份标准必要专利许可协议，最终选择了与华为公司规模近似的三星公司与爱立信公司签订的许可协议作为本案的可比较许可协议，进行许可费确定。❷ 同时，在以可比许可协议法确定许可费率时，并不能直观地确定同一专利的具体许可费率，多数情况下会受到复杂因素的干扰，复杂因素主要可划分为两种类型：一是在可参考的许可协议中涉及许可费的一次性支付，且一次性支付的金额往往不是简单地根据许可双方对潜在的产品销售数量估算的结果；二是可参考的许可协议涉及交叉许可，协议中明确约定的许可费是交叉许可专利许可费的差额。❸ 可以说，拆解和应用参考协议的过程实际上就是一个求同存异的过程，通过对比，将参考协议中的变量转化为涉诉交易中的实际变量。

因此，可比协议法在实际应用过程中，无论是在可比协议的选定，还是在可比费率的计算过程中，都存在内部差异性，这只是一种计算思路上的分类，尚未形成统一和具体的计算方法。

2. 决策模型抽象法

决策模型抽象法的理论前提在于，符合 FRAND 原则要求的标准必要专利许可交易过程是一种理想状态，在现实的市场环境中并不真实存在，因此需要通过经济学假设，寻求促使这一交易过程发生的约束条件。典型的决策模型抽象法是斯旺森（Swanson）和鲍默尔（Baumol）提出的事前竞标模型（Ex Ante Auction Model）和有效组件定价方法（Efficient Component Pricing Rule, ECPR）。这两种方法所针对的交易阶段和市场结构有所不同，但其论证目标都是将技术交易市场的动态竞争过程简化和抽象为特定条件下经济理性人的针对成本和价格的决策公式，换言之，这其实是将一个需要大量现实中并不存在的变量的问题转化为了利用可得信息足以证成的问题。

---

❶ 郭禾,吕凌锐.确定标准必要专利许可费率的可比协议法研究[J].中国物价，2020(1).

❷ 刘运华,曾闻.国外标准必要专利许可费计算方法对中国专利开放许可制度设计的启示[J].中国科技论坛,2019(12).

❸ 马一德.多边贸易、市场规则与技术标准定价[J].中国社会科学,2019(6).

（1）事前竞标模型

事前竞标模型的出发点是确定合理的标准必要专利许可费率，而影响标准必要专利许可费合理性的核心问题在于，技术标准确定后由于替代技术的欠缺，标准必要专利权利人掌握巨大的市场垄断权力。❶ 因此，这一模型的理论基础在于，标准必要专利许可费率应当是专利在标准制定前充分竞争的市场环境中所能达到的均衡价格。在该理论模型中，将技术标准的选择过程假设为面向下游产品生产者的密封竞标拍卖（Sealed-Bid Auction）的过程，为了简化这一过程，不考虑竞标权利人的前期沉没成本和许可后的发展与管理成本，仅考虑技术对于下游产品的价值贡献。同时，假设参与竞标的技术对于下游产品质量所产生的影响都是相同的，其差异仅在于产品的生产成本。❷ 假设使用技术 A 会导致下游单位生产成本为 C_A，使用技术 B 将导致下游单位生产成本为 C_B，$C_A<C_B$。即技术 A 给下游厂商带来更多价值，因而下游厂商会选择技术 A 成为标准，而技术 A 的持有者可以设定的许可费上限为 C_B-C_A，因为如果设定的许可费高于这一数值，对下游厂商来说，技术 A 就不是最优技术，下游厂商就不会选择技术 A 成为标准。❸ 此外，专利权人不会接受低于其边际许可成本（Recurring Cost）的报价，假设该成本为 c，包含创新成本和交易费用。❹ 则该竞标模型的均衡结果是，边际许可成本加上该专利与次优替代技术的价值差 $t+C_B-C_A$，即为合理的许可费水平。❺ 这一模型实际上选择以技术标准形成以前的交易市场为背景，以消费者在不同标准之间的选择决策行为作为主要研究对象，以生产成本、许可交易成本作为自变量，许可费用作为因变量，在这一公式中寻找纳什均衡作为合理许可费。

（2）有效组件定价方法

有效组件定价方法（Efficient Component Pricing Rule，ECPR）所追求的

---

❶ Swanson D G, Baumol W J. Reasonable and Nondiscriminatory (Rand) Royalties, Standards Selection, and Control of Market Power[J]. Antitrust Law Journal, 2005(73):1-58.

❷ 同❶.

❸ 乔岳,郭晶晶. 标准必要专利 FRAND 许可费计算——经济学原理和司法实践[J]. 财经问题研究, 2021(4).

❹ 同❶.

❺ 同❸.

核心目标在于标准必要专利定价的非歧视性，这种方法又被称为等同原则（Parity Principle）[1]，是一种源于价格规制经济学的方法。其理论基础在于，当专利权人同样进入下游市场与其他技术实施者共同参与生产最终产品的竞争时，其对自己的技术收费应当与对其他生产者的收费相等。由于权利人对于自己的收费是一个不可观察的概念，需要寻找替代性的测试方法。对此进行抽象化的变量处理，可以得到计算标准必要专利许可费的两个公式：

$$P_i = P_{f,i} - \mathrm{IC}_{r,i} \tag{4.1}$$

$$P_i = \mathrm{IC}_i + \mathrm{OC}_i = \mathrm{IC}_i + F_i \tag{4.2}$$

在上述公式中，假设市场中存在且仅仅存在两个相互独立的特定商品的生产者，其中 I 为最终产品中必须使用的专利技术的权利人，C 为另一与之存在竞争关系的生产者或称为技术实施者。此时，P_i 指的是权利人 I 针对每一单位的最终产品所收取的专利许可费定价，$P_{f,i}$ 指的是 I 针对每一单位最终产品的定价，$\mathrm{IC}_{r,i}$ 指的是除专利技术以外 I 在最终产品生产过程中所投入的其他产生增量价值的成本。因此，公式（4.1）说明在其他增量成本不变的情况下，专利许可费定价的变动与最终产品定价的变动相一致。而 IC_i 指的是该专利技术带给 C 或 I 的增量价值，OC_i 指的是 I 许可 C 生产该产品所产生的机会成本，F_i 指的是 I 生产每单位最终产品所获得的利润。因此，公式（4.2）说明合理的许可费等于技术本身带来的增量价值加许可他人生产所产生的机会成本，也即专利权人自己从事生产活动所应获得的利润。[2]

由此可见，有效组件定价方法通过假设权利人进入下游市场参与最终产品的市场竞争的方式，将标准必要专利所带来的技术垄断市场问题转变为最终产品领域的自由竞争市场问题，使得自由市场的定价方法和经济理性人的行为选择在确定许可费的过程中可以有效发挥作用。

（3）定价机制引导法

根据科斯定理（Coase Theorem），法律如何分配权利并不重要，重要的

---

[1] Baumol W J, Sidak J G. The Pricing of Inputs Sold to Competitors[J]. Yale Journal on Regulation, 1994(11): 171-202.

[2] Swanson D G, Baumol W J. Reasonable and Nondiscriminatory (Rand) Royalties, Standards Selection, and Control of Market Power[J]. Antitrust Law Journal, 2005(73): 1-58.

是权利界定的边界应当清晰明确，从而为双方当事人提供交易谈判的起点，尽可能地降低交易成本。[1] 在标准必要专利的许可费定价问题上，由于专利权和技术标准所带来的双重垄断地位，权利人一方在标准必要专利的许可谈判中占据绝对优势的谈判地位，极高的交易成本导致大量标准必要专利许可交易无法完成，专利作为技术标准对于产业协同发展的推动作用难以实现，技术资源无法达成最优化配置。而定价机制引导法的正当性基础在于，面对失衡的市场结构和谈判地位，法律制度利用程序性的安排，降低交易成本，促成双方谈判，激励市场主体达成合理高效的资源配置结果。定价机制引导法的典型制度设计包括事后仲裁法和最高限价模型。

1）事后仲裁法

标准必要专利许可费的仲裁方法由莱姆利（Lemley）和夏皮罗（Shapiro）提出。该许可费计算方法之所以提出，是因为二者认为FRAND原则引起问题的根源在于其内容具有模糊性，且在性质上具有不确定性，不是一个具有法律约束力的法定责任（Legally Binding Obligation），因此对此原则的改进目标在于创造一个有约束力的FRAND原则。该方法的具体方案如下：首先，FRAND承诺应当是一种无差别的许可，面向任何愿意支付对价的交易对象；其次，FRAND承诺应当是一种纯粹的经济上的许可要约，不包含任何附加性条件；最后，要求权利人与所有希望取得许可授权的实施者针对合理的许可费问题进入仲裁程序，通过棒球式仲裁（Baseball-Style Arbitration），或称最终报价机制（Final Offer），要求参与仲裁的双方均提交最终报价，由仲裁员在两个报价中择一。作出FRAND承诺的权利人应当同时承诺放弃法院对于其专利权的救济，而采用这一仲裁程序进行专利许可费的纠纷解决。[2]

这种仲裁制度的效果在于，利用最终报价机制提供一个威胁点，即谈判破裂的后果，通过这个威胁点促进合作的达成。也即不再通过事后的制

---

[1] Coase R H, The Problem of Social Cost, in Journal of Law & Economics[J]. 2013(4): 837-878.

[2] Lemley M A, Shapiro C. A Simple Approach to Setting Reasonable Royalties for Standard-Essential Patents[J]. Berkeley Technology Law Journal, 2013(28): 1135-1166.

度安排进行实质性的交易谈判干预,而是通过程序性的事前激励,将谈判过程在更大程度上交由理性的当事人完成。

2) 最高限价模型

此模型同样认为,标准必要专利许可费的实质性确定不应当由执法或司法机构直接确定,而应当将交易谈判过程交给市场主体完成,在这一过程中,公权力机关在制度层面应当发挥的是降低交易成本的润滑功能,具体而言,应当通过程序性的制度安排为双方市场主体提供适当的交易起点。与事后仲裁法所提供的交易破裂的威胁点不同,最高限价模型通过对定价权的重新配置对于双方的谈判地位和报价决策产生影响,从而促使双方达成交易。这一模型主要应用于英国的公用事业,是指提供公用事业的企业所生产的被规制商品的平均价格上涨率,不能超过外生给定的零售价格指数 RPI 上涨率减去企业生产率的上涨率 X。此时,政府并不自己确定公用事业的服务价格,也不通过比较的办法来确定价格的合理性,而是提出了一个固定的降价率。❶

通过这种制度安排,制度设计并不需要花费大量信息成本来对公用事业这一垄断市场中的公共服务进行实质性的定价,也无须针对特定的交易结果进行合理性的分析,而是通过对公用服务提供者的定价权的一定程度上的限制,将企业追求利润最大化的利益考量与社会公共利益在一定程度上绑定,激励企业通过降低成本的方式而非提高价格的方式获取经济利益。可以说,与公用事业相似,标准必要专利也是一种基于社会公共利益需要而形成的制度性的垄断市场结构,参考最高限价模型的制度安排,在不考虑通货膨胀的因素下,当期合理的许可费等于初始许可费减相应年限的固定降价幅度。尽管专利权人有动机设定过高的初始定价,但由于专利保护年限固定,且固定降价幅度是以初始许可费作为费基的,初始定价越高,则每年的降价幅度越大。❷ 在这一制度背景下,一方面,将拖延许可和谈判破裂的不利后果在一定程度上转移给权利人,从而降低权利人的谈判地位,

---

❶ Lemley M A, Shapiro C. A Simple Approach to Setting Reasonable Royalties for Standard-Essential Patents[J]. Berkeley Technology Law Journal, 2013(28).

❷ 陈九龙. 标准必要专利确定 FRAND 许可费研究[J]. 经济法论丛, 2019(1).

从而促使双方达成平等的交易；另一方面，专利权人获得最大利润的方式不再是提升专利许可费，而是通过技术创新形成新的技术标准，将产业发展利益、技术标准实施者的利益与权利人的利益在一定程度上相互绑定，促成权利人与实施者达成最有利于产业发展的资源配置方案。

（二）产品价格视角下的计算方法

与交易行为视角下的许可费计算方法不同，产品价格视角下的标准必要专利许可费计算方法所关注的并不是技术交易市场本身，而是其下游市场——最终产品市场。虽然在技术交易市场中寻求合理的标准必要专利许可费是一种更为直接的研究思路，然而在技术标准的影响下，技术市场层面的自由竞争只能停留在理想条件下，无法在真实的商业世界中通过市场主体的理性博弈得以达成。所以，当以技术市场作为研究对象时，合理的标准必要专利许可费只能通过对市场主体交易行为的模拟，来完成市场资源配置的过程。而最终产品的市场是有可能实现自由竞争局面的，此时在市场配置资源的作用下，产品价格成为描述其市场价值的现实变量。此时，这种视角下的许可费计算方法所需要解决的重点问题不再是对于自由竞争市场条件下市场主体交易行为的模拟，而是对下游产品市场价格的拆解与还原，即在最终产品的市场价值中，技术标准所应当占据何种比例的份额。在司法实践和理论研究中，为了将最终产品的市场价格还原为标准必要专利技术在自由竞争市场中的价值，存在三种不同的计算方法，即自上而下法、自下而上法和shapley值法。这三种方法存在共同的理论基础，但分别采用不同的变量描述方法，分别适用于具体情形下不同的数据可及性场景。

1. 自下而上法

自下而上法（Bottom-up）是以经济学的有形商品定价理论为基础，即基于为最终产品添附的价值来确定公平合理的标准必要专利许可费的计算方法[1]，又称价值增量（Incremental Value）计算法。在专利法中，对于特定专利价值的计算通常所采用的一般方法就是价值增量计算法，即通过计算侵权技术与次优的非侵权替代技术带给最终产品的增量价值之差，来确

---

[1] 罗孟昕.公平合理的标准必要专利许可费计算方法探析[J].竞争政策研究,2021(6).

定特定专利技术贡献的量化值。[1] 2011年美国联邦贸易委员会在知识产权报告中曾推荐使用该方法计算标准必要专利许可费,明确指出,法院应该认识到,技术标准相对于仅次于它的最佳替代方案的增值,就是被许可人在谈判中愿意支付的合理许可费的上限,法院不应判决给予许可人高于这一数值的许可费或损害赔偿。[2]

在微软诉摩托罗拉案中,微软公司提出通过自下而上法来确定标准必要专利的许可费,核心思路为"将专利自身的价值与它被纳入标准后所产生的增值部分分开",为了计算出被纳入标准的专利技术的经济价值,通过比较其他可以被纳入标准的替代技术,并计算出该替代技术的具体价值,从而得出标准必要专利技术的价值。[3] 因此,这种计算方法包含两个具体步骤:首先,选定特定技术的次优替代方案;其次,计算特定技术与替代技术对于专利产品的价值贡献差额。

自下而上法的核心计算思路是针对特定技术标准所带来的价值增量予以量化,这是一种通过下游市场产品价格回溯上游生产要素贡献的直接计算思路,然而并未考虑标准必要专利技术的特殊性问题。一方面,不同于一般的产品生产要素,对于技术的定价往往需要更高的信息成本,不仅需要更多专业性的分析,也存在更大程度上的模糊性和自由裁量空间,所以仅针对技术标准中的局部专利进行司法定价的方法可能导致技术标准的整体定价受到不同法院裁量尺度的影响,从而可能引发许可费堆叠的问题。另一方面,标准必要专利之所以存在,是为了通过统一的技术手段提升产业发展的集成化程度,此时对于这种技术效果的实现是否具有替代方案往往是存疑的。同时,标准必要专利带给下游产品的价值并不仅仅在于传统的增量价值,而往往会涉及更为复杂的组合价值,对于这种基于网络效应

---

[1] Sidak J G. The Meaning of Frand, Part I: Royalties[J]. Journal of Competition Law and Economics, 2013(4): 931-1056.

[2] The Evolving IP Marketplace: Aligning Patent Notice and Remedies with Competition, A report of Federal Trade Commission. Available at: https://www.ftc.gov/reports/evolving-ip-marketplace-aligning-patent-notice-remedies-competition. 转引自郭禾,吕凌锐.确定标准必要专利许可费率的Top-down方法研究——以TCL案为例[J].知识产权,2019(2).

[3] 罗孟昕.公平合理的标准必要专利许可费计算方法探析[J].竞争政策研究,2021(6).

而产生的价值贡献,孤立式的、针对个别专利技术的价值增量计算方法可能并不足以应对。❶

2. 自上而下法

相比之下,自上而下法(Top-Down)是一种更为普遍的司法定价方法。自下而上法最早在司法实践中予以采纳是在 Innovatio IP Ventures 案中,是在微软诉摩托罗拉案的基础上,由于缺乏可比较的既有协议,同时也缺乏具有可比性的替代技术,难以适用可比协议法和自下而上法而提出的计算方法。该计算方法由技术实施者一方的专家莱纳德(Leonard)提出。首先,该方法需要确定最终产品应用的涉诉技术的最小可售单元(在该案中为Wi-Fi 芯片)的平均价格;其次,基于平均价格计算出生产者在最小单元产品中可获得的平均利润,进而确定制造商可以用于支付专利费的收入;随后,用该产品单元的可用利润除以标准必要专利中所包含的专利总数,即为特定涉诉标准必要专利的合理许可费。此外,在最后一步中,莱纳德还提供了几种区分专利价值的替代方案。法院认为,这种计算方法具有四方面的优点:第一,以最小可售单元作为费基可以避免针对不同生产环节的被许可人的歧视问题,而确定针对最小可售单元的总许可费可以避免标准必要专利的许可费堆叠问题;第二,无须可比技术与可比协议作为参考;第三,相比其他计算方法,纯粹价格层面的变量选取可以提供一种更加客观的分析方式;第四,特定专利对于技术标准的价值贡献度并不完全根据专利数量计算,提供了考虑专利价值高低的空间。❷

由此可见,自上而下法所需要解决的核心问题有三:第一,作为费基的产品单元的确定;第二,单位产品价格中用于支付专利许可费的总额的确定;第三,特定专利在整体技术标准中的价值贡献比例的确定。

其中,除特殊情况外,费基的选择一般采用最小可售单元的方法。而总许可费的确定往往采用参考可比协议或者参考行业公开数据❸的方法。而

---

❶ Sidak J G. The Meaning of Frand, Part I: Royalties[J]. Journal of Competition Law and Economics, 2013(4): 931-1056.

❷ In re Innovatio IP Ventures, LLC, 2013 U. S. Dist. LEXIS 144061.

❸ TCL v. Ericsson

针对专利的价值贡献问题，存在一定争议。在 Innovatio IP Ventures 案中，法院认可了莱纳德所引用的马克·香克曼（Mark Schankerman）所撰写的技术领域的专业文章，认为所有电子专利中排名前 10% 的专利占所有电子专利价值的 84%❶，由于该案中的所涉技术属于排名前 10% 的专利，应当据此调整其价值贡献度。而在三星诉苹果案和无线星球诉华为案中，法院认为，由于证据不足，认定每一项专利具有相同的价值❷，可以完全根据技术标准中专利的数额进行价值的平均计算。由此可见，专利价值份额的计算首选的方法是根据特定领域的专业信息进行比例上的具体确定，在特定行业领域欠缺既有信息和相关研究时，可以采用数额的平均的方法。

3. Shapley 值法

如上所述，在自下而上法中，针对标准必要专利定价存在两大难题，即许可费堆叠问题和组合价值的计算问题，自上而下法所解决的是许可费堆叠问题，而 Shapley 值法所解决的核心问题在于组合价值的分析。

Shapley 值是合作博弈论中用来确定参与者如何分配合作博弈产生的收益的均衡概念，其核心思想如下：应根据一个成员对合作群体的平均边际贡献来分配收益。❸ 技术标准的应用是一个典型的合作博弈过程，其许可费计算的难点问题在于组合价值（Combinatorial Value）的确定。与一般专利的价值贡献不同，标准必要专利中的个体专利对于下游产品的贡献除技术本身的增值以外，还有标准化所产生的共同价值。因此，林内-法勒（Layne-Farrar）等在合作博弈的分析框架下通过 Shapley 值来确定标准必要专利 FRAND 许可费。❹ 可以说，这种计算方法本质上是自下而上法借助经济学模型的进一步完善，是对技术增值的进一步细化描述。

Shapley 值是一个代表价值（Value）的数字，是以特征函数的形式描述

---

❶ Schankerman M. How Valuable is Patent Protection [J]. Estimates by Technology Field, 1998(12).

❷ 罗孟昕.公平合理的标准必要专利许可费计算方法探析[J].竞争政策研究,2021(6).

❸ 乔岳,郭晶晶.标准必要专利 FRAND 许可费计算——经济学原理和司法实践[J].财经问题研究,2021(4).

❹ 宁立志,龚涛.标准必要专利许可中的不公平高价及其反垄断规制[J].荆楚法学,2022(5).

的合作博弈主体面对复杂情形下不同的收益情况，因此集合 $N=(1,\cdots,n)$ 指的是参与主体在 n 种不同情形下的价值。Shapley 值具有三个基本属性：对称性（Symmetry）、效率性（Efficiency）和可加性（Additivity）。其中，对称性指的是博弈主体的收益等于其对于合作收益整体价值的贡献；效率性指的是合作博弈的全部收益必须无剩余地在全部博弈主体之间完成分配；可加性指的是两个独立博弈的共同收益计算可以通过相加完成。[1]

描述 Shapley 值的特征函数如下：

$$P_i(V) = \sum_{i \notin S \subseteq N} \frac{|S|!(n-|S|-1)!}{n!} (V(S \cup \{i\}) - V(S)) \quad (4.3)$$

在标准必要专利的许可费计算场景下，Shapley 值的计算实际上描述的是特定技术在标准中出现的频率/权重×特定技术所创造的边际价值贡献。此时，使用 Shapley 值进行许可费的计算存在三方面的问题：第一，合作博弈模型适用的理论前提在于各博弈主体对于技术标准中的各个专利的价值具有完全的信息，这种充分的信息掌握程度在现实中是无法达成的；第二，合作博弈模型在进行利益分配时会考虑到加入标准的顺序，即使在替代技术已经纳入标准后，原技术的收益也并不为零，因此对标准毫无贡献的技术可以获得非零的收益回报；第三，当特定专利对于技术标准而言是真正必要的，即在其不参与标准的情况下其他技术无法产生收益时，此时 Shapley 值的特征函数会产生无效解。[2]

虽然在这一模型下，特定技术为标准所带来的边际效益不再需要替代技术来提供参考，而是根据特定专利技术及现有标准的相关数据可以计算得出，同时进一步细化描述了技术在标准中所提供的价值增量。但是 Shapley 值的计算方法始终存在假设可靠性和数据可得性的质疑，因此很少在商业实践和司法实践中应用。

---

[1] Padilla A L-F, Schmalensee A J R. Pricing Patents for Licensing in Standard Setting Organisations: Making Sense of FRAND Commitments[J]. CEPR Discussion Papers, 2007(74): 671-706.

[2] Sidak J G. The Meaning of Frand, Part I: Royalties[J]. Journal of Competition Law and Economics, 2013(4): 931-1056.

（三）标准必要专利许可费计算方法的选择

综上所述，标准必要专利的许可费计算方法存在两种基本的研究视角，即由技术交易市场入手的交易行为分析方法和由最终产品市场切入的价格拆解方法。

上述各种研究视角和计算方法归根结底源自一个普遍性的公式，即自由竞争市场下的标准必要专利市场均衡状态为技术用值=技术换值，即技术价值贡献=消费者支付意愿。在理想情形下，等号两端都可以独立地计算出合理的许可费率，两端各自费率的合理性证成也可以借助另一端的计算变量和计算公式（图4.10）。

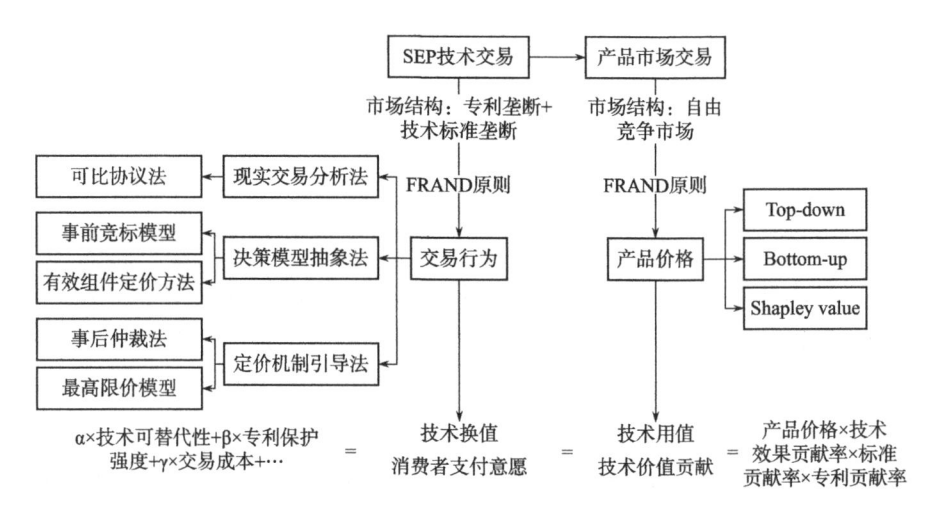

图4.10　标准必要专利许可费计算方法的框架体系

这两种不同计算方法的区别在于选用变量的不同，而现实中的许可费计算之所以选用各种不同的变量对同一理想状态进行描述是因为在不同的具体情形下，各种信息的获得成本是不同的。换言之，即使再科学的描述方式，其所选用的变量在商业现实中存在过高的信息成本，这种方法也是无法在实践中应用的。

因此，SEP许可费率的计算实际上是一个从普遍性的公式出发，根据获取各种变量所需要的信息成本，来进行计算方法选择的过程。具体而言，这一方法选择的过程可以形成一种两步判断方法。

第一，在消费者支付意愿与技术价值贡献之间的选择。

标准必要专利的定价过程发生在技术交易市场层面，因此最直接的思路是以技术交易过程作为研究对象，但是由于技术标准的介入导致技术市场无法满足自由竞争市场的理想状态，无法通过市场活动自发形成合理的市场价格，需要通过对交易过程中的市场行为的分析间接完成标准必要专利技术合理性的论证。这种从交易行为合理性到交易价格正当性的因果逻辑的证成所需要的关键变量在于消费者支付意愿的计算。而客观合理且信息可得的消费者支付意愿的计算存在两种可能的情形：①市场交易谈判破裂后的事后定价情形，此时由于市场主体的交易过程既已发生，且双方当事人均作为事后定价过程的参与主体，双方的交易过程信息是具体可得的，信息成本相对较低；②在技术交易市场相对较为成熟时，交易行为的样本数量足以形成判断交易行为正当性的现实模板、理论标准或程序性引导，此时即使具体的交易过程信息成本过高，但由于既往的交易行为足以形成合理性的判断或引导依据，也可以通过较低的交易成本计算出合理的消费者支付意愿。

而在计算消费者支付意愿所需变量的信息成本过高时，通过技术价值贡献计算合理的标准必要专利许可费成为另一种研究视角和计算思路。换言之，当技术市场中的各变量难以取得时，标准必要专利技术的价格可以通过对下游市场所形成的产品价格的拆解完成计算。相比技术交易市场中的市场主体行为，下游产品的价格是一种更具有公开性和客观性的变量，因此这一研究思路具有更普遍的应用场景。

第二，在产品价格与产品利润之间的选择。

虽然标准必要专利对于产品所产生的技术贡献在市场价格层面所形成的增值效果本身是一种客观存在的现象，但确定标准必要专利的市场价值贡献需要对最终产品的市场价格数据进行拆解，这一过程存在不同的拆解方式。在理想情形下，产品市场价值准确地反映了产品的使用价值，因此产品所使用的标准必要专利在技术层面上的贡献程度等于其在市场价值层面所提供的增值数额。对于这种增值数额的描述存在两种计算方法，即以产品价格为变量的相对增量的计算和以产品利润为变量的绝对增量的计算。

之所以产生这种区别，是因为市场价格是一个可以直观获取的数据，但是这一数据并不是对于技术所产生的使用价值的直接描述，真正描述技术的使用价值的变量是技术所带来的产品利润增值。所以，一种最直接的计算方法就是绝对增量的计算，即按照技术贡献比例直接在产品利润的数据基础上进行价值分配，自上而下法就属于这种思路所对应的具体计算方法。其理论基础在于，下游产品市场是一个自由竞争的市场，在理想情形下，其所形成的市场价格是对产品价值的合理描述，因此技术作为产品的一部分，可以借助产品在市场中所产生的利润予以回溯。这种以产品利润为主要变量和描述对象的方法因其理论合理性和实践可操作性而成为学理上和司法中最为主流的标准必要专利许可费计算方法。从世界范围内来看，In re Innovatio 案、三星诉苹果案、TCL 诉爱立信案和无线星球诉华为案等在各法域均分别具有典型意义的标准必要专利诉讼案件均采用了以产品利润为核心的计算方法。从我国目前的司法实践来看，华为诉康文森案、华为诉 IDC 案也均以产品利润作为许可费计算的切入点。

然而，由于产品价格包含成本和利润两部分组成，在知识资产这一无形物的参与下，产品的成本核算问题变得尤为复杂，司法、行政或其他非官方机构在难以获得生产主体的内部数据时，获取产品利润相关信息的成本较高。因此形成了一种间接的替代方案，即以产品价格为变量的相对增量的计算方法。其理论基础在于，由于技术贡献实际上是对利润增值的描述，当存在一种在不影响成本的情况下仅产生技术效果影响的替代技术时，分析对象所应用产品的价格与替代技术所应用产品的价格之间的差值可以将二者共同的成本变量抵消，同样成为对产品技术增值的准确描述。其中，自下而上法和 Shapley 值法属于增量价值的计算思路，这种将标准必要专利技术相比替代技术而言所产生的增量价值作为其许可费的计算依据的计算方法同样是合理的。然而，这种计算思路的前提在于存在可比的替代技术和明确的技术贡献，其适用范围相对较小，在欠缺可比技术或者技术增量价值难以计算，仅作为上述绝对增量计算方法的替代方案存在。

具体而言，在技术发展相对成熟、技术交易的市场博弈已经相对充分的行业中往往选用可比交易法，而在新兴行业领域往往会选用自上而下法。

法院、仲裁机构等公权力机关在政策制定过程中可以考虑决策模型抽象法或定价机制引导法，而相比之下，标准制定组织、行业协会等私权力机关则对于产品价格端的各种客观数据具有更强的信息可得性和可靠性。除此之外，在信息成本过高，无法取得特定必要变量时，需要根据事前还是事后的不同定价情形，选择适当的妥协方式。一般来说，事前的定价往往会存在商业策略的考量，而事后的司法定价则是更大程度上程序正义和司法政策的介入。

三、汽车行业移动通信标准必要专利累积许可费率计算模型

当前，智能化、网联化已成为汽车产业重要战略发展方向之一，从智能座舱到自动驾驶，车与车、路、人、云端等智能信息交换和共享加速了汽车产业智能化发展进程。移动通信标准技术作为实现智能网联汽车互联互通的重要底层技术，为智能网联汽车提供了与车、路、人、云端之间的通信和数据传输能力，该技术实施贯穿了汽车产业的上、中、下游，对于汽车产业创新发展至关重要。目前移动通信标准必要专利大部分由通信行业企业持有，而通信和汽车行业在标准必要专利的许可层级、许可费等方面存在分歧，对智能网联汽车产业发展造成了重大影响。能否妥善解决无线通信标准必要专利的跨行业许可，已经成为决定智能网联汽车产业能否健康、可持续发展的关键因素。

在具体实践中，如何确定许可层级，进一步合理评估标准必要专利许可费，解决跨行业的标准必要专利许可矛盾，仍是行业难题。其根本原因，一是行业惯例差异。在手机行业，由于权利人和被许可人相对集中、交叉许可普遍，形成了以移动终端设备为许可单元的行业惯例。而对于汽车产业来说，产业链绵长、供应体系层级多而复杂、权利人和被许可人分布极为分散、几乎没有交叉许可现象，因此，在多年的产业实践中形成了以供应商获得知识产权许可的商业惯例。这种不同行业许可模式的巨大差异，导致了权利人和汽车行业对于是应该由供应商还是终端整车厂商获得许可的争议不断，目前尚未达成一致。二是专利的必要性难以评估。2022年6月，国家知识产权

局知识产权发展研究中心发布相关报告显示，当前全球声明的 5G 标准必要专利共 21.774 9 万件，涉及 4.687 9 万项专利族。由于通信标准必要专利数量巨大，目前国际标准化组织均不对声明的专利必要性进行核实，出于追逐市场利益的目的，涌现出越来越多的标准必要专利过度声明现象。2017 年，欧盟委员会在其发布标准必要专利调查报告中也曾指出普遍存在过度声明问题，表示可能只有约 50% 的专利是真正的标准必要专利。三是价值贡献度差异。价值贡献度是决定专利许可费的最重要因素之一，各个标准化组织都要求标准必要专利权利人收取对外许可费时，应以其专利发明自身价值贡献为准，不应将因专利纳入标准等因素考虑在内。中国汽车技术研究中心有限公司牵头发布的《汽车行业标准必要专利许可指引》提出，"标准必要专利对汽车产品的价值度贡献需要考虑汽车产品的价值是由技术、市场、生产、品牌、售后等多个环节"。如何在品牌差异化较大、功能集成度极高的汽车行业，确定通信标准必要专利的技术价值贡献，目前尚未定论。

因此，本节将聚焦于许可费的核心问题——价值贡献开展相关研究，构建价值贡献模型以及累积许可费率计算模型，以期为行业移动通信标准必要专利的许可提供参考。

（一）汽车移动通信标准必要专利价值贡献计算方法

如上文所述，交易行为视角下的许可费计算是以本身的许可交易谈判过程作为主要研究对象，虽然该方法在因果逻辑上更为直接，但是由于 FRAND 概念的模糊性，以及缺乏可量化的对比协议，许可交易理性决策过程难以量化，缺乏指导性的程序规则等因素影响，在实践中很难实施。

本书选取产品价格视角，对产品市场价格进行功能价值贡献拆解，以标准对产品利润的贡献作为费率计算基础，构建"网联功能价值贡献"模型及累积许可费率计算模型，以期较为准确地描述在竞争市场下移动通信标准必要专利的价值贡献，并为相关许可工作提供参考。

1. 研究对象

关于标准必要专利许可费率的计算基数应当是最小可销售单元还是终端产品，一直存在着激烈的争论。具体来说，如何评估移动通信标准必要专利对汽车价值贡献的程度，是应以通信芯片、通信模组，抑或整车为计算基数，这对于构建准确模型极为关键。

目前，行业内对于上述计算基数的选择存在着不小的争议，并且尚未有明确的定论。在汽车行业中，如果从最小可销售单元出发，通常会选取通信模组或芯片作为费率计算的基础；而从全面市场价值的角度看，一般会选择整车作为费率计算的基础。

鉴于当前整车市场较汽车零部件市场的样本数据更为完整、翔实，同时也更易获取，因此本书选择整车市场作为研究对象，构建汽车联网功能对整车价值贡献的模型，以期构建出一个相对合理的累积许可费率计算模型，有效解决行业间关于许可费率的核心焦点问题。

2. 模型构建

（1）许可费计算基础

为了更加准确地反映汽车移动通信标准必要专利的贡献和价值，本书以整车利润而不是整车价格作为许可费计算基础。一是整车利润能更准确地反映标准必要专利对整车的实际贡献和价值。整车价格受到市场需求、品牌声誉、营销策略等多种因素影响，不一定能完全体现出标准必要专利的真实贡献。而以整车利润为基础能够更客观地衡量标准必要专利在整车研发和销售过程中的实际贡献。二是以整车利润为基础进行许可费计算可以更加公平和合理地分配收益。整车利润是车企在研发、生产、销售等环节所获得的实际收益，采用这个指标能够确保标准必要专利的许可费用在分配上更具公正性。三是以整车利润为基础可以鼓励汽车制造商在整车设计和制造中采用更多的创新技术。如果许可费以整车利润为基础，汽车制造商将有更多的动力去提高车辆的整体效率、性能和质量，以增加整车利润，从而推动技术创新，为整个汽车行业带来更先进的技术。四是整车价格可能会受市场波动和经济因素的影响，导致许可费的不确定性。而以整车利润为基础能够避免这种不确定性，因为整车利润通常相对稳定，不容易受外部因素的短期影响。

（2）许可费率计算模型

价值通常是指商品本身所具有的内在价值，价格则反映了市场消费者对于该商品的需求程度，通常会受市场供需关系、生产成本等多种因素影响。因而价格和价值并不完全一致，但是在实际市场交易中，价格往往能够反映出商品的价值。因此，就本模型而言，通过选取各品牌的不同车型和其售价作为研究对象，分析并量化整车各个网联功能对于整车最终售价的价值贡献，从而构建出网联功能价值贡献模型，分析汽车网联功能对于整车整体价值的贡献水平，再通过网联功能技术分解进一步计算出移动通信标准对于整车的价值贡献。

具体做法包括以下几个方面：第一，考虑以网联功能的价值作为移动通信功能的价值体现，计算各网联功能占整车全部功能的价值比例；第二，将网联功能进行技术分解，从而进一步得出标准技术对于网联功能的价值贡献；第三，采用汽车企业平均单车利润为基础，获得移动通信标准的价值占整车利润的平均价值，以此来衡量移动通信标准在整车中的价值贡献和合理许可费水平；第四，考虑标准必要专利对于标准的贡献、汽车网联功能使用时长、许可地域等其他因子（K），最终构建汽车移动通信标准必要专利许可费率计算模型（图4.11）。

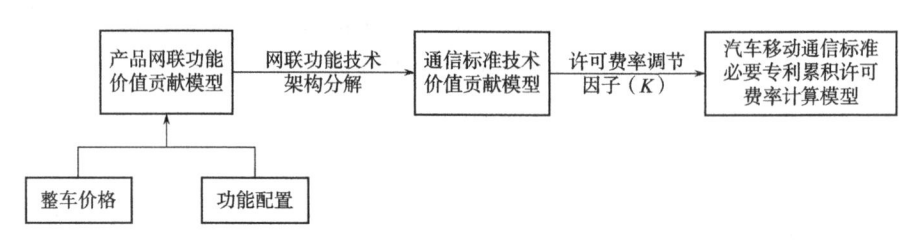

图4.11 汽车移动通信标准必要专利价值贡献计算方法

（二）汽车移动通信标准必要专利累积许可费率计算模型

1. 数据来源

为了构建精确的模型，我们收集了超过16 000款车型的中国市场数据，这些数据包括传统汽车、新能源汽车的各车型的功能配置、价格等关键参数。所选样本覆盖了市场上主流的汽车品牌和各式车型，确保了研究的全面性和深度。

2. 模型构建

由上文论述可知：汽车移动通信标准必要专利累积许可费率（R）＝产

品网联功能价值贡献度（P）×通信标准技术价值贡献系数（T）×许可费率调节因子（K）。

（1）产品网联功能价值贡献度（P）

本书通过特征函数拟合获得价值贡献度模型，该方法的理论基础源于统计学、机器学习和经济学等领域，从现有的样本数据中建立数学模型，以描述特征变量之间的关系，从而推断网联功能特征对于整车的价值贡献。

常用于回归任务的机器学习算法包含线性回归模型、随机森林模型、XGBoost模型等。本书选择常用的机器学习算法XGBoost模型，因为线性回归模型对非线性关系的能力有限，对异常值和噪声也敏感，随机森林模型的训练时间较长且难以解释，而XGBoost模型可以处理复杂的非线性数据，具有高预测性能；且使用了并行计算和优化技术，能够高效地训练模型和进行预测，也对缺失值有很好的处理能力，具有较强的鲁棒性；并且也能够输出特征的重要性及决策路径，具有很好的解释性，基于此，本书选择XGBoost模型对数据进行拟合和预测，并且其提供了可以计算特征重要性的指标。其中，XGBoost模型可以使用特征在其所有决策树中节点分裂不纯度的平均改变量即平均增益来衡量每个特征对目标变量的影响程度，平均改变量越大，表明该特征对目标变量的影响越大，即贡献度越高，从而获取各个特征的贡献度。

不同功能特征属性的技术复杂度、涉及的功能类型，以及其之于整车的价值贡献不同，因此，为了更加精准地计算特征的价值贡献，使许可费模型更精准、合理，本书以各车型的功能配置、网联功能等关键参数作为特征，将传统汽车和新能源汽车进行分组研究，其中传统汽车特征共125个、新能源汽车特征共138个，并邀请汽车技术领域专家，基于汽车工程学和制造业的实践经验，将目标特征按照功能属性分为动力系统/三电系统、车身及附件、底盘、智能化配置和网联化配置5个大类。将上述特征作为XGBoost模型的输入，整车价格作为目标变量，来预测网联功能（即网联化配置）的价值贡献（图4.12）。

XGBoost模型的思想与GBDT类似，就是不断地进行特征分裂来生长一棵树，每一轮学习一棵树，其实就是拟合上一轮模型的预测值与实际值之间的残差（图 4.12）。当我们训练完成得到 T 棵树时，需要预测一个样本的分数，将这个样本的特征在每棵树中对应的叶子节点的分数相加，这样就得到了该样本的预测值。

其中，XGBoost 模型的特征重要性的计算是所有决策树中节点分裂不纯度的平均改变量得出的，设其不纯度衡量的指标是目标函数，以此分裂前后的改变量即增益 L_{split} 来衡量分枝质量，重要性的计算过程即为如下。

特征 X_j 在当前节点 m 分裂前后的改变量即为

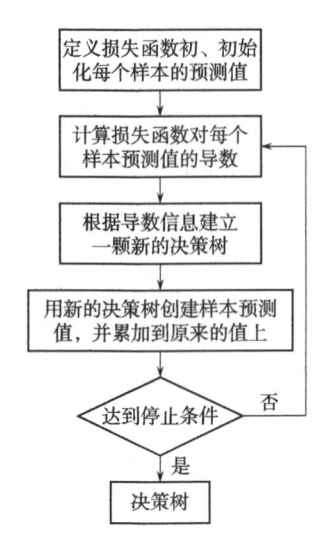

图 4.12 XGBoost 模型的算法流程图

$$L_{\text{split}} = \frac{1}{2}\left[\frac{\left(\sum_{i \in I_L} g_i\right)^2}{\sum_{i \in I_L} h_i + \lambda} + \frac{\left(\sum_{i \in I_R} g_i\right)^2}{\sum_{i \in I_R} h_i + \lambda} - \frac{\left(\sum_{i \in I} g_i\right)^2}{\sum_{i \in I} h_i + \lambda}\right] - \gamma \quad (4.4)$$

其中，I 为特征 X_j 在当前节点 m 的所有样本；I_L、I_R 分别为当前节点的左右子节点；g_i 为样本 i 在节点处目标函数的一阶偏导；h_i 为样本 i 在节点处的目标函数的二阶偏导；λ 和 γ 都是超参数。

那么，特征 X_j 在第 i 颗决策树中的重要性为

$$\text{VIM}_{ij} = \sum_{m \in M} L_{\text{split}_{jm}} \quad (4.5)$$

那么，特征 X_j 在所有决策树中的重要性为

$$\text{VIM}_j = \sum_{i=1}^{T} \text{VIM}_{ij} \quad (4.6)$$

最后，把所有的决策树中的重要性在做归一化处理，即

$$\text{VIM}_j = \frac{\text{VIM}_j}{\sum_{i=1}^{n} \text{VIM}_i} \quad (4.7)$$

其中，分母为所有特征增益之和，分子为特征 j 的增益。

通过上述算法，我们观察到在普通及经济型传统汽车和中高级传统汽

车之间，以及新能源汽车之间，网联化配置在中高级传统汽车和新能源汽车中的占比明显高于普通及经济型传统汽车，这可能是由于其目标受众需求、车型定位、市场趋势、品牌形象等方面存在差异。在目标受众和需求差异方面，中高级传统汽车以及新能源汽车的受众往往更注重高科技、智能互联的功能，因此对网联化配置的需求更高。普通及经济型传统汽车的受众可能更侧重实用性、经济性，因此可能对网联化配置的需求不高。在车型定位和市场趋势方面，中高级传统汽车通常定位为高端市场，要迎合未来智能出行的趋势，必须加入更多网联化配置以满足高端用户的需求。新能源汽车也是面向未来的，其定位为绿色、智能、高科技产品，因此强调网联化配置更为合理。在品牌形象方面，中高级汽车品牌通常倾向于打造高科技、高智能形象，通过增加网联化配置来展示品牌的领先地位。新能源汽车品牌也倾向于展示创新、绿色和智能形象，通过提供先进的网联化功能来树立品牌形象。

（2）通信标准技术价值贡献系数（T）

智能网联汽车产品的技术架构可以分为6个层级：功能与应用层、软件和平台层、网络和传输层、设备终端层、基础和通用层，以及功能安全和信息安全（图4.13）。在这些技术层级中，网络和传输层负责信息的传输和数据的流通，移动通信标准技术主要应用在该层级。但就对整个智能网联汽车产业的技术贡献来说，其作用相比其他5个层级并不突出。首先，功能与应用层直接影响到汽车的用户体验，包括导航、娱乐、驾驶辅助等功能。软件和平台层为汽车提供强大的数据处理能力和智能化支持，是实现各种应用的基础。设备终端层包括各种传感器和执行器，是信息获取和实现控制的关键。基础和通用层包含诸如电池、马达、电子控制单元等核心元件，构成汽车的基本框架。功能安全和信息安全层负责保护车辆的安全性和数据的隐私，对于用户信任和法规遵循至关重要。而网络和传输层主要负责信息的传递，虽然在整车系统中有其必要性，但相较于其他层面，其技术难度和创新程度相对较低。再者，网络和传输层的技术往往并非专为汽车设计，而是广泛应用于其他通信设备和系统，因此，在智能网联汽车产品中，并不能视为关键核心技术。

为进一步进行定量计算，本书选择以各技术层级对网联功能的贡献系数作为移动通信标准技术对网联功能的贡献占比，为 1/10~1/20。值得特别指出的是，这一贡献占比不仅包括移动通信技术（即 2G、3G、4G、5G 的标准技术），也包含了车内总线通信标准技术（如 CAN/LIN 等），以及车内局域通信标准技术（如蓝牙、WLAN、Wi-Fi 等）。因此，具体到移动通信技术（2G、3G、4G、5G）对汽车网联功能的贡献占比，估算无线通信模式对于移动通信标准技术的贡献比例在 1/4~1/8，综合测算可以得出，移动通信技术对于网联功能的贡献占比，T=1/40~1/160。

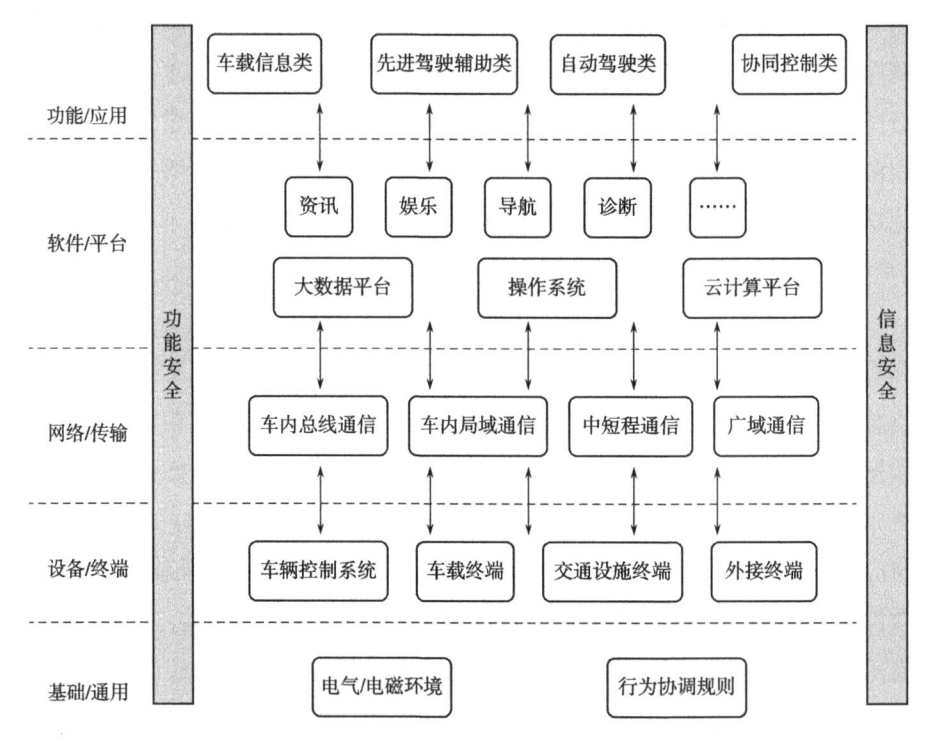

图 4.13　智能网联汽车技术架构

(3) 其他因子（K）

除网联功能价值贡献、移动通信标准技术贡献之外，许可地域、汽车网联功能的使用频率及标准必要专利对于标准的贡献程度等因素，都可能对汽车移动通信标准必要专利累积许可费产生影响。

专利保护和许可费的规定通常会因地域而异。不同的国家或地区的相关市场发展差异、专利保护力度等都会直接影响许可费的计算。汽车网联功能的使用频率也是一个应考虑的重要因素。一般来说，使用频率越高，其所涉及的标准必要专利的价值也就越大；反之，使用频率越低，其所涉及的标准必要专利的价值也就越小。此外，虽然标准必要专利对特定技术标准的实施至关重要，但我们必须理解，它们并不等同于整个技术标准。标准必要专利仅代表标准的一部分，而非全貌。因此，标准必要专利在整体标准中的贡献比例也是累积许可费率的一个重要影响因素。

因此，其他因子 K 可以表示如表 4.9 所示。

$$K = K_a \cdot K_f \cdot K_p \tag{4.8}$$

表 4.9　其他因子（K）的考虑因素

其他因子	考虑因素
许可地域因子（K_a）	市场规模、经济和社会发展水平等
汽车网联功能使用频率因子（K_f）	驾驶环境、驾驶习惯等
标准必要专利贡献度因子（K_p）	整体 SEP 质量、对于标准的覆盖程度

其中 K_a 为许可地域因子（表 4.10）；K_f 为汽车网联功能使用频率因子（表 4.11）；K_p 为标准必要专利贡献度因子（表 4.12）。

表 4.10　许可地域因子（K_a）

考虑因素	指标	具体解释
市场规模	全球主要汽车市场	欧洲、亚洲、北美洲
	非主要汽车市场	其他
经济和社会发展水平	发达国家	联合国定义
	发展中国家	
	最不发达国家	
市场竞争态势	激烈	车企集中度
	一般	
新产品更迭速度	快	每年推出的新车型数量
	一般	

表 4.11　汽车网联功能使用频率因子（K_f）

考虑因素	指标	具体解释
驾驶环境	城市驾驶	城市环境中，道路网络复杂和交通拥挤，驾驶者更频繁地使用网联功能
	郊区及偏远地区驾驶	
驾驶习惯	长途驾驶	喜欢长途驾驶的人更频繁地使用导航、自动驾驶等网联功能
	短途驾驶	
自动驾驶等级	L0—L1	《汽车驾驶自动化分级》（GB/T 40429—2021）
	L2—L3	
	L4—L5	

表 4.12　标准必要专利贡献度因子（K_p）

考虑因素	指标	具体解释
整体 SEP 质量	好	综合所有 SEP 数量、必要性评分
	一般	
全部 SEP 对标准贡献度	全部覆盖	技术领域分布与标准规范对应
	主要功能覆盖	
	不能覆盖主要功能	

（4）基于本模型的累计许可费率结算结果

由前述研究得出的针对整车而言的移动通信标准必要专利累积许可费率 R，可以计算出在不考虑其他影响因子的情况下，汽车移动通信标准必要专利累积许可费率（R）= 产品网联功能价值贡献度（P）× 通信标准技术价值贡献系数（T）× 许可费率调节因子（K）。

以 200 000 元人民币售价的汽车作为代表进行计算，可得 R = 2.1~15 人民币/车。

（三）下一步改进和完善方向

尽管本模型能够整体评估移动通信标准必要专利在整车中的价值贡献及累积许可费率，但仍存在一些尚未考虑的因素，下一步可以改进的方向包括以下几个方面。

1. 考虑专利价值

在目前的模型中，所有的标准必要专利都被视为具有相同的价值，但实际上，每个专利的价值可能会因其对应技术的重要性、专利质量、保护范围等因素而有所不同。在未来的模型中，应考虑到这些因素，并尝试将专利的具体价值纳入到计算中，将会使模型更为精确。

2. 采集更多可信数据

本模型中使用的车型数据、单车利润以及模组利润都是基于公开数据进行估算的，因此与实际情况可能存在一定的偏差或误差。下一步，为了提高模型的精度和可靠性，可以尝试收集获取更多的私有数据，或者采用更优的统计方法来处理和解释数据，以减少偏差和误差。

3. 具备动态调整能力

技术和市场状况是不断变化的。新技术的出现可能会改变某些专利的价值，市场竞争状况的变化可能会影响汽车销售情况和利润。因此，未来模型应当具有动态调整的能力，以适应不断变化的环境。

4. 考虑多元因素

在实际情况中，可能还有许多其他因素影响着专利许可费率，如政策环境、许可期限、品牌、许可策略等。未来的模型应该考虑这些因素，将其纳入到模型中。

参考资料

[1] 蒋华胜.标准必要专利 FRAND 原则的规范解释与司法裁判研究[J].法律适用,2023(7).

[2] 金璐.标准必要专利许可善意谈判规则探析[J].标准科学,2023(6).

[3] 李宗辉.论标准必要专利许可 FRAND 与否的考量因素[J].标准科学,2023(3).

[4] 张辰宇.FRAND 原则下标准必要专利信息披露制度研究[J].品牌与标准化,2023(2).

[5] 马忠法.标准背后的法律问题——兼论正确认知标准必要专利[J].贵州师范大学学报(社会科学版),2023(2).

[6] 黄武双,谭宇航.标准必要专利许可谈判中的"劫持""反劫持"消解机制研究[J].知识产权,2023(2).

[7] 张玉蓉,吴文飞.标准必要专利 FRAND 许可费确定的影响因素实证研究[J].科研管理,2023(2).

[8] 马乐,孔晓婷.标准必要专利许可商业惯例的司法意涵与功能实现[J].科技与法律(中英文),2023(1).

[9] 田琛,张俊艳.5G 标准必要专利国际竞争态势研究[J].中国发明与专利,2022(8).

[10] 罗丹,郝也.国内外标准必要专利的发展现状与研究[J].通信管理与技术,2022(4).

[11] [美]威廉·M. 兰德斯,理查德·A. 波斯纳,金海军译.知识产权法的经济结构(第2版)[M].北京:北京大学出版社,2016.

[12] 张五常.经济解释[J].北京:中信出版社,2015.

[13] Lemley M A. Intellectual Property Rights and Standard-Setting Organizations[J]. California Law Review,2002(6).

[14] 马一德.多边贸易、市场规则与技术标准定价[J].中国社会科学,2019(6).

[15] 刘影.标准必要专利许可费率的计算:理念、原则与方法[J].清华法学,2022(4).

[16] 李剑.标准必要专利许可费确认与事后之明偏见——反思华为诉 IDC 案[J].中外法学,2017(1).

[17] 马忠法,曾鑫坤.标准必要专利许可的类型化与中国应对研究[J].电子知识产权,2022(12).

[18] 郑伦幸.论 FRAND 承诺下标准必要专利许可费的确定方法[J].法学,2022(5).

[19] Georgia-Pacific Corp. v. United States Plywood Corp. ,318 F. Supp. 1116.

[20] Microsoft Corp. v. Motorola,Inc. ,2013 U. S. Dist. LEXIS 60233.

[21] 郭禾,吕凌锐.确定标准必要专利许可费率的可比协议法研究[J].中国物价,2020(1).

[22] 刘运华,曾闻.国外标准必要专利许可费计算方法对中国专利开放许可制度设计的启示[J].中国科技论坛,2019(12).

[23] Swanson D G,Baumol W J. Reasonable and Nondiscriminatory(Rand)Royalties,Standards Selection,and Control of Market Power[J]. Antitrust Law Journal,2005(73).

[24] 乔岳,郭晶晶.标准必要专利FRAND许可费计算——经济学原理和司法实践[J].财经问题研究,2021(4).

[25] Baumol W J,Sidak J G. The Pricing of Inputs Sold to Competitors[J]. Yale Journal on Regulation,1994(11).

[26] Coase R H,The Problem of Social Cost,in Journal of Law & Economics [J]. 2013(4).

[27] Lemley M A,Shapiro C. A Simple Approach to Setting Reasonable Royalties for Standard-Essential Patents[J]. Berkeley Technology Law Journal, 2013(28).

[28] 陈九龙.标准必要专利确定FRAND许可费研究[J].经济法论丛,2019(1).

[29] 罗孟昕.公平合理的标准必要专利许可费计算方法探析[J].竞争政策研究,2021(6).

[30] Sidak J G. The Meaning of Frand,Part I:Royalties[J]. Journal of Competition Law and Economics,2013(4).

[31] The Evolving IP Marketplace:Aligning Patent Notice and Remedies with Competition, A report of Federal Trade Commission. www. docin. com/ p-386645779. html.

[32] In re Innovatio IP Ventures,LLC,2013 U. S. Dist. LEXIS 144061.

[33] Schankerman M. How Valuable is Patent Protection[J]. Estimates by Technology Field,1998(12).

[34] 宁立志,龚涛.标准必要专利许可中的不公平高价及其反垄断规制[J].荆楚法学,2022(5).

[35] Padilla A L-F, Schmalensee A J R. Pricing Patents for Licensing in Standard Setting Organisations: Making Sense of FRAND Commitments [J]. CEPR Discussion Papers, 2007(74).

[36] European Commission: Setting out the EU approach to Standard Essential Patents, COM(2017)712 final, Brussels, 29. 11. 2017.

第五章
汽车标准必要专利许可谈判

第一节 智能网联车领域标准必要专利许可谈判关键问题

一、标准必要专利许可谈判框架

（一）司法实践对于标准必要专利许可谈判框架的认定

事实上，国内外的司法实践对于标准必要专利许可谈判框架均进行了讨论和分析。举例而言，在欧盟法院审理的华为诉中兴案中，欧盟法院创设了标准必要专利许可谈判框架，从专利权人和实施方双方角度出发，规定了各方当事人在许可谈判中应当承担的具体义务，具有里程碑式的意义。根据欧盟法院创设的许可谈判框架，专利权人应当在提起诉讼之前通知侵权方，而专利实施方应当表明愿意按照FRAND原则达成许可的意愿。对于许可要约而言，专利权人应当提供书面许可要约，特别要说明许可费及其计算方式，而专利实施方应当及时向专利权人提供书面许可反报价。如果专利权人拒绝专利实施方提供的反报价，则专利实施方应当提供合理的担保并且提交既往使用行为的结算单据。在欧盟法院创设了这一许可框架之后，全球主要司法辖区的司法实践对于这一框架的内涵和外延展开了进一步的讨论和分析，如在 Sisvel 诉海尔案及无线星球诉华为案中，德国法院和英国法院分别对这一框架在标准必要专利诉讼中的具体适用问题进行了详细分析。

就国内司法实践而言，尽管目前中国法院并未在标准必要专利相关诉讼中对标准必要专利许可谈判框架进行系统性的认定，但是在相关司法实践中中国法院对于标准必要专利许可谈判阶段及专利权人和实施方在许可谈判中分别应当承担的义务进行了分析和阐述。例如，在华为诉三星案中，深圳市中级人民法院明确表示根据标准必要专利许可谈判的国际惯例，一项许可协议的达成通常要经过技术谈判阶段、商务谈判阶段和协议达成三个阶段。法院还认为，为了促成协议的达成，作为善意的谈判人，标准必要专利权人通常会根据自己标准必要专利的实力向对方进行积极报价，而相对方如果是善意的谈判人，其通常会在收到标准必要专利权人的报价后，积极进行反报价。同时，法院认为，如双方经过长时间的谈判仍无法取得进展，在这种情况下，一方提议将双方之间的争议提交给中立的仲裁机构或者法院进行裁决，这是解决标准必要专利许可谈判争议的有效途径。若双方决定通过争议解决的方式解决许可问题，双方在法院所组织的调解程序中的表现也是判断其是否具有善意的重要因素。而在西电捷通诉索尼案中，法院认为在正式的许可谈判之前，专利实施方有权获得与专利权人主张的专利实施行为（或者侵权行为）相关的信息，包括涉案专利（或者专利清单）、实施专利的侵权产品、侵权产品与涉案专利、涉案标准的对应关系等，以便作出侵权评估。

（二）法律/政策层面对于标准必要专利许可谈判框架的规定

除司法实践以外，世界主要司法辖区从法律或政策层面对于标准必要专利许可框架的相关内容亦作出了相关规定。就国内的相关规定而言，广东省高级人民法院发布的《关于审理标准必要专利纠纷案件的工作指引（试行）》明确认为未向专利实施者发出谈判通知，未按商业惯例和交易习惯向专利实施者提供示例性专利清单、权利要求对照表等专利信息，以及未向专利实施者提出具体许可条件及主张的许可费计算方式等行为属于专利权人的明显过错。而在收到谈判通知后未在合理时间内作出明确答复，拒绝签订保密协议，未在合理期限内对标准必要专利权人提供的示例性专利清单、权利要求对照表等专利信息作出实质性答复等行为属于专利实施方的明显过错。在北京市高级人民法院发布的《专利侵权判定指南》中，专利权人和专利实施方的上述过错行为也得到了再次重申和强调。而国家市场监督管理总局在2023年6月30日发布的《关于标准必要专利领域的反垄断指南（征求意见稿）》中对标准必要专利善意谈判程序及要求进行了系统性的说明，如要求专利权人应对标准实施方提出明确的许可谈判要约，专利实施方应在合理期限内对获得许可表达善意意愿，专利权人应提出符合其所作出的公平、合理和无歧视承诺的许可条件，标准实施方应在合理期限内接受许可条件或提出符合公平、合理和无歧视原则的方案等。

就国外的相关政策而言，美国政府在2021年的《关于受自愿F/RAND承诺约束的标准必要专利的许可谈判和补救措施的政策声明草案》中列举了部分符合FRAND原则的善意谈判行为，包括专利权人应提供有效侵权信息、发出善意报价，专利实施方应在合理时间内进行有效且善意的回应，该回应可能表现为合理的反报价、进一步寻求所需信息等。收到回应后的专利权人可选择接受反报价、重新提出报价、回应专利实施方的问题或要求、提议提交中立第三方解决等❶。欧盟委员会于2017年发布的《制定关于标准必要专利的欧盟方法》也对双方的许可谈判义务进行了较为详细的规定。就专利权人而言，其应提出许可要约，对于专利必要性、侵权产品、要约中的费率计算方法和要约符合FRAND原则等问题进行详细解释。而专利实施方则应评估专利权人提出的要约并提出反要约，反要约内容需翔实具体。如果专利实施方表示愿意接受第三方对许可费率进行裁决，也可帮助认定其履行了FRAND义务❷。此外，日本在《标准必要专利的诚信许可

---

❶ The United States Patent and Trademark Office. Draft Policy Statement on Licensing Negotiations and Remedies for Standards-Essential Patents Subject to Voluntary FRAND Commitments[EB/OL].[2023-09-30]. https://www.justice.gov/atr/page/file/1453471/download.

❷ European Commission. Communication from the Commission to the Institutions on Setting out the EU approach to Standard Essential Patents[EB/OL].[2023-09-30]. https://ec.europa.eu/docsroom/documents/26583.

谈判指南》❶ 及《标准必要专利许可谈判指南》❷ 中也对 FRAND 许可谈判的义务进行了相关的规定，在欧盟法院在华为诉中兴案中创设的谈判框架基础上补充了更细节的指引，包含"许可要约""表达愿意遵照 FRAND 条款签订许可合同的意愿""具体条款建议""反要约建议"四个主要步骤，并对每一步骤权利人和实施人应当遵循的善意谈判行为标准予以指引。

二、标准必要专利许可谈判框架关键问题

通过上述介绍可知，无论是司法实践还是法律或政策层面的规定，对于标准必要专利许可谈判框架中专利实施方行为和义务的讨论主要集中于许可意愿表达、保密协议签署、权利要求对照表反馈、第三方争议解决等核心内容上。除此之外，专利实施方在与专利权人进行标准必要专利许可谈判时，还需要注意统一谈判主体、技术谈判先行、技术谈判框架讨论、适时提出反报价、许可协议重点条款讨论等关键问题。因此，下文将对标准必要专利许可谈判框架中专利实施方需要面对的关键问题进行具体分析。

（一）谈判主体问题

根据标准必要专利许可谈判的既往实践，在标准必要专利许可谈判正式启动之前，专利权人通常会选择向专利实施方、专利实施方关联实体（通常为负责侵权产品生产或销售的专利实施方关联实体）及专利实施方上下游合作方分别发送许可谈判邀约或专利侵权通知。如果专利实施方没有形成许可邀约或专利侵权通知的应对预案，即对于由哪个主体向专利权人进行回复等问题没有事先的沟通和解决方案，则很可能致使专利实施方在标准必要专利许可谈判中处于不利地位。在没有形成许可邀约或专利侵权

---

❶ Ministry of Economy, Trade and Industry. Good Faith Negotiation Guidelines for Standard Essential Patent Licenses [EB/OL]. [2023-09-30]. https://www.meti.go.jp/policy/economy/chizai/sep_license/good-faith-negotiation-guidelines-for-SEPlicenses-en.pdf.

❷ Japan Patent Office. Guide to Licensing Negotiations Involving Standard Essential Patents [EB/OL]. [2023-09-30]. https://www.jpo.go.jp/e/system/laws/rule/guideline/patent/document/rev-seps-tebiki/guide-seps-en.pdf.

通知的应对预案的情况下，专利实施方的多个关联实体很可能会分别回复专利权人发送的许可邀约或专利侵权通知，在造成沟通混乱的同时，还有可能会造成专利实施方立场或表述自相矛盾的情况，不利于专利实施方维护其善意被许可人的身份。此外，专利实施方的多个关联实体分别回复专利权人，还会给专利权人在未来可能的标准必要专利许可诉讼中提供便利。专利权人可以根据回复的专利实施方关联实体选择对于自身更加有利的管辖连接点，从而确保其在相关的标准必要专利许可诉讼中能够占据更大的优势。

（二）许可意愿表达问题

积极表达许可意愿是善意的被许可人应当遵守的一项核心义务，并且该项义务已经得到了国际司法实践的广泛认可。例如，在无线星球诉华为案中，英国法院明确表明一个善意的专利实施方必须有意愿接受FRAND许可。在Sisvel诉海尔案中，德国法院亦表明专利实施方在接到专利侵权通知后必须清晰地表达其接受FRAND许可的意愿，且不得为接受FRAND许可设置前提条件。根据北京市高级人民法院发布的《专利侵权判定指南》，如果专利实施方在收到专利权人的书面侵权通知后，未在合理时间内积极答复的，可以认定专利实施方在标准必要专利许可协商过程中存在明显过错[1]。根据广东省高级人民法院发布的《关于审理标准必要专利纠纷案件的工作指引（试行）》，如果专利实施方拒绝接收专利权人的谈判通知，或收到谈判通知后未在合理时间内作出明确答复，则可以认定专利实施方存在明显过错[2]。由此可见，如果专利实施方没有明确表达许可意愿，则可能会被法院认定为是非善意的被许可人，进而可能会面临禁令的威胁。

（三）保密协议签署问题

在标准必要专利许可谈判正式启动伊始，专利权人通常情况下会提供其常用的保密协议模板或者要求专利实施方提供其常用的保密协议模板以

---

[1] 中国信通院知产与创新中心.北京高院公布《专利侵权判定指南（2017）》[EB/OL].[2023-09-30].https://mp.weixin.qq.com/s/wBvjdrW6VoNY6JrT_DgGsw.

[2] 广东省高级人民法院.广东省高级人民法院关于审理标准必要专利纠纷案件的工作指引(试行)[EB/OL].[2023-09-30].https://mp.weixin.qq.com/s/ly0K38 nndw2oITXtSGQyoA.

供讨论和签署。在保密协议签署过程中，专利权人和专利实施方往往会就保密协议中的签署主体，保密范围，保密信息是否能在后继诉讼中使用，保密信息能否分享给第三方（外部律师、专家等），适用法律，争议解决条款，合同语言等问题展开讨论。

特别值得注意的是，专利权人和专利实施方对于保密信息是否能在后继诉讼中使用及保密信息能否分享给第三方（外部律师、专家等）往往会出现较大的分歧。一般情况下，专利权人往往会拒绝允许将其提供的保密信息（特别是报价等信息）在后续可能出现的标准必要专利诉讼中使用，因为相关保密信息的披露可能会对专利权人持续推行其专利许可计划造成一定的不利影响。此外，将保密信息分享给第三方（外部律师、专家等）同样会对专利权人造成一定的负面影响，原因在于通过将相关保密信息（特别是报价等信息）分享给外部律师或者经济学专家，相关专业机构可以更加方便地推算专利权人提供的报价是否符合 FRAND 原则，不利于专利权人主张和坚持高额的许可费报价。

（四）技术谈判先行问题

在签署保密协议之后，专利权人通常可能会将专利清单、示范性权利要求对照表甚至是许可报价（term sheet）一并发送给专利实施方，并要求专利实施方确认后续技术谈判、商业谈判具体时间安排，或是直接要求专利实施方在进行技术谈判的同时进行商业谈判。对此，专利实施方通常认为，由于双方尚未完成技术谈判，目前还无法有效评估其专利实力，因此在这一阶段无法评估其报价是否具有合理性。事实上，在标准必要专利许可谈判中，遵循技术谈判先行是符合行业惯例的。在华为诉三星案中，深圳市中级人民法院通过判决明确了技术谈判先行符合国际惯例，认为根据标准必要专利许可谈判的国际惯例，一项许可协议的达成，通常要经过技术谈判阶段、商务谈判阶段和协议达成三个阶段。

（五）技术谈判框架问题

技术谈判为专利权人和专利实施方平等沟通提供一个良好的平台，前者可以在技术谈判阶段展示其专利的有效性和与标准的对标性，同时后者可以在技术谈判阶段对前者专利的有效性和对标性提出合理质疑。因此在技术谈判阶段，专利权人通常会与专利实施方就专利清单、示范性权利要求对照表的数量及其所占专利清单比例、示范性权利要求对照表的挑选方式、代表性专利国别、语言等与专利相关的问题进行广泛讨论。

（六）权利要求对照表反馈问题

值得注意的是，针对专利权人发送的示范性权利要求对照表，专利实施方应当积极回复。如果专利实施方未在合理期限内积极回应专利权人，则专利实施方可能会被法院认定为存在明显过错。例如，在华为诉三星案中，深圳市中级人民法院认为三星始终未对华为提交的标准必要专利要求对照表进行积极回应，认为三星拖延谈判进度，并认定三星存在明显过错，违反了 FRAND 义务。根据广东省高级人民法院发布的《关于审理标准必要专利纠纷案件的工作指引（试行）》，如果专利实施方未在合理期限内对专利权人提供的示例性专利清单、权利要求对照表等专利信息作出实质性答复，则可以认定专利实施方存在明显过错❶。

（七）许可报价解释问题

专利权人有义务针对其提供的许可报价提供具体的解释，如解释其许可费的具体计算方法和使用的相关数据及来源。如果专利权人拒绝提供相关解释，则其行为违反了 FRAND 原则，可能会被认定为具有明显过错。对此，多个国家从法律或政策层面给予了明确肯定：①根据广东省高级人民法院发布的《关于审理标准必要专利纠纷案件的工作指引（试行）》，如果专利权人未向专利实施方提出具体许可条件及主张的许可费计算方式，或提出的许可条件明显不合理，导致无法达成专利实施许可合同，则可以认定专利权人违反 FRAND 原则，存在明显过错❷；②在欧盟委员会发布的《关于制定标准必要专利的欧盟方法》中，欧盟委员会亦表明如果专利实施方要评估专利权人提出的要约并提出适当的反要约，则需要专利权人就专利必要性、侵权产品、要约中的费率计算方法和要约符合 FRAND 原则等问

---

❶ 广东省高级人民法院.广东省高级人民法院关于审理标准必要专利纠纷案件的工作指引(试行)[EB/OL].[2023-09-30].https://mp.weixin.qq.com/s/ly0K38nndw2oITXtSGQyoA.

❷ 同❶.

题提出详细解释❶（clear explanations）；③根据日本专利局发布的《标准必要专利许可谈判指南》，如果专利权人在提出 FRAND 许可要约阶段，不解释许可费是如何计算或不证明许可报价是符合 FRAND 原则，则专利权人则可能会被认定构成恶意的行为❷。

（八）许可协议重点条款问题

除许可范围、许可期限、许可价格外等重点条款，许可协议中涉及的支付方式、最惠条款、审计条款（涉及按照许可费率支付许可费）、适用法律、不诉条款等内容通常也会成为专利权人与专利实施方的讨论重点。以支付方式为例，就标准必要专利许可而言，不同的专利权人对于许可费的支付方式有着不同的偏好，部分专利权人倾向于收取固定许可费（fixed）或一揽子许可费（lump-sum），而也有一部分专利权人偏向于按照许可费率（running royalty）收取许可费。根据固定许可费或一揽子许可费，专利实施方需要在每年固定的一个时间（如每年的第一个季度）支付固定金额的许可费，这一许可费覆盖过去一段时间内的全部销售。而按照许可费率（running royalty）收取许可费，专利实施方将根据过去一段时间的实际销售情况按照约定的许可费率（通常为每台设备固定金额/固定百分比）支付许可费。对于许可费的支付方式而言，专利实施方同样可能会有一定的倾向性，如对于销量不够稳定的企业而言，其可能更加希望通过按照许可费率支付许可费，从而避免未来销量下滑导致（按照固定许可费或一揽子许可费）支付"不必要"的许可费。而按照许可费率支付许可费也将会引起审计条款的相关讨论，如双方将对是否通过第三方机构、具体的第三方机构选择等问题进行讨论。

---

❶ European Commission. Communication from the Commission to the Institutions on Setting out the EU approach to Standard Essential Patents [EB/OL]. [2023-09-30]. https://ec.europa.eu/docsroom/documents/26583.

❷ Japan Patent Office. Guide to Licensing Negotiations Involving Standard Essential Patents [EB/OL]. [2023-09-30]. https://www.jpo.go.jp/e/system/laws/rule/guideline/patent/document/rev-seps-tebiki/guide-seps-en.pdf.

（九）第三方争议解决问题

值得注意的是，专利实施方是否同意通过第三方机构（如仲裁、法院等机构）解决其与专利权人之间的许可争议同样是判断专利实施方是不是善意被许可人的标准之一。这一观点得到了司法实践和法律或政策层面的广泛认可。在华为诉三星案中，法院认为如双方经过长时间的谈判仍无法取得进展，在这种情况下，一方提议将双方之间的争议提交给中立的仲裁机构或者法院进行裁决，这是解决标准必要专利许可谈判争议的有效途径，而三星无正当理由拒绝仲裁，存在恶意拖延谈判的主观过错，违反了 FRAND 义务。根据欧盟委员会发布的《关于制定标准必要专利的欧盟方法》，如果专利实施方表示愿意接受第三方对许可费率进行裁决，也可帮助认定其履行了 FRAND 义务❶。而根据美国政府发布的《关于受自愿 F/RAND 承诺约束的标准必要专利的许可谈判和补救措施的政策声明草案》，提议提交中立第三方解决属于专利实施方有效且善意的回应❷。

第二节　智能网联车领域标准必要专利许可谈判框架

一、智能网联车领域标准必要专利许可谈判框架

（一）统一谈判主体

由于在没有形成许可邀约或专利侵权通知的应对预案的情况下，很可

---

❶ European Commission. Communication from the Commission to the Institutions on Setting out the EU approach to Standard Essential Patents[EB/OL].[2023-09-30]. https://ec.europa.eu/docsroom/documents/26583.

❷ The United States Patent and Trademark Office. Draft Policy Statement on Licensing Negotiations and Remedies for Standards-Essential Patents Subject to Voluntary FRAND Commitments[EB/OL].[2023-09-30]. https://www.justice.gov/atr/page/file/1453471/download.

能会造成沟通混乱并造成专利实施方立场或表述自相矛盾的情况，不利于专利实施方维护其善意被许可人的身份，且专利实施方的多个关联实体分别回复专利权人还会给专利权人在未来可能的标准必要专利许可诉讼中提供便利。因此，专利实施方应当形成许可邀约或专利侵权通知的应对预案，统一标准必要专利许可谈判主体（通常情况下可以由母公司作为谈判主体代表整个集团参与许可谈判），从而避免专利实施方的多个关联实体分别回复所造成的不利影响。

（二）积极表达许可意愿

如果专利实施方没有及时明确表达许可意愿，则可能会被法院认定为是非善意的被许可人，专利实施方进而可能会面临禁令的威胁。值得注意的是，专利实施方愿意接受许可的意愿应当是清晰且明确的，需要清晰且明确地表达其愿意根据 FRAND 原则获得专利权人的许可。正如德国法院在 Sisvel 诉海尔案所明确指出的，"鉴于专利权人向实施方通知侵权行为以及获得许可可能性的目的在于促使实施方与专利权人之间的专利许可谈判更加顺利，那么出于这个目的，实施方需清晰且明确地声明其愿意以公平且无歧视的条件与专利权人达成许可协议的意愿并且必须接下来有针对性地参与许可协议谈判"。

就专利实施方应在收到专利权人发送的许可邀约或专利侵权通知之后多久内表达接受许可意愿这一问题，目前国际司法实践并未设置一个统一的合理回复期限。

（三）讨论保密协议重点条款

由于保密协议中的相关具体条款直接影响了专利权人和专利实施方在标准必要专利许可谈判过程中的各自利益，因此双方通常会对相关问题产生本质上的分歧和争议。在这一过程中，专利实施方应当积极谈判，争取使得保密协议的相关条款更加有利于专利实施方。同时，专利实施方应注意保密协议签署的期限。在与专利权人初次接触并进行标准必要专利谈判时，双方通常会在一定期限内签署首份保密协议。因此，专利实施方应认真对待保密协议签署的时间要求，以确保谈判的顺利进行。

(四) 要求技术谈判先行

如果专利权人要求在进行技术谈判的同时进行商业谈判，则专利实施方可以要求技术谈判先行并主张这一要求符合标准必要专利许可谈判的国际惯例。与此同时，专利实施方也可以进一步要求专利权人与其上游经营者达成许可的情况、确认是否存在重复许可的问题，表示将在厘清这些问题之后进一步提供反报价。但提出问题时需要格外谨慎，避免被认定为拒绝许可。

而需要注意的是，如果标准必要专利许可谈判已经持续了多年，特别是在专利权人与专利实施方已经进行了长期技术谈判的情况下，则很有可能会存在技术谈判与商业谈判并行的情况。例如，在西电捷通诉索尼案中，索尼以"在全面评估西电捷通主张的专利并认定该等专利具有合理价值前，不能与西电捷通进行任何商业谈判"为理由，拒绝与西电捷通进行商业谈判。对此，北京市高级人民法院认为，考虑到双方的许可谈判已经持续六年之久，索尼要求西电捷通提供权利要求对照表只是一个拖延手段。进而，北京市高级人民法院认定索尼在许可谈判中存在明显过错。

(五) 讨论技术谈判框架

在技术谈判阶段，专利权人的核心目的在于展示其专利的有效性及必要性，从而证明其专利强度，并为其许可报价提供支持。因此，专利实施方在这一阶段可以就示范性权利要求对照表的数量及其所占专利清单比例、示范性权利要求对照表的挑选方式、代表性专利国别、语言等内容积极与专利权人进行沟通谈判，争取能够更加全面、客观地讨论专利权人相关专利的强度和价值。举例而言，专利实施方可以要求在专利权人挑选示范性权利要求对照表的同时，由专利实施方挑选同样数量的示范性权利要求对照表进行讨论。同时，专利实施方也可以要求尽可能多地讨论示范性权利要求对照表并且要求讨论多个国家的专利。

(六) 积极反馈权利要求对照表

由于专利实施方未能在合理期限内积极回应专利权人，法院可能会认定专利实施方存在明显过错。因此，在面对专利权人发送的示范性权利要求对照表时，专利实施方应及时组织相关技术人员对权利要求对照表进行内部评估和分析，并将结果及时反馈给专利权人。这样可以避免专利实施方在法律诉讼中被指责为未履行合理的回应义务。

为了防止潜在的法律纠纷，专利实施方应在收到示范性权利要求对照表后尽早启动内部评估程序。这包括组织相关技术人员对权利要求进行仔细审查，评估专利权人声称的技术与自身产品或服务的关联性。评估的结果应及时记录，并向专利权人提供详细和准确的反馈。

在与专利权人的沟通中，专利实施方应保持积极、合作和诚实的态度，及时向专利权人反馈评估结果，并在必要时进行合理的技术和法律解释。如果评估结果表明权利要求对照表中的权利并不适用于专利实施方的产品或服务，应明确地向专利权人说明理由，并提供充分的证据支持。

（七）适当时机提出反报价

需要说明的是，尽管技术谈判先行符合标准必要专利许可谈判国际惯例，但是这并不意味着专利实施方可以直至商业谈判阶段才开始准备其反报价。相反，通常技术谈判即将完成或已经完成时是提供反报价的最后合理期限，因此专利实施方在技术谈判阶段就应当详实地准备其反报价的方案及逻辑。

在技术谈判阶段，专利实施方应该认真考虑其反报价的策略和计划，并进行翔实的准备。这包括对专利权人提供的权利要求进行仔细分析，评估其在技术实施上的适用性和合理性。专利实施方应了解权利要求对其产品或服务的可能影响，并为可能的反报价场景制定应对措施。

专利实施方还应在技术谈判阶段充分考虑商业因素，包括市场需求、竞争环境、产品定位等，以制订合理的反报价方案。反报价方案应该包含详细的逻辑和理由，能够清楚地解释专利实施方对权利要求的合理解释，并提供相应的证据支持。

在准备反报价时，专利实施方应保持积极和合作的态度，与专利权人进行有效的沟通和协商。在提供反报价时，应明确地说明反报价的理由和依据，并以诚实、公正和合法的方式对待专利权人的合法权益。

（八）要求专利权人对报价进行解释

由于专利权人有义务针对其提供的许可报价提供具体的解释，因此针对专利权人提供的许可报价，专利实施方可以要求其进一步解释其许可费的详细计算方式。如果专利权人主张根据可比协议计算许可费，则专利实施方可以（在签订保密协议的前提下）要求专利权人披露相关可比协议。在进行许可谈判时，双方应保持公正和平等的原则，相互尊重对方的合法权益。专利实施方可以合法地要求专利权人提供相关的解释和信息，以便更好地理解和评估许可费的计算方式。同时，专利实施方也应做好充分的准备，对其反报价进行详细的解释和说明，以便专利权人理解其反报价的合理性和合法性。

（九）讨论许可协议重点条款

如上所述，许可协议中涉及的支付方式、最惠条款、审计条款、适用法律、不诉条款等内容通常也会成为许可协议中的重点讨论条款。因此在与专利权人就许可范围、许可期限、许可价格以外的条款进行讨论的过程中，专利实施方仍应当审慎分析和评估相关条款对自身的影响，避免相关条款对企业当前及未来的发展造成负面影响。

专利实施方在与专利权人就这些条款进行讨论时，应充分考虑其对企业运营和发展的影响。例如，支付方式的灵活性、最惠条款的合理性、审计条款的严格性、适用法律的适用范围和不诉条款的合理性等都应得到仔细评估和谨慎决策。专利实施方应当在保护自身权益的同时，避免让许可协议中的其他条款对企业造成潜在的负面影响。

因此，在与专利权人讨论许可协议时，专利实施方应当充分了解这些条款的含义和影响，并在谈判中提出合理的建议和要求，确保许可协议中的各项条款符合企业的实际需求和长期利益。在签订许可协议之前，专利实施方应与专业律师和专利顾问等专业人士进行充分的法律和商业审查，以确保许可协议的合法性和合规性，并最大限度地保护企业的合法权益。

（十）关于第三方争议解决提议

鉴于在标准必要专利许可谈判中，双方可能会经过长时间的谈判仍无法取得进展，这时一方提议将争议提交给中立的仲裁机构或法院进行裁决，通常被认为是一种有效的解决途径。这种方式可以帮助解决双方之间的分歧，确保许可谈判的顺利进行。

如果专利权人提出将争议提交给第三方解决方案，而专利实施方拒绝或不积极回应，可能会被视为对 FRAND 义务的违反。因此，专利实施方在面对专利权人提议的第三方解决方案时应当审慎评估，并充分考虑该提议对企业和当前许可谈判可能产生的正面和负面影响。

在评估时，专利实施方应仔细考虑以下因素：第三方解决方案对许可费用、许可条款、审计条款、适用法律、不诉条款等方面的影响；对许可谈判的时间和成本的影响；对企业声誉和业务关系的影响；是否符合企业的战略和商业利益。

在明确态度时，专利实施方应以明确、合法、合规的方式表明对第三方争议解决提议的态度，并充分尊重合同法和法律程序，确保自身的权益得到保护。此外，专利实施方应与专利权人保持积极的沟通和合作，以寻求可能的解决方案，并在需要时寻求法律和专业咨询的帮助。

二、智能网联车领域标准必要专利许可谈判框架流程图

基于上述内容，梳理并汇总形成了智能网联车领域企业参与标准必要专利许可谈判时可以作为参考的许可谈判框架流程图，如图 1.1 所示。特别需要说明的是，本书提供许可框架流程图的目的是为广大智能网联车领域企业提供基础性指引，便于智能网联车领域企业参与标准必要专利许可谈判。而由于标准必要专利许可谈判本身极具复杂性且会因各种事实情况的变化而产生极强的差异性，因此智能网联车领域企业在实际参与标准必要专利许可谈判的过程中，应当仅以许可谈判框架流程图作为基础性指引，并进而根据具体的谈判情况制定符合客观事实、符合企业自身利益的许可谈判策略。

参考资料

[1] The United States Patent and Trademark Office. Draft Policy Statement on Licensing Negotiations and Remedies for Standards-Essential Patents Subject to Voluntary FRAND Commitments[EB/OL].[2023-09-30]. https://www.justice.gov/atr/page/file/1453471/download.

[2] European Commission. Communication from the Commission to the Institutions on Setting out the EU approach to Standard Essential Patents[EB/OL].[2023-09-30]. https://ec.europa.eu/docsroom/documents/26583.

[3] Ministry of Economy, Trade and Industry. Good Faith Negotiation Guidelines for Standard Essential Patent Licenses[EB/OL].[2023-09-30]. https://www.meti.go.jp/policy/economy/chizai/sep_license/good-faith-negotiation-guidelines-for-SEPlicenses-en.pdf.

[4] Japan Patent Office. Guide to Licensing Negotiations Involving Standard Essential Patents[EB/OL].[2023-09-30]. https://www.jpo.go.jp/e/system/laws/rule/guideline/patent/document/rev-seps-tebiki/guide-seps-en.pdf.

[5] 中国信通院知产与创新中心.北京高院公布《专利侵权判定指南(2017)》[EB/OL].[2023-09-30]. https://mp.weixin.qq.com/s/wBvjdrW6VoNY6JrT_DgGsw.

[6] 广东省高级人民法院.广东省高级人民法院关于审理标准必要专利纠纷案件的工作指引(试行)[EB/OL].[2023-09-30]. https://mp.weixin.qq.com/s/ly0K38nndw2oITXtSGQyoA.

[7] 金璐.标准必要专利许可善意谈判规则探析[J].标准科学,2023(6).

[8] 黄武双,谭宇航.标准必要专利许可谈判中的"劫持""反劫持"消解机制研究[J].知识产权,2023(2).

[9] 马乐,孔晓婷.标准必要专利FRAND认定中的商业惯例问题探究[J].上海法学研究,2022(17).

[10] 刘影.专利侵权诉讼中反垄断抗辩成立要件研究——以标准必要专利许可谈判行为规范为中心[J].比较法研究,2022(6).

第六章 汽车标准必要专利司法

第一节 智能网联车领域标准必要专利司法现状评析

目前，智能网联车产业更多地使用3G、4G甚至5G等通信技术，从而为消费者提供更为智能化的导航、路况提醒、音乐流媒体、远程车辆控制、安全警报、查找车辆位置等功能。但在通过融入此类通信技术以发展车辆产品具体功能时，不可避免地实施仍在保护期限内的标准必要专利。其中，广泛应用的通信技术多由老牌通信企业所控制，如芬兰手机制造商诺基亚公司、日本夏普公司等。标准必要专利权人除通信企业外，还有如在卢森堡注册成立的康文森公司等非专利实施主体。而被许可人则包括如德国的戴姆勒公司等智能网联车企业，以及如大陆集团等汽车零件供应商。对此，为降低专利谈判成本，不在少数的标准必要专利权人加入Avanci以向智能网联车企业许可标准必要专利的组合。

近年来，智能网联车领域关于标准必要专利许可费的行业谈判并不顺利，存在利益冲突的不同主体，即智能网联车企业、汽车零件供应商与标准必要专利权人之间发生了一系列许可纠纷。尽管已发生的智能网联车领域标准必要专利诉讼案件总体数量不算太多，但由于其自身的风向标性质，这些案件对相关产业的发展及行业准则的确立具有较大影响。不过我国智能网联车领域的标准必要专利司法纠纷问题尚未凸显，主要案例均发生于域外。典型的如 Sisvel 与特斯拉系列案件，2019 年 12 月 17 日与 2020 年 5 月 15 日，Sisvel 在美国特拉华州地区法院对特斯拉提起两项标准必要专利侵权诉讼；诺基亚与戴姆勒系列案件，2019 年 3 月，戴姆勒等汽车供应商在欧盟对诺基亚提起反垄断调查申请，以及在德国曼海姆、杜塞尔多夫、慕尼黑三地法院对戴姆勒及大陆集团等汽车供应商提起专利侵权诉讼；2019 年 5 月大陆集团在美国加州北区法院对诺基亚、Avanci 等提起违约及垄断诉讼；2019 年 6 月大陆集团向美国加州北区法院申请禁诉令等；再有夏普与戴姆勒案件、Avanci 成员与福特系列案件，2019 年 4 月，夏普在德国曼海姆地区法院、慕尼黑第一地区法院提起针对戴姆勒的专利侵权诉讼等，2021 年 Avanci 联盟成员在美国特拉华州地区法院起诉福特专利侵权；等等。

然而，随着我国国内汽车企业陆续收到标准必要专利许可要约，预示着我国汽车产业或将面临严峻的标准必要专利司法风险。从现有的智能网联车领域涉标准必要专利诉讼案件来看，主要涉及禁令救济与许可费计算两大类法律问题，以及一些与管辖相关的内容。对此，本部分将选取三起典型案例加以说明，分别是诺基亚诉戴姆勒案、大陆集团诉 Avanci 案与康文森诉特斯拉案，囊括了标准必要专利权人与汽车企业、非专利实施主体与汽车零件供应商及非专利实施主体与汽车企业之间不同类型的纠纷，从而能够全面展现所涉具体问题，为我国司法审判和车企战略规划提供直接参考。

一、典型案例

通信技术应用于智能网联车产品中的产品模式尚在发展阶段，以至于智能网联车领域标准必要专利的商业案例、司法案例数量均较少，智能网联车企业作为标准必要专利的实施主体缺乏先例参考。同时，智能网联车产品的设计成本、制造成本与经营成本较高。种种客观因素导致作为标准必要专利实施主体的汽车企业在标准必要专利相关的商业谈判中保持较为谨慎态度。而老道的标准必要专利权人则灵活运用商业及司法策略，以追求其利益最大化。在这场商业博弈中，汽车企业处于显明的被动地位。例如，在诺基亚诉戴姆勒案中，汽车企业并非不愿意获得标准必要专利授权，但如何计算合理的标准必要专利许可费构成实质阻碍。又如，在大陆集团诉Avanci案中，Avanci及其成员所达成的专利许可管理协议（MLMA）约定Avanci只能向汽车制造商或原始设备制造商（OEM）提供专利许可。这是通过MLMA限定许可对象，而变相地"赋予"其自身对许可对象的选择权。尽管该约定受到法院认可，但因其不符合标准必要专利的公共利益属性，显然不合理。可见，在这场刚刚拉开序幕的商业战争中，标准必要专利权人已占据并在充分利用其有利地位。

（一）案例一：诺基亚诉戴姆勒案

1. 案件相关事实

原告诺基亚是持有大量欧洲电信标准协会制定无线通信标准项下的标准必要专利的电信服务提供商。被告戴姆勒是德国汽车制造商，在德国生产和销售具有通信功能的汽车。戴姆勒生产此类汽车所具备的功能实施了欧洲电信标准协会制定的标准。

2016年6月21日，诺基亚向戴姆勒发出标准必要专利组合清单，主张戴姆勒构成专利权侵权。戴姆勒回应称，若其汽车产品侵犯诺基亚专利权，则愿意获得专利使用许可。2016年11月9日，诺基亚向戴姆勒发出首个授权要约。2016年12月7日，诺基亚向戴姆勒补充发送有关其专利组合的详细信息。2016年12月14日，戴姆勒回应称，"车载信息处理控制单元（TCU）"内置于戴姆勒的汽车产品中，故诺基亚授权其供应商生产TCU更为合理。2017年1月至2019年2月，戴姆勒没有与诺基亚进行进一步谈判，也未参与诺基亚与戴姆勒TCU供应商的谈判。2019年2月27日，诺基亚向戴姆勒提出第二次专利许可要约，随附专利许可费的计算表。2019年3月19日，戴姆勒拒绝该报价，理由是专利许可费应当根据供应商向戴姆勒提供的零部件价值进行计算，而非汽车产品的整体价值。随后，诺基亚向德国慕尼黑、杜塞尔多夫和曼海姆的地方法院提起多起针对戴姆勒的侵权诉讼，主张戴姆勒侵犯其多项标准必要专利并申请禁令。

在曼海姆的诉讼中，戴姆勒的组件供应商大陆集团在诉讼开始不久后以介入方（intervener）身份加入诉讼。2019 年 5 月 9 日，戴姆勒主张按照其向供应商支付的 TCU 平均售价进行专利许可费计算，但诺基亚并未接受。2020 年 6 月 10 日，戴姆勒向诺基亚提出第二次反要约，诺基亚同样未接受。2020 年 6 月 18 日，德国联邦卡特尔局介入本案，并建议曼海姆地方法院将有关 FRAND 承诺性质的若干问题转介欧盟法院。曼海姆地方法院没有采纳这一建议。

2020 年 8 月 18 日，曼海姆地方法院作出一审判决，支持诺基亚的诉讼请求，并对戴姆勒发布禁令，裁决戴姆勒应当向诺基亚支付专利侵权损害赔偿。同时，法院要求戴姆勒提供账目以作为计算诺基亚因侵权遭受损失的依据。2021 年 6 月，戴姆勒宣布同意向诺基亚支付许可费并加入 Avanci。此后，戴姆勒公司及其供应商大陆集团在德国其他地区和美国的诉讼也相继被驳回。

2. 具体法律问题

（1）侵权通知

曼海姆地方法院认为，诺基亚因具有市场支配地位而负有特殊责任，需要对促进标准必要专利许可作出足够的努力，包括通知专利实施主体专利侵权相关事宜，以及专利实施主体在提起侵权诉讼前获得专利许可的可能性和必要性。对于通知内容，专利权人需要说明被侵权的具体专利，以及具体侵权行为和产品。但具体通知不需要对技术与法律问题进行详细分析，而使得专利实施主体能够据此评估侵权主张，并寻求法律意见即可。通常情况下，专利权人提供权利要求对照表就已足够。法院还释明专利权人无须向每个最终设备制造商的各个供应商单独发出侵权通知。

在该案中，曼海姆地方法院认为诺基亚于 2016 年 6 月 21 日、2016 年 11 月 9 日和 2016 年 12 月 7 日的电子邮件符合上述侵权通知的要求。尽管最初诺基亚并未释明涉案专利的具体标准文件，但法院认为由于侵权通知不作为最终侵权损害赔偿评估的根据，所以并无不当。此外，法院没有要求诺基亚在侵权通知中识别相关标准所涉及的特定组件。

（2）取得专利许可的意愿

曼海姆地方法院参考 Sisvel 诉海尔案与 UP 诉华为案，认为戴姆勒必须

"明确"且"准确"地声明其愿意与专利权人签订 FRAND 许可协议,并具有针对性地而进行谈判。法院认为"针对性"是至关重要的,因为专利实施者通常在专利许可谈判前就已经使用标准必要专利,从而可能推迟谈判进度以至专利保护期限届满。在答复侵权通知时,仅仅表明愿意签署专利许可协议或在何种条件下获得许可并不足够。此外,附条件地取得许可意愿声明,或拒绝讨论对反要约的任何改动也当然被认为不具备取得许可的意愿。

该案中,曼海姆地方法院认为,戴姆勒最初没有充分表示愿意签署 FRAND 许可协议,且戴姆勒的第二次反要约赋予了自身质疑专利许可费率的权利,这将导致具体争议推迟至诉讼阶段,以及戴姆勒坚持其供应商应当与诺基亚谈判专利许可,并坚持应以车载信息控制单元组件的平均售价作为计算基数,甚至在诺基亚提出可以考虑将戴姆勒供应商作为一级许可伙伴后,长期缺席专利许可谈判等,都表明戴姆勒缺乏充分取得专利许可的意愿。

此外,法院还指出,在诺基亚主张戴姆勒构成专利侵权后,戴姆勒试图将是否及如何接受许可的问题转移至其供应商,以及试图将供应商产品与戴姆勒采购价格挂钩,从而导致诺基亚难以合理的比例取得戴姆勒终端产品的经济利益。法院认为被许可人的反报价行为是否符合 FRAND 原则,同样是判断被许可人取得许可意愿的考察对象,据此认定戴姆勒缺乏充分取得专利许可的意愿。

(3) 专利权人报价

曼海姆地方法院认为,标准必要专利权人有义务证明其许可专利的条件符合 FRAND 原则。如果专利权人以非标准条款与第三方被许可人签订专利许可协议,那么其通常有义务披露或至少介绍协议中关键条款的内容,从而使得专利被许可人能够评估专利权人是否提供了不同的商业条件。对这一问题自然应当根据涉案因素进行个案分析。

在该案中,诺基亚向戴姆勒分享了其与另一家汽车制造商所签署的专利许可协议,以及诺基亚对车辆通信技术价值的研究结果。法院认为这为戴姆勒提供了足够的信息,从而否认诺基亚仍负有向戴姆勒披露其与智能手机制造商的许可协议的义务。以及，法院也不认为诺基亚的信息披露义务应当延及之前签署的各项许可协议的全部内容。由此，法院认为戴姆勒不能通过声称诺基亚拒绝提供有关其许可报价的充分信息，以证明其不愿意获得专利许可是合理的。

（4）专利许可费计算模式

曼海姆地方法院认为，不应当以控件单元作为参考基数计算许可费，即反对采取最小可销售单元（SSPPU）作为计算基数，而是倾向于以终端汽车产品的整车价值作为专利许可费的计算基础。法院认为，正是由于戴姆勒终端产品中所应用的涉案专利，为戴姆勒提供了获得经济利益的机会，因此专利权人原则上应当于价值链最后阶段的可销售产品中获得一定比例的经济利益。若采用 SSPPU 基准，将导致专利权人因权利用尽而无法参与价值链最终阶段所创造的价值。且 TCU 组件的平均购买价格也不能充分反映涉案专利对终端产品价值的贡献，TCU 的销售价格仅仅与戴姆勒的生产成本相对应。更为重要的是，出于汽车行业的特殊性，汽车产品中的 TCU 必须安装在汽车产品中才能够产生互联互通价值，也因此并不能够作为最小可销售单元。另外，在不同价值链阶段使用相同专利也将导致专利许可费的计算愈发复杂。涉案专利为戴姆勒的汽车产品提供的功能使得戴姆勒能够为消费者提供额外的服务，从而获得相应收入以降低成本并优化产品研发。法院还进一步指出戴姆勒的主要竞争对手均接受了 Avanci 平台的许可模式，并认为这进一步表明本案中以最终产品的价值计算专利许可费是合理的。

不过，曼海姆地方法院还是澄清道，这一原则并不意味着专利许可协议一定与终端设备的制造商签订，因为在供应链的其他阶段也具有考虑专利对可销售最终产品价值体现的可能。

（5）专利许可费具体计算方法

诺基亚所在的专利池 Avanci 联营许可的计费模式是 UP 诉华为案的自上而下法，主要考虑产品平均销售价格、通常的累积许可费率和一定的售价百分比，最终确定每辆汽车 15 美元的专利许可费。以可比协议法交叉检验来看，由于 Avanci 与戴姆勒存在主要竞争关系的企业签订了专利许可协议，戴姆勒也并未能够证明涉案标准必要专利在汽车领域存在相反的许可方法，亦无证据证明 Avanci 在先许可是在诉讼压力下达成，以此作为理由说明 Avanci 的在先许可费率合理。

（6）专利歧视性许可

曼海姆地方法院认为，诺基亚作为专利持有人，原则上可以自由选择产品供应链的阶段并主张权利，即法院倾向于支持权利人中心主义的"access-to-all"。专利持有人所负有的不歧视义务，旨在防止上游或下游的市场竞争扭曲。但只要具备足够的理由，则不排除对被许可人的不同待遇。竞争法并不限制这一情形，具有市场支配地位的专利持有人也当然能够如此。另外，具有市场支配地位的专利持有人并不负有向潜在被许可人提供专利许可标准费率的义务。在该案中，法院认为没有迹象表明诺基亚以最终产品作为专利许可费计算基础将影响竞争，也不认为这样的计费方式将可能限制终端设备制造商的生产、销售或技术开发而损害消费者利益，从而认定诺基亚对戴姆勒的专利权主张并不构成歧视性。

（7）禁令发布条件

曼海姆地方法院认为，禁令将导致专利实施主体完全停止生产或销售侵权产品，或对产品进行审慎调整以不构成侵权。这一过程将导致专利实施主体付出大量时间与经济成本。因此在个案中需要禁令对专利实施主体的不利后果超出专利权人遭受损害的程度，使得无条件禁令不合理时才有理由限制专利效力。

根据德国民事诉讼法第 712 条，只有当专利实施主体证明禁令所造成的不利后果是申请人提供担保也无法挽回的情况下，禁令才能够被禁止。由于该案中戴姆勒未能证明禁令会对其造成上述情形，且诺基亚已提供充分担保，法院最终裁定发布禁令以禁止戴姆勒销售侵权产品。

（二）案例二：大陆集团诉 Avanci 案[1]

1. 案件相关事实

原告大陆集团是领先的汽车零部件供应商，提供包括采用 2G、3G 和 4G 蜂窝标准的连接产品。其中一种产品是 TCU，即嵌入汽车并提供无线连接的

---

[1] Continental v Avanci, Case No. 5:19-cv-02520-NC.

设备。但 TCU 的生产需要符合产品标准，大陆集团将不可避免地实施由诺基亚、夏普等企业所持有的标准必要专利。为便于授权，许多标准必要专利权利人与 Avanci 专利池签订专利授权代理协议。从而由 Avanci 担任 TCU 产品等标准必要专利的许可代理，并对每台产品或设备收取固定专利许可费。

2019 年 5 月 10 日，大陆集团在美国起诉诺基亚、Avanci、康文森、PanOptis 违约及构成垄断。2019 年 12 月 11 日，该案由美国加州北区法院移送美国得克萨斯州北区法院审理。2020 年 9 月 10 日，美国得克萨斯州北区法院一审在程序上驳回了大陆集团的诉讼请求，理由是大陆集团不具有诉讼主体资格，不能证明其因被告的垄断行为而遭受损害。大陆集团随即提起上诉。2022 年 2 月 28 日，美国联邦第五巡回法院在二审阶段撤销了该案的一审裁定并发回重审，后大陆集团请求全院重审。2022 年 6 月 13 日，美国联邦第五巡回法院部分法官重审本案，撤回原始裁决，维持一审判决。2022 年 7 月 5 日，大陆集团第二次申请全院重审。

根据 Avanci 的 MLMA，Avanci 只能向汽车制造商或原始设备制造商（OEM）提供专利许可。其约定 Avanci 只能对终端产品进行专利许可，而非向零部件供应商提供组件级的专利许可。不过，MLMA 允许 Avanci 的联盟成员以 FRAND 的专利许可费将标准必要专利许可给大陆集团等 OEM 以外的供应商。

大陆集团以 FRAND 专利许可费向 Avanci 和 Avanci 联盟成员请求标准必要专利授权均未成功，其认为这违反了标准必要专利权人的 FRAND 承诺。而 Avanci 则认为，大陆集团可以基于 FRAND 原则从 Avanci 联盟成员处获得专利许可，甚至大陆集团并不需要这一许可，因为 Avanci 为其产品的汽车厂商提供了专利许可。

因此，大陆集团在美国加利福尼亚州北区地方法院对 Avanci 及其联盟成员提起诉讼。大陆集团认为，Avanci 及其联盟成员拒绝基于 FRAND 原则直接许可其标准必要专利不仅构成违约，且违反美国 1890 年《谢尔曼法》中第 1 条与第 2 条所规定的反竞争行为。大陆集团基于 Avanci 及其联盟成员的 FRAND 义务而主张宣告性救济，以及对非法行为的禁令性救济，但不主张损害赔偿。

在大陆集团提供其修改后的起诉状后不久,Avanci 及其联盟成员根据美国联邦法典 28 U.S.C. 第 1404（a）条,将该案管辖法院变更为美国得克萨斯州北部地区法院。在该动议悬而未决之际,Avanci 及其联盟成员采取行动驳回了大陆集团修改后的主张。法官露西·H. 科希（Lucy H. Koh）随后移交了该案。根据美国联邦第五巡回上诉法院的规定,地区法院[首席法官巴巴拉·M.G. 莱恩（Barbara M. G. Lynn）]要求 Avanci 及其联盟成员提交一份修改后的动议,从而诉讼主体资格问题及大陆集团是否遭受损害可以进行审查。

Avanci 及其联盟成员在其修改后的动议中,根据美国《联邦民事诉讼规则》第 12（b）（1）条与第 12（b）（6）条,认为该案不在管辖范围内,且大陆集团未能说明可以给予的赔偿,从而请求驳回大陆集团的诉讼请求。地区法院出于宪法地位的目的接受了大陆集团对其遭受损害的理论说明,但认为大陆集团缺乏反垄断的主体地位,因此并未对大陆集团的诉讼请求进行管辖。大陆集团随即提起上诉。

2. 具体法律问题

美国联邦第五巡回法院认为该案的核心是,FRAND 原则与 MLMA 的相互作用,以及这种相互作用是否会对大陆集团造成损害。

对大陆集团造成损害的理由之一：大陆集团认为,若 Avanci 及其联盟成员以非 FRAND 许可费使得戴姆勒等汽车产品的厂商获得整车级的专利许可,则大陆集团将可能因"风险嫁接"即其与汽车厂商的赔偿协议等受到损害。

地方法院认为,这只是造成大陆集团可能遭受损失的情形之一。美国联邦第五巡回法院认同地方法院的观点。理由在于,其一,该情形是基于"双重推测",即除非汽车厂商首先接受非 FRAND 专利许可,且对大陆集团主张损害赔偿,否则大陆集团并不会因此而遭受损害。美国联邦第五巡回法院在审查大陆集团所提交的涉案材料时,认为既有材料只能表明汽车厂商可能寻求大陆集团以抵消与专利许可相关的成本。其二,没有证据证明汽车厂商已经向 Avanci 及其联盟成员接受非 FRAND 专利许可并支付专利许可费,也没有证据证明大陆集团已经或会因向 Avanci 及其联盟成员支付非

FRAND 专利许可费而同意赔偿汽车厂商损失。

因此，大陆集团的关于其可能遭受损害的理由之一被法院驳回。

对大陆集团造成损害的理由之二：大陆集团认为，虽然 Avanci 及其联盟成员可以提供组件级的标准必要专利许可，但 Avanci 却仅对汽车厂商提供专利许可，而将零部件企业排除在外，这损害了大陆集团利益。该理由是该案的核心问题。

大陆集团的该理由获得地方法院的支持，但被美国联邦第五巡回法院驳回。地方法院认为，大陆集团曾请求 Avanci 提供 FRAND 许可，但并未被同意，这意味着大陆集团有权利获得的财产利益被剥夺，从而构成损害。但美国联邦第五巡回法院援引微软诉摩托罗拉案❶与博通诉高通案❷，即由于 FRAND 原则是为了保护必须符合标准才能开展经营的主体，故根据标准制定组织与标准必要专利持有人之间的 FRAND 合同，生产复合标准产品的主体可以成为第三方受益主体。而大陆集团与上述判例中所认定的第三方受益主体存在显著区别。在微软诉摩托罗拉案中，第三方受益主体微软是与摩托罗拉谈判 FRAND 合同的标准制定组织成员。而博通诉高通案中，第三方受益主体博通与标准必要专利持有人高通公司具有竞争关系，高通公司需要其标准必要专利许可才能开展经营。

由于大陆集团没有表明其是标准制定组织的成员，且更为重要的是，Avanci 是对汽车厂商进行标准必要专利许可，大陆集团并不需要 Avanci 的专利许可就能够正常运营。而且，也没有证据表明 Avanci 和标准制定组织有意要求产业链上的第三方获得多余的专利许可，因为这对于实现 FRAND 原则等目的是不必要的。大陆集团也因此并非根据 FRAND 原则在专利许可协议中有权获得专利许可的受益主体。而作为附带的受益主体，大陆集团并无权利实施标准必要专利持有人和标准制定组织之间的 FRAND 合同。

美国联邦第五巡回法院进一步指出，即便大陆集团作为第三方受益主体，根据 FRAND 条款有权获得专利许可，但大陆集团并没有证明其所遭受的损害。也即，即便大陆集团享有 FRAND 条款下的权利，但由于标准必

---

❶ Microsoft Corp. v. Motorola, Inc., 696 F. 3d 872, 884 (9th Cir. 2012).

❷ Broadcom Corp. v. Qualcomm Inc., 501 F. 3d 297, 304, 313-14 (3d Cir. 2007).

要专利持有人已经积极履行了其对标准制定组织关于大陆集团的义务，因此专利许可协议并未被违反。以及，Avanci 认为其和专利持有人正在积极地向汽车厂商许可标准必要专利，这意味着其正在根据 FRAND 条款向大陆集团提供标准必要专利许可。由于大陆集团并不需要单独获得标准必要专利许可就可以展开经营，那么大陆集团就自然不会因此遭受财产上的损害。

由此，美国联邦第五巡回法院认为大陆集团并不享有诉权，即地方法院的判决错误，并裁定地方法院的判决无效而发回重审。

（三）案例三：康文森诉特斯拉案[1]

Avanci 及其联盟成员对如特斯拉等汽车企业提起专利侵权诉讼可以被视为系列诉讼。2019 年 12 月 17 日，Sisvel 在美国特拉华州地区法院起诉特斯拉对其 12 件标准必要专利构成侵权。[2] 2020 年 5 月 15 日，Sisvel 在美国特拉华州地区法院另案起诉特斯拉对其 9 件标准必要专利构成侵权。[3] 另外，夏普于 2020 年 1 月 31 日、2 月 3 日和 3 月 19 日向东京地方法院提起针对特斯拉的专利侵权诉讼，主张特斯拉进口和销售配备通信设备的电动汽车构成对夏普 LTE 专利的侵权，请求东京地方法院对特斯拉发布产品进口禁令。相较之下，康文森在美国得克萨斯州西区法院对特斯拉所提起的专利侵权诉讼更为全面。

1. 案件相关事实

该案原告康文森，是一家在卢森堡注册的 NPE，其前身为核心无线公司。被告为特斯拉。该案的争议焦点即为特斯拉是否侵犯康文森的专利权。2011 年，康文森收购了诺基亚持有的近两千项专利和专利申请组合，获得专利和专利申请的所有权，包括但不限于诉权。由此，康文森自 2011 年以来即作为这些专利的持有人。关于涉案专利，康文森明确同意以 FRAND 条款向专利实施主体许可专利。例如，2014 年 7 月 22 日，康文森向 ETSI 发

---

[1] Conversant Wireless Licensing S. A. R. L. v. Tesla, Inc. (6:20-cv-00323-ADA); Conversant Wireless Licensing S. A. R. L. v. Tesla, Inc. (6:20-cv-00324-ADA).

[2] Sisvel International S. A., 3G Licensing S. A. v. Tesla, Inc. (1:19-cv-02288).

[3] Sisvel International S. A., 3G Licensing S. A. v. Tesla, Inc. (1:20-cv-00655-UNA).

布声明表示愿意就其所持有的应用于移动通信领域的专利以 FRAND 条款向真诚谈判的自愿被许可人授予许可。

2018 年 12 月 18 日前后，康文森向特斯拉发送 FRAND 许可要约，说明康文森拥有与移动通信网络相关的广泛专利组合，其中包括数百项专利和专利申请，这些专利和专利申请已被宣布对 2G、3G 和 4G 移动标准至关重要。同时，康文森为特斯拉提供了共享文件网址的访问权限，便于特斯拉获得康文森专利组合的代表性权利要求表。由于康文森是 Avanci 的联盟成员，因此 Avanci 也向特斯拉提供了康文森的标准必要专利组合的 FRAND 许可。至 2018 年 12 月 18 日，康文森向特斯拉提供了二十多份康文森在美国和美国之外所授权的标准必要专利权利要求图标。特斯拉由此可以知晓每项具体专利及此类专利侵权行为，但特斯拉忽视了康文森的此次 FRAND 许可要约。

2019 年 2 月 26 日，康文森再次联系特斯拉以沟通此前的 FRAND 许可要约，并表明："如您所知，标准必要专利的 FRAND 许可需要双方积极参与谈判。"特斯拉虽然在 2019 年 4 月 4 日作出回应，但并未对康文森的 FRAND 要约和相关信息作出任何实质性回应。康文森在与特斯拉沟通无果后，于 2020 年 2 月 26 日左右向德国曼海姆地区法院对特斯拉公司及其德国子公司特斯拉德国有限公司提起专利侵权诉讼。

2020 年 3 月 16 日，康文森再次联系特斯拉并告知其德国专利侵权诉讼，称"特斯拉未能提供实质性回应或任何进一步的沟通，令人怀疑其是否真正愿意获得 FRAND 许可。我们也了解到，特斯拉没有接受 Avanci 的报价，这为许可康文森的产品组合提供了机会。我们仍然持开放态度，并愿意讨论我们的双边许可报价，并希望能够及时安排会议"。2020 年 3 月 26 日，特斯拉作出回应，要求康文森提供德国专利侵权诉讼的副本，并表示"特斯拉是并且仍然是适用标准必要专利的康文森专利组合的自愿被许可人"。2020 年 4 月 6 日，康文森再次回应特斯拉："我们可以确认，标准必要专利可以通过 Avanci 或我们在 2019 年 12 月向您提供的双边 FRAND 许可要约获得许可。但据我们了解，您拒绝了我们的双边 FRAND 报价，我们现在期待您提到的还价。"此后，特斯拉尚未获得康文森专利组合或任何诉讼专利的许可。

该案中，特斯拉在美国开展业务，其制造、使用、销售、进口和/或提供销售符合特斯拉标准的车辆产品都具有蜂窝连接功能，如特斯拉 Model 3、Model S、Model X 和 Model Y 等型号。消费者使用这些功能在第一年或第一个月免费，但之后每个月会被收费 9.99 美元。

2. 具体法律问题

该案的核心法律问题即为特斯拉是否侵犯康文森所持有的专利权。

美国得克萨斯州西区法院认为，特斯拉制造、使用、销售等行为侵犯了康文森的专利权。特斯拉在安装、配置和销售特斯拉的汽车产品时，使用独立的硬件和软件，实施了涉案专利。这些硬件和/或软件的使用目的是提供产品的功能，本身并不是主要的产品。对于此类硬件和/或软件的任何其他方式的使用都是不合理的。涉案专利构成了特斯拉汽车产品的重要组成部分。而在该案中，特斯拉在诉讼前就已收到康文森的具体通知，明确知悉其行为构成专利侵权，而非实质性非侵权用途。尽管如此，特斯拉仍然持续着专利侵权行为。因此，特斯拉在未经康文森专利许可的前提下，制造、使用或销售使用了涉案专利的汽车产品，构成专利侵权。进而，特斯拉的专利侵权行为对康文森造成损害，康文森有权向特斯拉主张侵权损害赔偿。

二、指导意见

纵观标准必要专利全球许可纠纷的演进历程，除各国的反垄断行政主管部门外，其他有关行政机构长期扮演着非常低调的角色。然而，随着围绕标准必要专利的许可纠纷不断升级，美国、欧盟、日本等主要知识产权强国或地区的相关政府部门变得愈发活跃，先后密集出台了一系列针对标准必要专利许可谈判的指导性文件，并且对已经发布的政策内容不断进行更新。一定程度上，这些政策文件影响了全球范围内标准必要专利规则和相关司法判决的走向，所涉国家和地区在该领域的国际影响力和规则话语权也有所提升。

具体到智能网联车领域，汽车产业作为新一轮科技革命的先导性产业，呈现出"电动化、智能化、网联化、共享化"的新四化特征❶。由于不同行业在知识产权保护和专利许可模式等方面存在较大差异，在智能网联车蓬勃发展的背景下，汽车产品所遵循的技术标准中涉及了越来越多的专利技术，尤以无线通信技术为代表，进而衍生出很多标准必要专利许可相关的新问题。❷鉴于此，2022年9月，国内首份用于智能网联车领域进行标准必要专利许可谈判的参考性文件——《汽车行业标准必要专利许可指引（2022版）》，由中国汽车技术研究中心有限公司和中国信息通信研究院联合发布，以期更好地促进汽车产业高质量发展，形成不同产业间的良性互动和融合发展；2023年3月，欧洲汽车供应商协会发布《标准必要专利政策指南》，旨在明确汽车产业核心诉求，为欧洲制造业数字化转型营造有力发展空间。下文将结合近几年国际上标准必要专利政策局势的变化，将视野主要聚焦于智能网联车领域，就所涉指导意见予以简要梳理和分析。

（一）中国

当前，智能汽车是我国的战略性和支柱性产业，而知识产权特别是专利又可谓智能汽车竞争的关键所在。为此，IMT-2020（5G）推进组、中国汽车工程学会知识产权分会和中国汽车标准必要专利工作组，积极组织行业专家进行起草、研究与论证，在各自工作组内分别开展意见征集后，形成《汽车行业标准必要专利许可指引（2022版）》（以下简称《指引》），于2022年9月13日正式发布。

《指引》归纳总结了近年来全球智能网联车领域标准必要专利许可谈判中的难点问题，提出了利益平衡，公平、合理、无歧视，产业链任一环节均有资格获得许可及协商处理行业差异等四项核心原则，阐明了标准必要专利许可费计算基数、许可费考虑因素、累积许可费率限制原则、合理选择许可费计算方法等合理许可费的计算原则。

具体而言，《指引》分为定义、汽车标准必要专利许可核心原则、合理

---

❶ 马一德.以知识产权战略引领智能汽车产业创新发展[EB/OL].[2023-09-30]. https://mp.weixin.qq.com/s/KAGfDvMdc2zirtwIe4CGzA.

❷ 中国信通院.《汽车行业标准必要专利许可指引》(2022版)今日发布[EB/OL]. https://mp.weixin.qq.com/s/gGFxKZfXxl6MP9XO_sWmZg.

许可费的计算原则及解释权与声明四个部分。在许可核心原则部分，首先，鼓励专利权人和实施者在许可谈判时都要遵循利益平衡原则，并且兼顾社会公众的利益；其次，阐明何所谓公平、合理、无歧视（fair, reasonable and non-discriminatory，即FRAND）原则；再次，确认产业链任一环节均有资格获得许可原则，但同时就专利权人不应向同一产业链中的不同层级制造商重复收费作出规定；最后，要求许可谈判双方充分尊重和考虑对方的行业特点和商业惯例，积极善意地开展协商以寻求许可，也即协商处理行业差异原则。其中，"产业链任一环节均有资格获得许可原则"直接关系到标准必要专利的许可层级问题，重要性不言而喻。长期以来，标准必要专利权人与实施者在许可层级的择定上分歧明显。不同于"license-to-all"，"access-to-all"意味着专利权人并不负担向任一实施者颁发许可的义务，并且享有选择实施者的权利。在传统手机领域的标准必要专利许可实践中，已经形成了专利权人向手机制造商收费的模式。但从汽车行业的实践来看，由于一辆汽车往往涉及数以万计的零部件，普遍的商业习惯是沿产业链采取垂直许可模式，即车企通常与上级供应商签订合同解决与所供零部件相关的知识产权许可问题，汽车制造商也大多通过其供应商解决各类汽车零部件的知识产权问题；换言之，一般由实施标准必要专利的零部件制造商获得专利权人的许可，如此车企亦能避免或减少知识产权许可纠纷，故"license-to-all"的特性似乎更符合车企的利益。这表明，许可层级和许可模式的选择均与行业特点和商业惯例密切相关，惯用于手机领域的标准必要专利许可模式并不一定与汽车行业最为适配。因此《指引》提出"协商处理行业差异原则"，以帮助区分适合不同行业的各种许可模式。[1]

在合理许可费的计算原则部分，首先，许可费计算基数应以标准必要专利技术对汽车产品中起到实际贡献的产品单元作为许可费计算基数；其次，合理许可费的考虑因素包括但不限于标准必要专利技术对于汽车产品的实际价值度贡献、行业累积许可费率、专利权人持有的标准必要专利数

---

[1] WANG J. China：SEPs and FRAND – litigation, policy and latest developments[EB/OL].[2023-09-30]. https://globalcompetitionreview.com/hub/sepfrand-hub/2022/article/china-seps-and-frand-litigation-policy-and-latest-developments；last visited：May 17, 2023.

量、专利地域分布等因素;再次,应遵循累积许可费率限制原则,对汽车产品的标准必要专利许可费之和设定较为合理的上限(该上限值可以为被许可产品所在行业合理利润的一定比例),以保证许可双方的利益平衡;最后,关于合理选择许可费计算方法,"自上而下"法❶、可比许可协议法❷等均可在计算标准必要专利许可费时采用,但无论择定何种计算方法,专利权人的实际标准必要专利占比、标准必要专利的地域分布、标准必要专利权人对于标准的实际贡献及提案情况等都应当纳入考量。❸

《指引》作为行业参考,首次对我国汽车标准必要专利许可的核心原则和许可费计算原则进行了阐释。该文件的出台,不仅会对我国智能网联汽车产业的健康有序发展起到极大的推动作用,而且预示着相关标准必要专利许可实践将得到进一步规范。值得一提的是,许可层级一直是目前全球智能网联车领域标准必要专利许可的最大争议所在,《指引》就此提出了"产业链任一环节均有资格获得许可"的重要原则,意味着包括零部件在内的企业均有获得许可的权利,无疑会对我国智能网联车领域标准必要专利

---

❶ "自上而下"法近年来被多国法院采用,如英国法院裁判的无线星球诉华为案、美国法院裁判的 TCL 诉爱立信案、我国法院裁判的华为诉康文森案,均将其作为分析标准必要专利市场价值的模型。该方法的计算逻辑是先行预估符合 FRAND 的整体许可成本和为特定标准所覆盖的必要专利总数,然后再根据相关专利所占份额确定许可费率。其要点在于如何通过必要性分析来确定真正的标准必要专利数量与如何就不同国家或区域的市场差异来确定不同标准的累积费率。然而,囿于法院在量化技术贡献方面的困难,仅以数量比计算得出最终单个专利价值份额的方式可能偏离专利制度激励高质量创新和标准化活动推广先进技术的目标。刘影. 标准必要专利许可费率的计算:理念、原则与方法[J]. 清华法学, 2022(4):158-159.

❷ 可比许可协议法将专利许可费率的确定置于市场真实交易之中,以存在具有可比性的"许可协议"样本为适用前提。选择可比协议时,需要兼顾交易之间的关联性和交易情形的差异性;在具体判断许可费率时,需要对可比协议进行条件"拆解",综合考虑许可交易的环境、许可主体、许可标的、许可范围、支付方式、许可费包含的交易内容和条件、有无禁令威胁及许可谈判双方真实意思表示等因素,形成与假想许可的比较。对交易条件相当的不同实施者提供基本相同的许可条件,表明标准必要专利持有人良好地履行了 FRAND 原则。但实践中,不同许可协议所涉许可主体、许可标的、支付方式等通常存在较大差异,因此真正具有可比性的许可协议较难找到。易继明,严晓悦. WAPI 专利技术强制实施问题[J]. 知识产权,2022(9):11.

❸ 参见《汽车行业标准必要专利许可指引》。

许可谈判的走向产生直接影响。此外，有关许可费率的计算基数，《指引》特别强调，无论是汽车产品中的零部件还是整车作为许可费计算基数，都应考虑标准必要专利技术对于该汽车产品的实际价值度贡献；以及对于同一汽车产品计算得到的标准必要专利许可费应该大致相同，不应由于许可层级的不同而导致许可费产生显著差异。在当前的汽车业内，究竟以整车还是最小可销售单元为计费基础尚无定论；从欧美不同法院关于汽车标准必要专利诉讼案例的判决中也可以看出，对于该问题存在不同的倾向和态度。《指引》既认可了最小可销售单元计算许可费的方式，也明确了不同许可层级计算所得费用应大致相同，反映出我国汽车业界对该热点问题明确、清晰的立场。

但不可否认，《指引》还只是一个相对宽泛的规定。较之于美国、日本、欧盟等主要汽车强国或地区，中国不仅整车厂商数量多，还有数量更为庞大的汽车零部件供应商。标准必要专利许可谈判涉及大量的疑难技术问题和法律问题，当前中国智能网联车领域标准必要专利许可市场的复杂性，单靠该《指引》显然还不足以应对。故而，中国汽车产业界需要遵循《指引》的导向，进一步探索出既符合 FRAND 规则又适宜中国国情的中国标准必要专利许可途径。[1]

（二）欧盟

欧盟最新有关智能网联车领域标准必要专利的政策声明——《标准必要专利政策指南》（Standard Essential Patents Policy guidelines，以下简称《指南》）由欧洲汽车供应商协会（European Association of Automotive Suppliers，以下简称 CLEPA）于 2023 年 3 月 7 日发布。其副标题为"适用于适应移动生态系统数字化转型的欧盟专利法规"（For an EU patent regulation that adapts to the digital transformation in the mobility ecosystem）。

对比 CLEPA 在 2021 年 4 月 7 日针对汽车行业的标准必要专利问题发布的《标准必要专利与公平、合理和非歧视性许可》，《指南》的内容、立场

---

[1] 张广平.中国智能网联车领域标准必要专利许可现状及面临的挑战[EB/OL].[2023-09-30].https://mp.weixin.qq.com/s/h_5IYNyYT5PuSmn74ZfamQ.

和重点出现了一些变化。回顾2021年的声明，CLEPA认为汽车行业是传统电信行业之外专利滥用的新兴行业，为避免该领域的专利滥用，提出五方面建议：①标准必要专利许可的可用性和评估。任何公司如果要求获得用于其产品或被其产品侵犯的标准必要专利的FRAND许可，都有权在许可条款与专利技术的经济价值及公司产品中包含的所有其他技术有明确关系的前提下获得FRAND许可。该价值需要主要关注技术本身，原则上不应包括将技术纳入标准的决定所产生的任何因素。在确定FRAND价值时，需要考虑专利技术的现值，而无论与专利技术无关的产品在市场上的成功与否。FRAND估价应当避免许可费叠加。各方需要考虑标准的合理综合费率，评估技术的整体附加值，如与公司产品中包含的所有其他技术相结合的技术。②标准必要专利禁令。在授予标准必要专利禁令时，应适用相称性原则。如果各方对标准必要专利的许可存在分歧，则这些争议应交由某国法院解决，或者如果双方同意，尤其当存在善意纠纷且被许可人愿意支付既定FRAND费率时，通过仲裁解决。③标准必要专利的捆绑许可。只有在专利池严格遵守FRAND许可实践、透明条件及其所适用的竞争法规则的情况下，才应鼓励通过专利池等方式将评估的标准必要专利组合捆绑起来进行许可的举措。将部分市场参与者排除在标准必要专利许可报价以外，或寻求违反FRAND原则的过度许可费组合均不可接受，盖因这些行为构成对FRAND和竞争法的违反。④透明度。有必要通过改进标准必要专利数据库、重要性评估、标准必要专利谈判中保密协议（non-disclosure agreement，简称NDA）的合理框架条件和/或鼓励公开提供标准必要专利许可，来使得有关标准必要专利的信息和框架更容易访问。许可条件应当尽早透明化，以确保所有市场参与者能够展开规划。⑤竞争中的公平。必须解决有关问题，从而确保标准化技术的所有实施者能够享有一个公平的竞争环境。❶

相较而言，2023版《指南》的主要观点在于：CLEPA认为，专利技术纳入标准后就天然拥有垄断性权利，FRAND原则的诞生便是为了防止权利遭到滥用。虽然FRAND原则的具体含义仍未明确，但是指导性方针已获得

---

❶ 黄莺.欧洲汽车供应商协会发布〈标准必要专利政策指南〉:防止垄断,确保公平竞争[EB/OL].[2023-09-30].https://mp.weixin.qq.com/s/r-sY5_bH3-SmUhuG9NH_Jw.

产业共识，即标准必要专利许可费应基于专利技术本身的价值，而非因纳入标准产生的溢价。智能网联汽车领域许可市场高达数十亿欧元，但是欧洲政府部门并未能提供足够监管，从而为产业创新发展埋下不确定性。因此，CLEPA 指出，首先，要保障充分平衡，限制专利权人的不公平行为。欧洲范围内缺乏标准必要专利许可和实施政策规则，这与欧洲创新的国际化地位不符。欧洲标准必要专利许可框架应充分平衡专利权人和实施者利益，限制专利权人的不公平行为。其次，许可费要反映技术价值，每个层级的实施者都能获得许可。价值链每个层级的实施者都有权利获得 FRAND 许可，标准必要专利的价值评估应基于其对于技术的增量贡献，这种评估是中立、透明的，且能接受司法层面的审查。许可费应反映技术本身的价值，不是基于终端产品或标准化过程中的价值。再次，要提供标准必要专利许可指导。政策制定者和标准化组织应在 FRAND 条款的范围和内容、向每个有意愿的实施者提供许可、标准必要专利组合的适当评估方法等方面提供清晰指导。又次，要提升法律的可预期性。实施者应在法律层面获得明确指导，无论是自身接受许可还是从已取得许可的供应商处采购产品，以减少相应纠纷的发生。最后，要提供坚实的法律框架。政策制定者应提供法律指导或者法律框架，以防止专利权人为达成许可协议而不公平地使用禁令、将标准必要专利和非标准必要专利捆绑许可。实施者不应在禁令威胁下达成许可协议。

概言之，《指南》明确了有关汽车产业的核心诉求，旨在为欧洲制造业数字化转型营造有力的发展空间。根据 CLEPA 的介绍，其代表着全球 120 多家著名的汽车零部件、系统和模块供应商，成员由 23 个国家的贸易协会和欧洲行业协会组成，囊括了 3000 多家公司，几乎涵盖汽车供应链中的所有产品和服务。由此或可推知，CLEPA 发布的报告能在很大程度上反映出欧洲汽车供应链厂商对标准必要专利许可问题的态度：①希望明确 FRAND 原则的内涵。希望欧洲政府部门能对 FRAND 的内涵进行明确，强化专利权人的义务和实施者的权利，为汽车产业链厂商提供许可谈判指导。②希望允许进行组件级别许可。希望标准必要专利许可能延续非标准必要专利由零部件厂商承担许可费的惯例，从而减少汽车厂商面临的知识产权风险。

③希望提高标准必要专利透明度。希望政府部门和标准组织对标准必要专利评估提供指导，且该种评估必须是中立、透明的。④希望加强专利池反垄断执法。希望欧洲监管机构能把重点放在智能网联汽车领域的专利池反垄断方面，否则欧洲汽车产业将丧失竞争优势，尤其是对德国倾向于专利权人的司法规则导向表示强烈不满。❶

事实上，欧盟一直高度重视标准必要专利相关问题，强调要在全球化过程中制定完整的标准必要专利许可规则体系，并鼓励凭借谈判的方式来解决许可纠纷。欧盟委员会认为标准必要专利许可的低效率实施，包括"专利劫持"（hold-up）、"专利反向劫持"（hold-out）、"挑选法院"（forum shopping）等一系列问题，是影响标准必要专利权利人和实施者的关键，故在2022年2月发布《关于知识产权——标准必要专利新框架》的意见征询通知，针对如何提高SEP透明度、如何明确FRAND条款及如何提高执法效率和有效性向公众展开咨询。前述《指南》中的很多内容与此关联密切，表明智能网联车领域当前面临的疑难问题既有普遍性也有特殊性，想更好地解决所涉标准必要专利许可纠纷，离不开整体规则体系的建立健全。此外，由于欧盟产业主体兼具专利权人和实施者双重身份，欧盟委员会出台的政策会倾向于平衡专利权人和实施者之间的利益，其导向将对全球标准必要专利许可规则产生较为深远的示范作用。❷

（三）美国

2021年12月6日，美国司法部（DOJ）、美国专利商标局（USPTO）和美国国家标准与技术研究院（NIST）共同发布了《关于受自愿F/RAND承诺约束的标准必要专利许可谈判和补救措施的政策声明草案》（Draft Policy Statement on Licensing Negotiations and Remedies for Standards-Essential Patents Subject to F/RAND Commitments，以下简称"2021年政策声明草案"），向公众征求意见。其主要内容由善意许可谈判框架与受FRAND承诺约束的标准必

---

❶ 秦乐.欧洲汽车供应商协会明确智能网联汽车领域标准必要专利核心诉求[EB/OL].[2023-09-30]. https://mp.weixin.qq.com/s/tTDI7A_5myOLMbLAWRtVVQ.

❷ 秦乐,李红阳.美欧数字经济知识产权治理趋势研究[J].信息通信技术与政策，2022(6):39.

要专利侵权救济措施两部分组成：其一，为促进标准必要专利持有人与潜在被许可人间的善意许可谈判，"2021年政策声明草案"提供了一个框架，帮助引导各方正确理解"善意谈判"；其二，面向同意基于FRAND条款许可其标准必要技术的专利持有人，"2021年政策声明草案"探讨了当自愿FRAND承诺下标准必要专利遭受侵犯时，其可获得救济措施的范围。❶

该草案旨在规范标准必要专利的许可谈判行为，维护中小企业利益，为产业发展构建公平、公正的知识产权环境。整体上看，"2021年政策声明草案"对标准必要专利禁令救济采取了更温和、审慎的立场，由此也触发了老牌专利权人NPE阵营和偏标准必要专利实施者的实体企业阵营两种旗帜鲜明的表态。以老牌专利权人为主的反对者，包括高通、爱立信、诺基亚、InterDigital、Sisvel等企业和20余个知识产权组织以危害美国国家安全作为其主要反对理由。而支持者多来自实体企业（佳能、索尼等日企，苹果、亚马逊、惠普、思科、IBM、Verizon等美企），中小型企业联盟及行业协会等；其中，汽车行业观点高度一致，车企及其供应商全部支持新政（如美国、欧洲、德国、日本的汽车协会及本田、特斯拉、福特、大陆等车厂及供应商）。❷

诚然，"2021年政策声明草案"尚未能落地，但其仍反映出美国对标准必要专利许可问题的立场转变，即认为不宜过于强化对知识产权的保护，而应当予以适度平衡，这样才能减少阻碍后续创新、妨碍竞争、通过不必要的诉讼和许可来提升专利产品价格的行为。❸ 2022年6月，DOJ、USPTO和NIST三部门宣布撤回特朗普政府时期发布的2019年《关于自愿F/RAND承诺的标准必要专利补救措施的政策声明》，标准必要专利领域的禁令颁发标准仍延用eBay四要素原则，对于善意实施者应当慎发禁令。

---

❶ 易继明.美国标准必要专利政策评述［EB/OL］.［2023-09-30］. https://mp.weixin. qq.com/s/4rnnUyJVFvofyd60tmyvhA.

❷ 刘影.洞察全球SEP政策态势,我们准备好了吗？［EB/OL］.［2023-09-30］. https://mp.weixin.qq.com/s/yUyQ1zGz7PEPC7j6E1J9WA.

❸ 吕炳斌.知识产权国际博弈与中国话语的价值取向［J］.法学研究,2022(1)：160-161.

第二节 智能网联车领域标准必要专利司法政策框架

标准必要专利问题往往涉及不同国家间的平行诉讼，智能网联车领域所涉纠纷也是如此。尽管目前我国尚不存在智能网联车领域的标准必要专利诉讼案件，但一方面，我国长期以来是全球范围内的重要汽车产品市场；另一方面，我国作为 5G 标准必要专利的主要目标市场，不难预见，国内外通信企业将持续开展一系列争夺，来占据我国相关市场的份额。从这一角度来说，智能网联车领域的标准必要专利司法争端在我国的出现乃至逐步增多或可谓必然。

再结合全球标准必要专利案件的司法动态来看，智能网联车领域核心争议的问题又分为标准必要专利禁令救济与许可费计算两方面。禁令制度是标准必要专利权遭受侵害时的有效救济方式之一，但囿于法律渊源的差异等，其在不同国家和地区法律规定中所呈现出的具体表现不尽相同，在司法实践中作为侵权救济手段的具体适用也有所差别，反造成权利人与实施者双方间的分歧加深。而合理许可费本应为专利价值的直接体现，但相较于通信领域标准必要专利权人和实施者的相对集中与清晰、FRAND 原则的长期适用，以及交叉许可的普遍存在，智能网联车领域较长的产业链条使得权利人与被许可人相对分散，传统汽车制造厂商在信息技术标准必要专利积累上的缺失又导致通过交叉许可来相互制约的方式无法实现[1]，对诸如自上而下、可比协议等现行主流计算方法的适用性构成了很大的挑战，相关权利人与实施者难以就合理许可费的计算与确定达成一致。另有必要指出的是，许可层级表面上构成智能网联车领域标准必要专利的司法主要争议点，但其问题核心仍在于许可费计算。

一、概述

考察标准必要专利的全球许可实践可知，不同地域、不同行业的专利

---

[1] 张广平. 中国智能网联车领域标准必要专利许可现状及面临的挑战[EB/OL]. [2023-09-30]. https://mp.weixin.qq.com/s/h_5IYNyYT5PuSmn74ZfamQ.

权人和实施者在交易立场、法律背景、商业习惯等方面差异明显，双方当事人往往需要经过长期的沟通与谈判，才能就有关专利许可问题达成一致。FRAND原则由此适用，但受制于自身表述的模糊性与标准制定组织所采用的回避策略，其未能帮助加快专利权人和实施者之间的协商进程，还催生出双方当事人就如何理解公平、合理、无歧视，并以此为遵循确定所涉专利之许可费的更多分歧，所谓"专利劫持"与"反劫持"的矛盾实难调和，大量争议与纠纷涌入司法实践。

在过去的十余年里，全球范围内标准必要专利纠纷的数量激增，尤其在ICT行业，这显然与移动通信的迅猛发展、技术代际的不断更迭及对应标准的快速演进关联密切。随着标准必要专利许可的多边化和国际化，相关案件愈发呈现出纠纷种类多、跨国平行诉讼多、复杂程度高、案件结果不确定性强等特点。具言之，当前的司法实践争议焦点包括但不限于许可费率确认、侵权判定、滥用市场支配地位、FRAND行为相关抗辩及专利无效审理等一系列法律问题；在常见的诉讼选择地，如中国、美国，加之英国、德国等欧洲国家外，印度、印尼、巴西等国家也开始成为标准必要专利纠纷的新战场。

如探寻平行诉讼背后的动因，不难发现，标准必要专利所涉技术的许可、交易和整体布局，很大程度上取决于企业的知识产权战略和经营模式。而不同法域对诸如确认标准必要专利费率之管辖权，乃至禁令救济等问题的立场与态度，又会直接影响到企业的诉讼策略选择。因此可以说，各国审理制度和裁判标准的明显差别，及对专利权人和实施者的不同偏好，是相关企业针对标准必要专利纠纷做出在多国、多地开展平行诉讼的策略选择的根本性原因之一；案件的区域化处理，无疑将为其自身带来更多的可能性与更切实的利益。❶

智能网联车领域的标准必要专利纠纷也未能逃过一劫。近年来，专利持有人和实施者在欧洲、美国、日本等国家或地区展开了如火如荼的诉讼大战。这些案件中，作为权利人的一方往往是手握众多通信专利的老牌厂

---

❶ 张鹏,高文杰,牟雨菲.信息通信行业标准必要专利纠纷发展态势观察[EB/OL].[2023-09-30].https://https://mp.weixin.qq.com/s/M8Vk36aHKFZhkKk2renrqg.

商，如芬兰的手机制造商诺基亚公司、日本的夏普公司等。以前者为例，身为ICT行业最大的专利许可持有人之一，每年能通过许可实施其所申报的数千件专利获取逾十亿欧元的收入。另有一些非专利实施主体（NPE）也可能会向实施者主张权利，如在卢森堡注册成立的康文森公司，就曾于2011年购买了诺基亚公司包括部分标准必要专利在内的约2000项专利及专利申请。纠纷的相对方则大多是承担实施者、被许可方角色的汽车生产制造商，譬如德国的戴姆勒公司，主要生产、销售具有智能联网功能的汽车，其显然无法绕开诸多移动通信标准必要专利。又如汽车零件供应商大陆集团，负责为戴姆勒公司生产自动驾驶控制单元，提供界面控制、GPS服务及蜂窝通信等功能，需要实施诺基亚公司的技术专利，为所涉标准必要专利纠纷的产生埋下隐患。

值得一提的是，戴姆勒公司及大陆集团曾与汽车行业最大的专利池Avanci，就如何收取标准必要专利费用进行长期对峙。Avanci是专为汽车和物联网制造商提供一站式解决方案的无线专利授权平台，最初由中兴、高通、爱立信等IT巨头联手推出。待专利权人将其持有的2G、3G和4G蜂窝标准专利组合加入Avanci后，由该平台直接向自动驾驶汽车等智能终端提供连入物联网所需的标准必要专利许可。此举旨在简化谈判过程、提高许可效率，但汽车领域的传统商业规则是由零部件供应商支付专利费用，并保护整车厂商免受任何侵权索赔，故Avanci径自授权车企的模式可谓颠覆。❶ 然而，随着Avanci在欧洲、美国、日本等地向实施者提起的多件标准必要专利诉讼获得法院青睐，一众欧美车企被迫"就范"，包括德国的奔驰、宝马、奥迪、大众，英国的路虎、捷豹、宾利，美国的福特、通用等纷纷作为被许可人加入该专利池；日本的丰田、本田、三菱等车企也通过谈判成为Avanci的一员。❷

考虑到国内汽车领域的许可惯例，即由实施标准必要专利的零部件制

---

❶ 李嘉鹜. 新技术新业态——汽车行业涉及标准必要专利的法律纠纷评述[EB/OL].[2023-09-30]. https://mp.weixin.qq.com/s/5oq-pXKXONht6ydtw1fXFA.

❷ 王荣,王萌,林韵英. 智能汽车全球标准必要专利许可费率管辖权问题探析[EB/OL].[2023-09-30]. https://mp.weixin.qq.com/s/OQHeqxeC9gFd3qDylewBPQ.

造商向专利权人寻求许可，加之我国的制造大国身份，企业在标准必要专利许可谈判中多处于被许可方地位，整车许可模式的引入可能会造成较大冲击，故我国车企大多对 Avanci 的专利收费计划持质疑和反对态度。事实上，倘若权利人只向整车许可而拒绝向供应商许可，也与其在标准制定阶段作出的 FRAND 承诺相背离。可以预见，国内网联车领域的实施者与移动通信专利权人势必将迎来"正面交锋"的时刻。为此，我国司法有必要发挥更为重要的作用，采取更加符合国情的政策立场，来应对当前的挑战和变革。下文将进一步从禁令救济与许可费计算两方面，深入探索如何构建我国智能网联车领域标准必要专利的司法政策框架。

二、禁令救济

从前述案例不难看出，标准必要专利权人在智能网联车领域具有强势的许可地位，给予车辆企业实施了较大的禁令压力。禁令制度是标准必要专利权的核心救济方式之一。普通法系与大陆法系对于禁令制度的法理基础、具体规则均有一定差异，但其立法目的与法律效果均为制止侵权，从而具有一定同质性。在我国民事法律规范中，所谓禁令包括民事行为保全下的诉前禁令与诉中禁令。由于当下经济活动的复杂性，导致标准必要专利相关的禁令救济纠纷与争议越来越多。在信息产业与汽车产业融合过程中，促进产业良性互动和发展，需要完善有关禁令的司法规定，避免专利劫持与反劫持问题的产生。

（一）禁令救济的制度沿革

近代禁令制度起源于古罗马法，后更多地发展于英美法系。不过，英美法系国家的惯例在于，需穷尽普通法上的救济措施才可以适用禁令救济。这是因为，禁令所救济的是尚未发生的侵权后果，如美国《专利法》第283条明确规定，禁令救济是对未来侵权行为的救济方式。从而，禁令救济往往作为普通法救济的兜底补充。美国自1819年修改《专利法》以赋予联邦法院可根据衡平法规则颁布禁令后，禁令救济成为美国法中常用的救济方式。在 eBay 案中，美国联邦最高法院提供了禁令救济的基本思路和具体办法。❶ 美国联邦最高法院认为，禁令救济的适用应当依据传统衡平法原则，严格适用"四要素检验原则"，依据事实评估是否满足禁令救济的适用条件。

相较于英美法系，大陆法系则普遍适用停止侵害当然论，即侵权行为发生时便可给予禁令救济。例如，德国是欧盟成员国中适用禁令救济最为普遍的国家。德国《专利法》第139条第1款规定，违反第9至13条规定使用专利发明，且有再次侵权危险的，受害方可以请求禁令救济。申言之，德国法院在专利侵权纠纷案件中以给予禁令救济为原则，仅在特殊情况下准予被控侵权人提出强制许可抗辩。❷ 2009年"橙皮书案"中，德国联邦最高法院阐明了阻却专利权人寻求禁令救济必须同时满足三个条件：①原告的专利已经成为进入相关市场必不可少的前提条件；②原告拒绝许可缺乏合理性和公正性；③被告已经按照法院的要求证明了其希望获得专利许可的诚意。"橙皮书标准"侧重保护专利权的财产权属性，体现出德国法院对专利权人的偏向。❸ 值得一提的是，德国联邦会议于2021年6月通过了修改德国《专利法》的法案，在第139条中新增"如果基于案件的特殊情况和诚信原则的要求，行使请求权会导致侵权人或第三方遭受不合理的困难，而这种困难又与专有权不合比例的，则排除这样的权利"的表述。至此，德国新专利法明确在专利禁令的裁量中引入比例原则的限制。❹ 德国专利侵权救济一贯秉持的"停止侵权当然论"似乎也出现了松动态势。❺

我国的禁令救济即行为保全制度。1988年《最高人民法院关于贯彻执行〈中华人民共和国民法通则〉若干问题的意见》第162条规定，在诉讼

---

❶ eBay Inc. v. MercExchange,L.L.C.,547 U.S. 388,391(2006).

❷ 赵启杉.竞争法与专利法的交错:德国涉及标准必要专利侵权案件禁令救济规则演变研究[J].竞争政策研究,2015(2):83,87.

❸ 车红蕾.交易成本视角下标准必要专利禁令救济滥用的司法规制[J].知识产权,2018(1):50,52.

❹ 杨明.德国专利法停止侵害请求权中比例原则的引入及对中国法的启示[EB/OL].(发表时间)[2023-09-30]. https://baijiahao.baidu.com/s?id=1741940123552317900&wfr=spider&for=pc.

❺ 易继明.NPE诉讼中的司法政策[J].知识产权,2023(4):3,15.

中遇有停止侵害、排除妨害、消除危险的情况时，人民法院可以根据当事人的申请或者依职权先行作出裁定。后在1992年《最高人民法院关于审理专利纠纷案件若干问题的解答》中，规定"在人民法院审理专利侵权案件中，经常发生侵权人利用请求宣告专利权无效故意拖延诉令，继续实施侵权行为。为了有效地依法保护专利权人的合法权益，避免侵权损害的扩大，特规定如下：……专利权人提出财产保全申请并提供担保的，人民法院认为必要时，在裁定中止诉讼的同时责令被告停止侵权行为或者采取其他制止侵权损害继续扩大的措施"。事实上，该规定的实质即针对被告的行为，可以被认为知识产权行为保全制度的雏形。在我国后修订的《专利法》中，确立了诉前临时措施制度，由此正式确立行为保全制度于我国专利领域的法律地位。于2013年，我国《民事诉讼法》首次确立行为保全制度。2018年《最高人民法院关于审查知识产权纠纷行为保全案件适用法律若干问题的规定》对行为保全制度于知识产权法领域中的适用进行了完善规定。2021年我国《民事诉讼法》修订，在103条、104条进一步细化行为保全制度。由此，可以认为我国"禁令救济"已较为稳定、完善。

（二）我国禁令制度发展可能面临的问题

由于禁令制度可以作为商业竞争中最有力的工具之一，如何适用禁令制度将直接影响智能网联车的商业模式、商业规则。而我国对标准必要专利的禁令制度仍然面临诸多问题。

其一，法院是否给予禁令救济以FRAND原则为评价标准，但FRAND原则的适用难度较高。智能网联车领域的相关主体较多、涉案因素复杂，以及商业实践中双方因利益冲突导致谈判周期较长，过于抽象的FRAND原则并不能为法院提供清晰的裁判指引。如何转化FRAND原则，使之能够便于法院对具体行为与整体案情进行合理评价是司法层面的主要难题之一。

其二，禁令救济的标准难以把握。禁令救济过于充分将导致标准必要专利权人在谈判中容易获得优势地位，从而提升"专利劫持"的存在空间，使被许可人承担过高的商业风险或成本。一旦成本过高，将导致专利无法顺利实施，从而架空标准。反之，禁令救济的前提条件过于严格，或将使得被许可人采取拖延策略，从而可能产生"反向劫持"问题。如何精准把握禁令救济的尺度，是保护权利人利益、激励技术创新与维持标准实施的关键问题。

其三，国际影响尚不可控。在我国国内汽车企业逐渐收到权利人标准必要专利许可要约的背景下，我国司法如何适用禁令救济受到他国关注。基于标准互联互通，权利人往往进行全球化布局，这与司法的地域性产生一定程度上的冲突。此时，对于国际化的标准必要专利，权利人倾向于选择有利的法域寻求司法救济。若我国禁令救济规则并不明确，或我国司法采取保守态度而限制禁令救济的适用，将降低我国对智能网联车领域标准必要专利相关规则构建的话语权。反之，一旦我国过度保护权利人，又可能导致诉求增多而不利于我国车辆企业的发展。

(三) 小结

综上，禁令救济作为一项系统性问题，如何充分尊重并考察 FRAND 原则以作为谈判框架与禁令救济的正当性，并将其作为谈判行为的评判标准，以及如何进行过错认定及过错程度厘定，或有必要结合智能网联车领域的特殊性而加以细化。对此，不应当盲目跟风域外司法管辖区的司法动向，更不应当僵化地适用我国禁令救济标准。结合我国市场环境、司法环境的实际现状，维持我国智能网联车市场机制的正常运作、促进竞争，促进信息产业、车辆产业的科技创新，方才符合我国竞争法、知识产权法的立法价值取向。进而，需警惕禁令救济异化为市场主体攫取不合理利益的工具，防止禁令救济超出权利保护的边界。

三、许可费计算

在通信领域，标准必要专利权利人往往直接向终端制造商或原始设备制造商提供专利许可。但在汽车领域，零部件供应商常作为标准必要专利被许可人。而智能网联车因融合通信技术，通信技术领域的标准必要专利权人更倾向于以车辆企业为被许可人，从而获得更高许可费。由于标准必要专利许可费计算的习惯在通信领域与汽车领域不同，导致标准必要专利的许可对象产生争议,即选择最小可销售单元还是整车价值作为许可费计算基础。目前,上述案例表现出,Avanci 作为汽车行业中规模较大的专利池,已通过在美国、德国等地提起诉讼并取得一定司法支持。从各国标准必要专利司法判决效果来看,此类案件判决一经作出,将出现更多类似案件,如受无线星球诉华为案判决的影响,奥普蒂斯蜂窝技术有限公司也在英国法院起诉苹果公司侵犯其标准必要专利权,土耳其伟视达电子工贸有限公司也在英国法院起诉美国专利运营池公司 HEVC Adcance 滥用市场支配地位等。

(一) 我国司法许可费确定基本原则发展

我国司法最早关注标准必要专利许可费问题,体现在 2008 年最高人民法院对辽宁省高级人民法院(2008)民三他字 4 号复函。最高人民法院认为,专利权人参与标准制定或经其同意,将其专利纳入国家、行业或地方标准的,专利权人可以主张专利许可费,但许可费数额应当明显低于正常许可费——即明显低于原则的确立。此时,我国及国际司法都缺少实践经验,便侧重标准必要专利的公共属性而非财产属性。

在 2009 年 6 月,最高人民法院发布《关于审理侵犯专利权纠纷案件应用法律若干问题的解释(征求意见稿)》,于第 20 条第 1 款规定:专利权人要求标准实施人支付使用费的,人民法院应当综合考虑专利的创新程度及其在标准中的作用、标准所属的技术领域、标准的性质、标准实施的范围等因素合理确定使用费的数额,但专利权人承诺放弃使用费的除外。由此,最高人民法院尝试改变明显低于原则而确立综合考虑原则。但这一立法尝试受到批评在于,虽保护了专利权的财产属性,但导致标准必要专利的公共属性未得以体现,也因此最高人民法院在正式发布的规定中删除该条。而对于明显低于标准,国家标准化委员会曾在 2009 年 11 月尝试通过《涉及专利的国家标准修订管理规定(暂行)(征求意见稿)》确立该原则。不过,这一立法尝试同样受到广泛批评。其一,将专利纳入标准后仅能获得低于非标准必要专利的许可费,使得专利许可费与专利价值不成正相关关系,缺乏理论逻辑。其二,许可费由标准必要专利权人与被许可人谈判而确定,故规定专利许可费数额上限并不必要。其三,明显低于标准可能导致标准必要专利权人无法获得弥补其研发成本的专利许可费,从而不利于激励创新与标准发展。由此，我国确定标准必要专利许可费的基本原则问题被搁置。

2013 年，广东省高级人民法院在审理华为诉 IDC 标准必要专利许可使用费纠纷一案时，首次适用 FRAND 原则。随即最高人民法院在张某与衡水子牙河建筑工程有限公司等侵害发明专利权纠纷案中亦适用 FRAND 原则。2016 年，最高人民法院出台《关于审理侵犯专利权纠纷案件应用法律若干问题的解释（二）》，于第 24 条第 3 款规定，人民法院在确定上述实施许可条件时，应当根据公平、合理、无歧视的原则，综合考虑专利的创新程度及其在标准中的作用、标准所属的技术领域、标准的性质、标准实施的范围和相关许可条件等因素。由此，我国正式以司法解释确立 FRAND 原则作为确定标准必要专利许可费的法律依据。

（二）FRAND 原则适用下许可费金额确定

FRAND 原则即公平、合理、无歧视原则。尽管 FRAND 原则具有一定抽象性，但符合 FRAND 原则的标准必要专利许可费应当有助于避免专利劫持与反劫持现象。其中，公平与无歧视可以结合分析，因为无对比则无公平，进而分析合理要求的适用。

无歧视的要求是保证下游市场中专利实施者之间可以公平竞争，保证潜在竞争者以同等条件进入市场。从经济学角度，严格意义上的无歧视旨在要求所有专利实施者支付相同的专利许可费。但显然严格限定无歧视要求并不能发挥制度效果。也因此，无歧视被普遍认为是要求专利权人对交易条件相当的不同专利实施者提供相同的许可协议。即在不同交易条件下，给予不同被许可人的不同许可协议并不意味着构成歧视。在这一问题上，如何界定"相同交易条件"是问题所在。具体需要考察的因素包括许可费计费方式与支付方式、既有补偿金额、专利实力、许可范围等。

在司法实践中，为了落实公平与无歧视要求，各国司法机关审理标准必要专利许可费纠纷案件时，多采用可比较许可协议法，即与既有的标准必要专利许可协议相比较而言，新许可协议中的专利实施者不应当被区分对待。不过，囿于先后许可协议主体的许可范围、计费方式等因素并不完全一致，导致在个案中适用可比较许可协议法对于司法机关而言并非易事。

看似更为重要的问题是，个案中的在先许可协议并不当然被认为是满足公平要求的，但由于在先协议仍然是市场经济调节下的结果，多数观点认为并不必要顾虑在先许可协议的公平与否问题，因为市场经济环境下被接受的许可协议应当被认为是公平的。

由此，个案中许可费数额是否合理成为最为关键的问题。合理不仅要求专利许可费能够体现专利价值以给予专利权人足够激励，还应当避免专利实施者负有过重的经济负担以至于阻碍标准的实施。包括上述案件在内的专利许可费纠纷产生的根本原因，即为专利权人与专利实施主体对专利许可费的合理性产生分歧。而分析标准必要专利许可费的合理性，应当从专利价值与标准价值的区分、避免许可费堆叠与总量控制三方面展开。

所谓标准价值是指专利因被纳入标准而增强其垄断性，进而为专利权人带来超出专利价值本身的利益。尽管将专利纳入标准可以提高标准质量，并间接地提高专利价值，但标准价值并非因专利权人的贡献而产生，因此将其归于专利权人所有缺乏合理性。在司法实践中，各国法院也多持这一观点。2017年12月，美国加利福尼亚州中心地区法院在TCL诉爱立信公司案中强调，专利权人所收取的许可费应当以专利价值为前提，而非标准价值；标准本身并不应当增加专利的任何价值。对此，经济学家们认为合理的许可费金额应当为标准制定前的公开竞争条件下的均衡许可费。

在此基础上，应当避免许可费堆叠。司法实践所关注的许可费堆叠往往是指同一标准下不同专利间的许可费堆叠。但事实上，同一产品使用所依据的不同标准下相同专利而导致的许可费堆叠同样需要引起关注。2017年11月，欧盟委员会发布《关于制定标准必要专利的欧盟方案》，将防止许可费堆叠作为确定标准必要专利合理价值的评估原则，即不能孤立地评估标准必要专利的价值。例如，一件产品需要使用多项技术标准，而一项标准本身包含大量专利。专利实施主体为产品符合标准，则需要获得该标准下所有权利人的许可，此时可能导致标准必要专利的多次授权。而多次授权则使得专利实施主体需要多次支付许可费，并使许可费总和超过标准中所有必要专利的总价值。尤其在通信领域，历来有累积创新的行业习惯。为了解决这一问题，一方面应当为标准必要专利许可费设立峰值。峰值不仅包括一项产品所使用的所有标准必要专利对应的许可费峰值，还包括一项标准下所有标准必要专利对应许可费的峰值。目前，司法实践中多对后者情形设定许可费峰值，如在苹果诉三星案中，日本法院为特定标准下的所有标准必要专利对应的许可费设定峰值，从而防止许可费堆叠。另一方面，在特定标准中标准必要专利许可费已知的情形下，应当分析特定标准必要专利在整体标准必要专利中的所占比重，从而合理确定许可费金额，以此保证权利人所收取的许可费不超过其专利贡献。

对于许可费堆叠问题，有观点认为应当适用"最小可销售单元理论"，即专利权人针对一项标准必要专利收取许可费的计费基础应当限定为使用该专利特定零部件，而非最终的完整产品。在上述诺基亚诉戴姆勒案件中，戴姆勒即主张最小可销售单元作为计费基础。最小可销售单元理论认为，如此能够防止不同许可形式所导致的许可费堆叠。不过，在通信领域，以最终的完整产品作为计费基础是行业惯例。例如，高通坚持以终端产品作为计费基础，并认为整体收费是因为其在知识产权领域作出的巨大贡献。事实上，尽管如 IEEE 将最小可销售单元作为标准必要专利许可费的计算基础，但其效力仅在电子电器领域，而不延及全部工业生产领域。

最后需要注意的是总量控制问题，即为了保证标准必要专利实施主体能够获得合理商业利润，其所负有的标准必要专利许可费相对于其产品售价而言不应当超出一定比例。总量控制与峰值所不同之处在于，峰值是基于许可费的总额，而总量控制则以产品利润为对象。总量控制是通过控制许可费所占产品利润比例，达到平衡专利权人、实施主体间的利益。

（三）小结

通信产业竞争延及至智能网联车领域，是技术进步与产业融合的结果，同时也是相关市场竞争格局演变的信号。市场竞争使得我国智能网联车产业、通信产业不可避免地被卷入当中。这虽然有助于我国企业脱离消极防御的管理策略，但却因我国司法的不确定性而为企业带来风险。在我国相关科技、产业蓬勃发展的趋势下，是发展或重塑我国标准必要专利的许可费金额确定方式的难得机会。对此，应当摆脱域外司法管辖区个别案件的许可费计算方法过度影响,基于我国标准必要专利保护的价值理念、许可费金额计算方式的基本原则,构建符合我国智能网联车及相关产业发展实际需要的许可费计算规则体系。

参考资料

[1] Continental v Avanci,Case No. 5:19-cv-02520-NC

[2] Microsoft Corp. v. Motorola,Inc.,696 F. 3d 872,884(9th Cir. 2012).

[3] Broadcom Corp. v. Qualcomm Inc.,501 F. 3d 297,304,313-14(3d Cir. 2007).

[4] Conversant Wireless Licensing S. A. R. L. v. Tesla,Inc.(6:20-cv-00323-ADA);Conversant Wireless Licensing S. A. R. L. v. Tesla,Inc.(6:20-cv-00324-ADA).

[5] Sisvel International S. A.,3G Licensing S. A. v. Tesla,Inc.(1:19-cv-02288).

[6] 马一德.以知识产权战略引领智能汽车产业创新发展[EB/OL].[2023-09-30].https://mp.weixin.qq.com/s/KAGfDvMdc2zirtwIe4CGzA.

[7] 中国信通院.《汽车行业标准必要专利许可指引》(2022版)今日发布[EB/OL].https://mp.weixin.qq.com/s/gGFxKZfXxl6MP9XO_sWmZg.

[8] 刘影.标准必要专利许可费率的计算:理念、原则与方法[J].清华法学,2022(4).

[9] 张广平.中国智能网联车领域标准必要专利许可现状及面临的挑战[EB/OL].[2023-09-30].https://mp.weixin.qq.com/s/h_5I YNyYT5PuSmn74ZfamQ.

[10] 黄莺.欧洲汽车供应商协会发布〈标准必要专利政策指南〉:防止垄断,确保公平竞争[EB/OL].[2023-09-30].https://mp.weixin.qq.com/s/r-sY5_bH3-SmUhuG9NH_Jw.

[11] 秦乐.欧洲汽车供应商协会明确智能网联汽车领域标准必要专利核心诉求[EB/OL].[2023-09-30].https://mp.weixin.qq.com/s/tTDI7A_5myOLMbLAWRtVVQ.

[12] 秦乐,李红阳.美欧数字经济知识产权治理趋势研究[J].信息通信技术与政策,2022(6):39.

[13] 易继明.美国标准必要专利政策评述[EB/OL].[2023-09-30].https://mp.weixin.qq.com/s/4rnnUyJVFvofyd60tmyvhA.

[14] 刘影.洞察全球 SEP 政策态势,我们准备好了吗?[EB/OL].[2023-09-30].https://mp.weixin.qq.com/s/yUyQ1zGz7PEPC7j6E1J9WA.

[15] 吕炳斌.知识产权国际博弈与中国话语的价值取向[J].法学研究,2022(1).

[16] 张鹏,高文杰,牟雨菲.信息通信行业标准必要专利纠纷发展态势观察[EB/OL].[2023-09-30].https://https://mp.weixin.qq.com/s/M8Vk36aHKFZhkKk2renrqg.

[17] 李嘉鹜.新技术新业态——汽车行业涉及标准必要专利的法律纠纷评述[EB/OL].[2023-09-30].https://mp.weixin.qq.com/s/5oq-pXKXONht6ydtw1fXFA.

[18] 王荣,王萌,林韵英.智能汽车全球标准必要专利许可费率管辖权问题探析[EB/OL].[2023-09-30].https://mp.weixin.qq.com/s/OQHeqx-eC9gFd3qDylewBPQ.

[19] eBay Inc. v. MercExchange,L. L. C.,547 U. S. 388,391(2006).

[20] 赵启杉.竞争法与专利法的交错:德国涉及标准必要专利侵权案件禁令救济规则演变研究[J].竞争政策研究,2015(2).

[21] 车红蕾.交易成本视角下标准必要专利禁令救济滥用的司法规制[J].知识产权,2018(1).

[22] 杨明.德国专利法停止侵害请求权中比例原则的引入及对中国法的启示[EB/OL].(发表时间)[2023-09-30].https://baijiahao.baidu.com/s?id=1741940123552317900&wfr=spider&for=pc.

[23] 易继明.NPE 诉讼中的司法政策[J].知识产权,2023(4).

第七章 汽车标准必要专利反垄断

第一节 智能网联车领域标准必要专利垄断行为分析

标准必要专利看似是为了保护创新发明、促进国际贸易、协调贸易摩擦，便利技术优化，但实质上标准必要专利的建设是为了合法实现利益最大化，具体而言，标准必要专利通过合法途径设置了技术障碍和贸易壁垒，以建立竞争优势，来保证少数群体的利益。中国的工业时代起步较晚，导致很多工业相关的标准必要专利技术受制于海外公司，但在智能网联车领域，"尤其在通信领域，我国已经涌现出一批颇具竞争力的科技企业，通过持续的创新投入和知识产权保护，在5G、Wi-Fi 7、H.266等国际标准中占据一席之地"[1]，有赖于出色的通信技术和新能源技术，中国企业或许可以在智能网联车领域实现行业的弯道超车。

步入21世纪以来，以世界汽车工业为例，大企业之间经过兼并与重组，市场寡头格局已基本形成。先后有福特汽车公司收购瑞典沃尔沃公司、美洲虎公司、阿斯顿马丁公司、马自达公司，夫宇公司通用公司收购欧宝汽

---

[1] 易继明，严晓悦. WAPI专利技术强制实施问题[J]. 知识产权，2022(9):22.

车公司、入股五十铃和铃木汽车公司,戴姆勒-奔驰与克莱斯勒合并,法国雷诺公司向日产汽车公司注资,等等。于是,2000年年初日本、美国、欧洲三大汽车公司丰田、大众与通用就实质上统一汽车和零部件的设计与开发系统达成了基本协议。根据协议,从2001年起,三家公司可以相互间在计算机画面上交换信息,迅速建立起联合开发体制,从而使它们在统一世界标准的下一代技术开发竞争中处于优势地位。[1]网联车行业涉及互联网和汽车两大产业,兼具互联网行业和汽车行业的共性与特殊性。

在美国,知识产权的滥用问题就产生于知识产权法和竞争法之间的交叉[2],但权力滥用问题并没有特别多的基础理论,权利是否存在滥用情况的背后,是权利界限不明的问题,因此,如何更好地用好知识产权这个工具,做到权利的充分利用又不滥用,成为一道难题。反垄断法作为规范市场经济的"两驾马车"之一,反对垄断是手段,主要目的是保护市场的公平竞争,因此,反垄断法也被称为"自由企业的大宪章""经济宪法""经济法的核心"[3]。智能网联车领域标准必要专利通过合法途径建立竞争中的优势地位并不是市场排斥的竞争行为,只有当实施标准必要专利的行为突破了合法行使权利的界限,并且产生了限制竞争的效果时,才能使用反垄断法进行规制。

因此,反垄断法要规制智能网联车领域标准必要专利垄断行为,第一步要判断该行为是不是合法使用权利的行为;如果不是合法使用权利的行为,才能进入第二步,分析该行为是否对竞争产生了影响,具体包括如何产生及产生了怎样的影响;第三步考虑影响的正负效应,当该行为对社会经济的影响利大于弊时,可能考虑适用反垄断法的豁免条款。

一、垄断协议

反垄断局在2020年《关于汽车业的反垄断指南》解读中指出,"2014

---

[1] 李向阳.国际经济规则与企业竞争方式的变化——兼评全球竞争政策和竞争方式的发展方向[J].国际经济评论,2001(2).

[2] 易继明.禁止权利滥用原则在知识产权领域中的适用[J].中国法学,2013(4):39.

[3] 王晓烨著.反垄断法[M].北京:法律出版社,2011:40-41.

年以来，我国反垄断执法机构相继查处一系列汽车业垄断案件，既涉及竞争者之间的横向垄断协议行为，也涉及制造商和经销商之间的纵向垄断协议行为"，垄断协议的核心是企业主体的共谋，企业间通过订立垄断协议，达到限制或者排除竞争的协议。

根据《中华人民共和国反垄断法》（2022年修订）（以下简称《反垄断法》（2022年修订））第16条的规定，垄断协议不仅包括排除、限制竞争的协议、决定，还包括达到类似效果的其他协同行为。汽车市场本身就是一个产业链长、附加值高的市场，智能网联车市场不仅集合了汽车市场的特性，还有互联网领域的多态性和联动性特征。

横向垄断协议是在同一个环节的两个或者多个竞争者之间签订协议，达到排除或者限制其他企业进入这一领域的效果，就智能网联车领域而言，主要集中在产业链的某一环节，如能源领域、智能系统领域、组装领域等。而纵向垄断协议是在不同环节的两个或者多个竞争者之间签订协议，排除其他竞争者进入这一产业链的效果，就智能网联车市场甚至可以贯穿研发、初装、新车经销等多个环节。

（一）横向垄断协议

根据《反垄断法》（2022年修订）第17条的规定，横向垄断协议的主体表述为"具有竞争关系的竞争者"，《禁止垄断协议规定（征求意见稿）》和《司法解释（征求意见稿）》均规定，具有竞争关系的经营者，包括实际的竞争者和潜在的竞争者。[1]《禁止垄断协议规定（征求意见稿）》进一步指出，潜在的竞争者指具备在一定时期内进入相关市场竞争的计划和可行性的经营者。智能网联汽车行业在这一条款的适用上，与其他行业并没有特别显著的差别。

在日常经营中，为以较少成本开拓市场，竞争对手之间可能会达成联合生产、联合研发、委托生产、联合销售、联合采购等合作安排。在此情况下，经营者应特别注意相关安排是否可能被认定为固定价格、分割市场、限制产量和销量等横向垄断协议，是否会对市场竞争造成负面影响。

---

[1] 《禁止垄断协议规定（征求意见稿）》第八条和《司法解释（征求意见稿）》第二十一条。

在合作安排不断加强的情况下，市场上的"竞争关系的竞争者"可能逐渐成为非真正的"竞争对手"，尤其是交互合作愈加紧密的智能网联车领域。例如，有些主体可以基于某一领先优势，甚至可以突破原有产业链层级，控制其他关联产业链层级的企业；有些主体基于共同的被控制关系及人员兼任、业务混同等关系，在这类主体上，应当采取"单一主体理论"进行规制。在横向垄断协议主体的认定上，无论是法院的"无励磁开关专利侵权和解协议"横向垄断协议纠纷案❶，还是行政执法中的深圳理货案❷，明确了"单一经济实体"理论，但在具体的处理上，仍有局限性，如在"水杨酸甲酯原料药垄断案"中，湖北省工商行政管理局只将控制实体作为罚款对象，其他被控制实体的销售额纳入控制实体销售额中统一计算。而在"注射用葡萄糖酸钙原料药垄断案"中，国家市场监督管理总局将控制实体和被控制实体均作为罚款对象，并分别计算罚款金额。❸ 汽车领域往

---

❶ 【案号】最高人民法院(2021)最高法知民终1298号。【基本案情】2015年泰普公司起诉华明公司侵害其"一种带屏蔽装置的无励磁开关"发明专利权，双方于2016年1月签订"调解协议"(未经法院确认，实为和解协议)，约定：华明公司仅能生产特定种类的无励磁分接开关，对其他种类的无励磁分接开关只能通过泰普公司供货转售给下游客户，且销售价格要根据泰普公司供货价格确定；在海外市场，华明公司为泰普公司持股的泰普联合公司作为市场代理，不得自行生产或代理其他企业的同类产品，且销售价格与泰普公司的供货价格一致。2019年华明公司向法院提起诉讼，主张涉案和解协议属于垄断协议，违反反垄断法，应认定无效。一审法院认为，涉案和解协议不属于垄断协议，判决驳回华明公司全部诉讼请求。华明公司不服，提起上诉。最高人民法院二审认为，如果专利权人逾越其享有的专有权，滥用知识产权排除、限制竞争的，则涉嫌违反反垄断法。涉案和解协议与涉案专利权的保护范围缺乏实质关联性，其核心并不在于保护专利权，而是以行使专利权为掩护，实际上追求排除、限制竞争的效果，属于滥用专利权；涉案和解协议构成分割销售市场、限制商品生产和销售数量、固定商品价格的横向垄断协议，违反反垄断法强制性规定。最高人民法院终审判决，撤销一审判决，确认涉案和解协议全部无效。

【典型意义】专利权是一种合法垄断权，经营者合法行使专利权的行为不受反垄断法限制，但是经营者滥用专利权排除、限制竞争的行为则受到反垄断法规制。该案明确了涉及专利权许可的横向垄断协议的分析判断标准，就审查专利侵权案件当事人达成的调解或和解协议是否违反反垄断法作出了指引，对于规范专利权人合法行使权利、提高全社会的反垄断法治意识具有积极意义。

❷ 国家市场监督管理总局国市监价监处罚[2018]5号、6号行政处罚决定书。

❸ 王健.我国反垄断罚款制度的革新——基于整体主义理念的研究[J].法商研究，2022(1).

往涉及大宗价格，智能网联车领域的行业交融性导致"单一主体理论"在识别上存在困难，目前实践中，对"单一主体"认定的范围较广泛，被控制主体甚至会成为非竞争关系的主体而被划定为横向垄断协议的主体，此时，横向垄断协议和纵向垄断协议上就存在模糊性。

（二）纵向垄断协议

根据《反垄断法》（2022年修订）第17条的规定，纵向垄断协议的主体表述为"交易相对人"，但智能网联车的特殊性在于，一方面，作为大宗耐用品，汽车具有极强的客户锁定效应，智能网联车的系统更新在这一锁定效应上更为明显；另一方面，长产业链条导致交易相对人的身份具有多重性，使得"交易相对人"并不是真正的"相对人"。后者的情况与横向垄断协议中"竞争关系的竞争者"相似，可以参考适用前述"单一主体"的方法。而前者导致的复杂的法律问题，仍需要进一步探讨。

可以确定的是，无论是固定转售价格，还是限定最低转售价格的纵向协议，并不是被市场排斥的，而是要在达到具有排除、限制竞争的效果时，才属于反垄断法规制的纵向垄断协议范畴。例如，"宁德时代"推行的"返利政策"规定，未来三年，一部分动力电池的碳酸锂价格以20万元/吨结算，与此同时签署这项合作的车企，需要将约80%的电池采购量承诺给宁德时代，这一行为是否构成纵向垄断仍然值得商榷。

在面对转售价格维持的案件中，传统做法是判断经营者的市场份额，通过市场份额的判断来论证经营者这一行为是否对市场竞争具有排除、限制的效果[1]，这一证明链背后的逻辑是市场份额越大的企业越具有议价能力，因此越容易构成垄断，这一逻辑固然有其客观性标准，但在智能网联车市场的适用性值得商榷，主要原因是智能网联车市场尽管有其特殊性，但还是具有传统车企的市场优势，再大的市场份额只要不具有唯一性，切不断产业链的延续性，其议价能力都会大打折扣，因此，对于这一份额的判断，需要慎之又慎。

综上所述，在判断经营的企业之间是否构成垄断协议时，需要判断

---

[1] 北京市市场监督管理局京市监垄罚〔2022〕06001号行政处罚决定书。

两个方面，一是主体适格性，二是是否具有排除、限制竞争的效果。就主体适格性而言，主体是否具有竞争关系已经被逐渐淡化，但是并不意味着在责任承担上也被淡化，相反，通过"单一主体理论"，更多主体会被纳入责任承担体系；就是否具有排除、限制竞争的效果而言，协议主体之间的市场份额占比始终是一个主要因素，最大的困难在于比例的确定。

二、专利劫持

（一）专利劫持表现

专利劫持是指标准必要专利权利人违反 FRAND 许可的义务，以行使或即将行使知识产权请求权为由，向意图或已经实施其专利技术方案的专利实施人进行磋商，通过采取禁令或诉讼相威胁来迫使标准实施者接受过高的专利许可费和不合理的专利许可条件，可能或实际实现限制竞争、排除竞争的市场效果的行为。

具体来讲，专利劫持可以认为由以下三个要件组成。

1. 披露标准必要专利信息不当

这是指在标准制定的过程中，专利权人恶意隐瞒或披露标准必要专利信息不明，包括在标准制定过程中隐瞒专利已经纳入标准或已申请但尚未获得授权的情况。在一些特殊情形下，也包括权利人在标准制定前不主张专利权，待自持的专利被纳入标准且标准已生效后才主张权利，这被称为专利伏击行为；或者是将许多低质量甚至不构成"标准必要"条件的专利主张为标准必要专利，从而在磋商中虚假主张标准必要专利权的范围，这被称为过度主张行为。

2. 以拒绝许可或申请禁令救济为威胁

这是指专利权人在与实施人进行磋商的过程中，以拒绝专利许可或以专利侵权为由向申请法院禁令救济进行威胁，以强迫实施者接受专利权人所提出的不合理高额许可费用或其他不合理许可条件的行为。其他不合理许可条件包括强制搭售、强制反授、独家交易及不质疑条款等。

3. 索要不合理高额许可费用

这是指专利权人加入标准化组织后，未遵循 FRAND 原则进行许可费用的协商向专利实施者索要高额许可费用。通常认为，标准必要专利权利人应以"公平、合理、无歧视"的方式与专利实施者进行磋商，从而满足其在 FRAND 原则下应履行的义务，这包括了磋商时间及合理的费用等。但权利人大多在实施者已经将技术方案投入生产且已经有一定生产、销售规模后进行磋商。由于标准必要专利在技术标准中具有较强的不可替代性，故实施者很难拒绝权利人提出的不合理高额许可费，否则会承担专利侵权责任。

在专利劫持过程中，既包括在不当披露标准必要专利信息的前提下，以拒绝许可或申请禁令救济为威胁，继而索要不合理高额许可费用及其他不合理许可条件的情形，也包括在实施者明知该专利技术方案为标准必要专利的情形下，以拒绝许可或申请禁令救济为威胁，继而索要不合理高额许可费用及其他不合理许可条件的情形。前一种情形较后一种情形对市场竞争的威胁更大，这可能将专利实施者置于不可知的专利信息威胁之中。后一种情形下，实施者实质上构成专利侵权，但以诉讼或禁令为威胁索要不合理的专利许可费用及其他不合理条件不存在相应的合法性理由。

(二) 专利劫持认定

在认定是否权利人是否存在利用专利劫持限制、排除竞争的情形时，应当遵循以下思路。

1. 标准必要专利权人的市场支配地位

通常认为，一项技术标准所涵盖的标准技术专利可以推定一个相关市场的形成，但这并不意味权利人的市场支配地位就是绝对的，需要结合个案情况进行分析。根据我国《反垄断法》（2022 年修订）第 19 条规定，被推定具有市场支配地位的经营者，有证据证明不具有市场支配地位的，不应当认定其具有市场支配地位。此外，专利权人的市场支配地位同时也与专利有效、无效、到期及濒临到期等情况相结合。在专利权到期、无效的情形中，权利人实质上丧失市场支配地位，此时不宜认定其行为构成垄断。

在具体的专利劫持案件中，权利人通常持有一项或多项标准必要专利，可能属于同一标准技术专利池。若实施者意图实施该技术，则无法绕过该专利，否则可能无法通过标准必要专利组织的认定，进而面临被市场、行业排斥的可能性。但同一技术既可能只存在一套技术方案，没有替代方案，也可能存在具有竞争性的标准必要专利。前一种情形由于实施者被锁定在该技术标准中，通常可以认定专利持有人是具有市场支配地位的经营者，后一种情形并不一定认定其市场支配地位，还需要结合其市场份额、控制销售市场或者原材料采购市场的能力、其他经营者对权利人在交易上的依赖程度等《反垄断法》（2022年修订）第18条列举的情形来确定。此外，也有一些通过转让专利给非专利实施实体、专利主张实体意图规避市场支配地位认定的情形。在这种情形中，需要结合该实体经营性质、过往交易磋商记录、与专利转让人之间的协议和实际经营状况等要素来确定与转让者之间的关系，进而确定其是否构成共同支配市场地位的情形。

2. 专利劫持行为的特征和表现形式

通过对权利人在标准必要专利许可磋商中行为的特征和表现形式的分析，可以确定其是否属于滥用市场支配地位的行为，包括滥用专利权的行为，也包括滥用诉权的行为。总的来讲，即在不当或适当披露标准必要专利信息的前提下，以拒绝许可或申请禁令救济为威胁，继而索要不合理高额许可费用及其他不合理许可条件的行为。个案中权利人可能以不同条件进行磋商，何种条件、多少费用为合理需要结合行业标准、市场平均价格、过往交易习惯、市场当前走向等要素综合考量。但不合理的行为可能违反自愿交易原则，也可能违反等价交易的原则。

专利劫持行为具体表现为对磋商对象施以不合理许可要求，既包括不合理的费用，也包括诸如独家交易、强制搭售等不合理许可条件。FRAND许可原则下的费用可能需要考虑到双方以往交易记录、市场交易习惯、当前市场走势、权利人在境外许可其他实施者的费用等。价格歧视不宜直接被认定为不合理的费用，还需要结合个案以及行业现状等要素考量。竞争市场中不会长期存在过高定价，长期来看竞争会使所有定价趋同。只有价格歧视达到了限制、排除竞争，抑制创新、降低效率时才应当被认定为不合理的费用，此时高定价行为不受市场竞争的影响。同样的，上述列举的不合理许可条件也只有在其具有强烈的市场竞争负面影响时才成立，而负面影响既可能由单个不合理许可条件构成，也可能由数个不合理许可条件组合构成。

3. 专利劫持行为对市场竞争产生的排除、限制影响

分析专利劫持行为对市场竞争产生的排除、限制影响，通常需要结合市场竞争状况，对具体行为进行分析。通常认为，专利劫持主要表现为强制向下游实施者索取远高于合理许可费或不合理的许可条件。反竞争行为是损害竞争对手机会的行为，使得其失去进一步竞争的可能。因此，在分析行为影响时，要考虑到该行为是否对下游实施者施加了难以接受的负担，是否可能增加其实施成本、研发成本及经营成本。这可以从直接证据与间接证据的角度进行分析。直接证据包括对竞争实际的有害影响，包括无正当理由排除其他特定经营者、约定不实施其他竞争性标准等。间接证据则包括产量减少、价格上涨或相关市场的质量下降等。具体来讲，即专利劫持行为是否实现了市场壁垒，限定、提高竞争的市场准入门槛，加强下游实施者对上游权利人的依附等角度来确定。

专利法允许权利人与实施者就专利许可的费用及条件进行磋商，只需要能够保证该交易符合且足以维护正常的市场竞争与技术创新。专利劫持行为在以下两种要素下对市场竞争产生了排除、限制的影响。一是权利人的高定价行为不受市场竞争的影响，此时市场竞争机制在一定时期内无法有效消除垄断的高价格。这主要是由于市场面临较高准入门槛、壁垒，实施者受制于人，市场状况短期内难以改变。二是行业缺乏监管机构或缺乏有效的价格监管，专利权人在缺乏监管或监管不明的情况下进行高定价。两种要素的共同作用，增加了实施者进入市场的准入门槛、竞争能力及独立地位，达到了限制、排除竞争的程度。

4. 专利劫持行为对创新和效率的影响

权利人行为对创新和效率可能产生积极或消极影响，包括促进技术的传播利用、提高资源的利用效率及限制技术的传播、利用等。标准必要专利权利人的行为对创新和效率的影响可同时考虑以下内容：行为与创新、研发效率之间的因果关系；相对于其他促进创新、提高效率的行为，在经

营者合理商业选择范围内,该行为对市场竞争产生的排除、限制影响是更大还是更小;该行为是否排除、严重限制市场竞争;该行为是否可能或实际严重阻碍其他经营者的创新;消费者是否能够分享促进创新、提高效率所产生的利益。

专利劫持行为增加了实施者进入市场竞争、创新研发的成本,降低了实施者实施该专利进入行业市场可能获得的收益激励,实施者会减少或停止对标准实施的投资,可能抑制其创新效率并阻碍技术的扩散。但权利人以专利劫持为威胁,实施者也可能以反向劫持为反制。此时专利权人无法从下游实施者处获得许可费用,实施者一方面实施标准专利,另一方面通过 FRAND 许可原则拖延诉讼并最终达成许可。

三、价格歧视与附加不合理交易条件

(一)价格歧视

价格歧视是经济学的概念,公司向不同的消费者以不同的价格消费同一种商品,或者对同一个消费者购买同一产品的不同数量收取不同的价格。[1] 尽管价格歧视普遍存在,但一家公司有能力实行价格歧视行为,至少需要满足以下两个条件:一是拥有一定的市场竞争力,只有当市场上供小于求的情况下,公司才具有控制价格的能力,如果供应大于或者等于需求,那么通过竞争机制,产品价格会趋于,甚至低于产品所对应的价值和功能;二是市场中存在不同的消费主体,不同的消费主体对于同一个产品的消费欲望和支付能力是不一样的,如小米愿意为了抢占国际市场而与诺基亚达成相关协议,OPPO 愿意与华为在 5G 通信领域达成一揽子专利交叉许可协议。经济学领域对于形成"价格歧视"还有第三个要件——消费者之间不能进行转手交易,但这一要件在智能网联车领域的作用并不明显,即便不同的购买方之间可以转手交易,在正常竞争的情况下,二级市场的交易价

---

[1] 亚瑟·奥沙利文,史蒂文·谢弗林,林蒂芬·佩雷斯.经济学究竟是什么[M].宋迎昌,翟文,译.北京:九州出版社,2021:211.

格是不会低于一级市场的价格的，本质上，还是达到了价格歧视的效果。

价格歧视并不一定意味着不正当性，这是寡头市场中的一种定价策略，最典型的就是早年麦当劳的折扣券。麦当劳的折扣券是针对对价格敏感的人群推出的，如果直接采取降价的措施，它就没办法赚到对价格不敏感人群的超额利润，但这并不意味着麦当劳的折扣券发放行为是违反反垄断法的。由此可见，价格歧视是否违反反垄断法还需要满足两个条件：一是消费者准入条件的一致性与否问题，即是不是同等交易❶；二是不同价格的合理性与否问题。

在智能网联车领域，价格歧视主要出现在具有相对控制能力的公司在面对不同消费者的时候，一般来说，这种具有相对控制能力的公司在智能网联车的制造过程中具有相对优势地位，这一相对优势地位可能基于市场份额，也可能基于技术优势，如电池领域的宁德时代、电机领域的老牌工业公司、智能系统领域的互联网公司、通信领域的公司等。不可否认，在智能网联车的专利市场，价格歧视主要存在于上下游之间，传统的"价格歧视"遭受到了诸多实践挑战。价格不一是否一定意味着价格歧视？何种条件才是"相同条件"？最后抗辩的落脚点都在"合理商业理由"的判断上。

在全球费率呼声愈高的今天❷，对于合理商业理由的判断，需要统一标准。此外，"合理商业理由"并非绝对的豁免事由，从立法体系上看，"合

---

❶ 许光耀.价格歧视行为的反垄断法分析[J].法学杂志,2011(11):21-22.许光耀提出了构成"价格歧视"的三要件的标准:不同价格、同等交易、市场支配地位主体。

❷ 在美国施密特基金会诉斯托克汉姆公司案中,原告许可人以被许可人的松香销售量为计算依据,实行浮动费率计算,两个规模最大的松香制造商获得了较低费率的许可,美国联邦地方法院认为,这种许可费率是非歧视性的,因为所有人在相同销售量上会获得相同的许可费。不同许可费率是基于生产或分销机构的不同规模而产生,不同规模产生不同的许可费是符合商业逻辑的,是"合理的商业理由"。Arthur J. Schmitt Foundation v. Stockham Valves & Fittings, Inc. supra note 6, at 906, 908.但在华为诉IDC案中,华为必须得到IDC的授权,这是毋庸置疑的,主要分期在于专利许可费的多少。对于标准必要专利的授权许可费,相较于IDC向苹果、三星等生产商的要价,考虑到全球市场的占比,IDC的要价适当高于苹果、三星,是可以考虑"合理商业理由"抗辩的,但问题是,IDC要约中的专利许可费,几乎能掏空华为单个通信设备的全部利润,此外,IDC公司在对外进行专利许可时采取了多重标准,许可费的差距成十倍甚至上百倍。

理商业理由"适用的区间并没有一个可参考的标准,但有一个可参考的,反向排除"合理商业理由"抗辩的标准——《民法典》第五百三十九条规定:"债务人以明显不合理的低价转让财产、以明显不合理的高价受让他人财产或者为他人的债务提供担保,影响债权人的债权实现,债务人的相对人知道或者应当知道该情形的,债权人可以请求人民法院撤销债务人的行为。"针对这一条,最高人民法院关于《全国法院贯彻实施民法典工作会议纪要》(法〔2021〕94 号)指出:"对于民法典第五百三十九条规定的明显不合理的低价或者高价,人民法院应当以交易当地一般经营者的判断,并参考交易当时交易地的物价部门指导价或者市场交易价,结合其他相关因素综合考虑予以认定。转让价格达不到交易时交易地的指导价或者市场交易价百分之七十的,一般可以视为明显不合理的低价;对转让价格高于当地指导价或者市场交易价百分之三十的,一般可以视为明显不合理的高价。当事人对于其所主张的交易时交易地的指导价或者市场交易价承担举证责任。"由此可以尝试推出,定价低于交易时交易地的其他供货商价格百分之七十的,一般可以视为明显不合理的低价;定价价格高于当地供货商价格百分之三十的,一般可以视为明显不合理的高价,但这一不成熟的推定比例仅供参考,应当由最贴近市场的自治组织进行细化和权衡。

(二)搭售或附加不合理的交易条件

价格歧视是《反垄断法》(2022 年修订)第 22 条的主要内容,但第 22 条本质包含了两种情况,一是价格歧视,二是搭售或者附加不合理的交易条件。我国对搭售行为的规制最早体现在 1993 年的《中华人民共和国反不正当竞争法》中,该法规定"经营者销售商品,不得违背购买者的意愿搭售商品或者附加其他不合理的条件",由于该条对搭售或附加不合理的交易条件的认定仅仅强调了"违背购买者的意愿",而没有其他要件要求,因此,对于搭售的构成是否要求经营者具有"市场支配地位"存在争议。[1]

---

[1] 周樨平.消费者保护法视角下搭售行为的规制——从最高人民法院指导性案例 79 号切入[J].南京大学学报(哲学·人文科学·社会科学),2019(5):140.

产生争议的主要原因是实践，司法实践中，搭售或附加不合理的交易条件行为主要有三类：一是利用市场支配地位进行产品搭售或附加不合理的交易条件，二是利用相对市场支配地位进行产品搭售或附加不合理的交易条件，三是通过虚假宣传、利诱等不当方式进行产品搭售或附加不合理的交易条件。从中不难发现，这些典型的搭售方式或附加不合理的交易条件的交易行为，主要都与市场支配或者相对支配地位有关。从行为结果的角度分析，搭售或者附加不合理交易条件最终的结果就是导致交易价格的区别性，变成了价格歧视中非"同等交易"的情况。

因此，解决搭售和附加不合理交易条件的本质，是要解决价格歧视的问题。要解决价格歧视的问题，就需要对行业中"合理商业理由"的范围进行规制。

四、不当禁令救济

在SEP领域的禁令救济问题近年来引发诸多关注，禁令制度设计的初衷是为了在全球市场中解决平行诉讼的问题。禁令指本法域司法机关根据一方当事人申请，禁止另一方当事人在域外提起或申请执行各类诉讼或其他公权力救济等，否则追究该当事人或其负责人责任的命令。对应地，法院禁止当事人申请或执行禁诉令的命令，则是反禁诉令。❶

我国商务部2021年颁布的《阻断外国法律与措施不当域外适用办法》第七条明确规定："工作机制经评估，确认有关外国法律与措施存在不当域外适用情形的，可以决定由国务院商务主管部门发布不得承认、不得执行、不得遵守有关外国法律与措施的禁令。工作机制可以根据实际情况，决定中止或者撤销禁令。"

在智能网联车领域，禁令的申请有时是一种谈判的手段，在华为与康文森一案中，康文森申请禁令的目的是一石二鸟，一是通过中国市场的威胁来达到获得德国市场甚至全球市场谈判话语权的目的，二是甚至可以使

---

❶ 谭宇航.标准必要专利纠纷中的禁诉令研究[J].交大法学,2023(3):151.

中国市场接受中国标准必要专利许可费 18.3 倍的全球许可费。禁令的执行于康文森公司而言无非筹码的增加，但对于华为而言，却可能是灭顶之灾，因此，考虑到被申请人申请执行域外法院判决对中国诉讼的影响、采取保全措施的必要性与否、申请人和被申请人相关利益的合理权衡、公共利益的衡量及国际礼让原则的考量等因素，法院驳回了康文森公司的禁令申请。

由此可见，禁令制度的救济需要本法域司法机关在独立自主的基础上充分考虑多种因素，尤其是要把禁令执行与否所带来的社会影响和利益衡量放在该法域的视角之下。从严格执行到自由裁量的转变，并不是所谓的我国"地方保护主义"的特有做法或是逆全球化的做法。"美国 2021 年 12 月 6 日，美国司法部、国家标准与技术研究所和专利商标局共同发布了《关于受自愿 F/RAND 承诺约束的标准必要专利许可谈判和补救措施的政策声明草案》。该草案指出，如果标准必要专利案件可以适用金钱赔偿，则不应颁布禁令，这一新规定与'2019 年政策声明'禁令救济的支持相背。"[1] 由此观之，美国也在这一领域不断弱化禁令制度的单一作用，使得市场竞争更趋于均衡。

五、在专利标准制定过程中违反专利披露义务和虚假承诺

随着全球经济的发展和汽车、通信等产业的深度融合，"技术专利化、专利标准化、标准国际化"成为了各国产业获取优势地位的突破口，为了解决产业细分导致的产品兼容性和互换性问题，团体标准发展迅速。团体标准使得先进技术成为产业创新的标准，同时又将技术产品化，使得交易更加透明，这种双向促进使得团体标准在产业中的地位日益加强。

但这一标准究竟应该是国际标准化组织、区域标准化组织、国家标准化组织还是行业标准化组织来指定，各国立法中并没有规定，但从标准制定主体来看，在标准必要专利进入标准组织的过程中，协会、产业联盟等主体可能更贴近市场，更有助于产业的发展，而国家标准化组织可能更有利于标准的贯彻和产业规划。

---

[1] 易继明.美国标准必要专利政策评述[J].信息通信技术与政策,2023(3):1.

标准化组织通常要求参与标准制定的专利权人充分披露其专利的实质性内容，而对于欲参与标准制定的公司来说，却希望保留专利的重要技术内容以谋取更大的利益。为处理标准的公益性和知识产权的垄断性之间的矛盾，标准化组织通过制定与标准化相关的知识产权政策用以平衡不同价值诉求之间的冲突，其主要手段之一就是通过预先设定相关的披露义务来促使专利权人合理行使其权利。但无论是何种类型的标准组织，在制定标准时，都不可避免地会遇到专利信息披露不合理不全面、专利许可费率不合理不适当等问题。

国际标准化组织、国际电工委员会和国际电信联盟作为全球最具影响力的国际标准化组织，曾以国际电信联盟远程通信标准化组的专利政策为基础，三个组织共同制定了《共同专利政策》及《共同专利政策实施指南》。《共同专利政策》指出："凡是参与组织工作的各方都应该从一开始就请组织注意所有已知专利或已知专利申请，无论是他们自己的还是其他组织的。"2013年12月国家标准化管理委员会（以下简称"国标委"）和国家知识产权局共同发布了《国家标准涉及专利的管理规定（暂行）》（以下简称《管理规定》），其中第二章规定了关于标准涉及专利信息的披露事项。该规定要求专利权人保证尽早地、真实地履行自己的披露义务，区分参与和未参与两种情况，规定了不同程度的披露义务。对于参与标准制修订的组织或个人，负有强制性的披露义务，在国家标准制修订的任何阶段，都应当尽早披露其拥有和知悉的必要专利，同时提供有关专利信息及相应的证明材料，并要求其对所提供证明材料的真实性负责。否则，未按要求披露其专利，违反诚信原则的，应当承担相应的法律责任。而对于未参与标准制修订的组织或个人，不施加强制性的披露义务，而是鼓励其在标准制修订的任何阶段，披露其拥有和知悉的必要专利。根据GB—T 20003.1《标准制定的特殊程序第1部分：涉及专利的标准》，专利的披露程序、披露时间、披露范围、披露方式、证明材料、信息公示及是否充分履行了披露义务的判断标准等内容都是合理的披露范围。

此外，《最高人民法院关于审理侵犯专利权纠纷案件应用法律若干问题的解释（二）》第二十四条对推荐性国家、行业或者地方标准中明示专利信息的必要专利所涉的专利侵权纠纷认定进行了规定："推荐性国家、行业或者地方标准明示所涉必要专利的信息，被诉侵权人以实施该标准无须专利权人许可为由抗辩不侵犯该专利权的，人民法院一般不予支持。"可见，法院可以将专利信息的披露作为认定标准实施者是否具有主观过错的前提和基础。

六、标准必要专利反垄断行为判断框架

本部分从垄断协议、专利劫持与反劫持、价格歧视与附加不合理交易条件、不当禁令救济和在专利标准制定过程中违反专利披露义务和虚假承诺这五个方面，讨论了智能网联车领域标准必要专利垄断行为的构成要件和考量因素。反垄断法要规制智能网联车领域标准必要专利垄断行为的考量因素，在行为分析的过程中不难发现，竞争行为的合法性与商业主体、商业模式密切相关，因此，在指定规制框架的时候，需要综合考虑立法和市场两类环境。

标准必要专利权人滥用知识产权，排除、限制竞争的行为不是一种独立的垄断行为。在行使知识产权或者从事相关行为时，达成或者实施垄断协议，滥用市场支配地位，或者实施具有或者可能具有排除、限制竞争效果的经营者集中，可能构成滥用知识产权排除、限制竞争的行为。由于知识产权本身具有排除他人干涉、未经许可不得使用的法律效力，因此从表现上来看知识产权具有垄断市场的表象，但依照有关知识产权的法律、行政法规规定行使知识产权的行为不适用《反垄断法》（2022年修订）的规定，而滥用知识产权，排除、限制竞争的行为则适用。

对标准必要专利反垄断行为的判断需要从主体性质、主观意图及客观表现三个方面进行。此时采取的基本逻辑在于概括认定与处罚，即垄断行为的认定和制裁采取的是行为与责任的非对应式构造，即并不需要列明每一种违法行为及其对应的处罚措施，而是采取概括认定与概括处罚的形式，弱化行为定性与制裁后果之间的关联性。具体而言，通过对主体、主观、客观三个要件的抽象认定后，再结合具体反垄断案件中行为人所采取的实际行为、实际行为效果进行裁量。

（一）主体的认定

标准必要专利纠纷的当事人包括标准必要专利权人与标准实施者，应根据主体性质的差异采取不同的应对策略。标准必要专利的纠纷多发于两种情形，即存在交叉许可且双方实力对等的主体，以及存在交叉许可且双方实力不对等的主体。其中两方主体皆可以是专利主张实体（PAE）或专利非实施主体（NPE）。通常来讲，专利非实施主体的危害大于专利主张实体，由于前者本身并不实施专利技术，也被称为"专利蟑螂"。当标准必要专利权人属于非专利实施主体时，其本身业务性质在于通过专利许可获利，因此权利人会主动要求对外进行专利许可，而非拒绝许可。当标准实施者拒绝其专利授权许可费要求时，为追求更高的利润，权利人可能利用标准必要专利赋予的市场支配地位实施超高定价、不合理的交易条件、限制竞争活动，并通过专利侵权诉讼、禁令申请等方式逼迫当事人达成协议。

（二）主观意图的认定

在标准必要专利权利人涉嫌垄断的案件中，还要考虑到权利人与被许可人之间的磋商、协议过程是不是善意、积极的，即权利人是不是出于善意向被许可人提供标准必要专利许可的定价、条件及其他磋商要素；或被许可人是不是出于善意向权利人提出合理的要求。更进一步的是，判断磋商过程是否存在重大过错或是明显恶意的情形。在判断过程中，可以结合中国《关于知识产权领域的反垄断指南》的相关规定，包括在不同阶段可能涉及的事前诉讼及禁令；事中许可条件是否合理；双方之间是否怠于承诺，是否提出了新要约，是否以侵权诉讼、禁令威胁被许可人接受定价及条件。更具体而言，即怠于回复谈判通知、无正当理由拖延答复要约、提出明显违反 FRAND 原则反要约、无正当理由拒绝签署保密协议、未在合理期限内回复载有示例专利清单及权利要求对照表等专利信息的通知、无正当理由拒绝谈判、无正当理由怠于接受法院或仲裁机构裁决、无正当理由拒绝接受国家专利管理机关裁定的许可费等情形。通过对以上要素的分析和判断，可以大致得出许可人及被许可人是否从主观上有确实达成许可协议的意愿。确实、正确的主观意图虽然无法从最终垄断行为对市场损害的角度进行论证，但可以尽可能降低标准必要专利权利人被认定为垄断行为后的处罚力度，因此需要进行相应的分析和论证。

（三）客观表现的认定

在标准必要专利反垄断案件中，行为的客观标准主要依据市场实际机构、滥用市场支配行为及对市场的实际效果三个方面入手。市场的实际结构可以分为对相关市场及市场支配地位的分析。滥用市场支配行为包括垄断协议、滥用专利权的行为及《关于知识产权领域的反垄断指南》提出的特别条款。对市场的实际效果主要指向了排除、限制竞争的损害后果，需要结合实际证据及间接证据来实现。

1. 相关市场的界定

标准必要专利案件中通常涉及"关键设施"的认定，这可能涉及标准必要专利的相关市场大小，目前存在的争议在于对一项技术的标准必要专利是否可以认定一个相关市场的形成。欧盟委员会通过《关于为欧洲共同体竞争法界定相关市场的委员会通知》（以下简称《市场界定通知》）对界定市场的方法作出明确规定。市场界定的目的是为一项合并的竞争分析提供评估范围，竞争执法机构通过确定所涉产品和服务的相关反垄断市场（相关市场）实现这一目标。相关市场包括彼此存在竞争约束关系的产品和供应商的总和，其中部分产品和供应商的被控制情记发生变化可能导致市场力量变化，并由此对消费者利益造成损害。《市场界定通知》对此解释道："市场界定是确认和界定企业间竞争界限的一种工具。它允许建立一个框架，以供委员会在这个框架范围内适用竞争政策。市场界定的主要目的是以系统的方式确定相关企业面临的竞争限制。界定相关产品市场和相关地域市场的目标是确定相关企业的那些实际竞争者，以便限制相关企业的行为，并防止其独立实施有效的竞争压制行为。"

竞争法意义上的相关市场不需要符合、通常也不符合一般理解中的"市场"概念，甚至于企业对自身经营活动的理解和描述也不同。企业认识和理解的"市场"可能比反垄断意义上的相关市场狭窄，因为企业描绘的市场可能未包括能够带来竞争约束的替代供应商。更为典型的情况是，其可能比反垄断意义上的相关市场更为宽泛，因为企业往往关注更大范围的竞争者，而不仅是能够彼此约束竞争行为的最小范围的竞争者集合。

尽管标准必要专利的不可替代性极强，但不能直接预设标准必要专利等于相关市场。主要原因在于标准间存在竞争，标准与非标准存在竞争，此外还有标准持有人存在竞争（一个标准多个技术）的情况。而需求替代与供给替代的互动关系也使得这一问题更为复杂，需要结合具体的个案来审查。

2. 市场支配地位的界定

首先需要明确的一点是专利的垄断力不等于垄断法的垄断，这在各国对于知识产权的垄断规定中都有直接体现。美国《关于知识产权许可的反托拉斯指南》指出①审查机构在进行反垄断分析时，应该对知识产权适用与其他形式财产权相同的分析方法；②不应假定知识产权创造了反垄断法意义上的市场垄断力；③知识产权许可行为通常是促进竞争的。欧盟《关于横向合作协议适用〈欧盟运行条例〉第101条的指南》在269条有明确表述："即使标准的建立能够赋予或者强化专利权人的市场力量，也不能得出结论认为持有标准必要专利就等同于占有市场支配地位，市场支配地位的问题必须进行个案分析。"中国《关于禁止滥用知识产权排除、限制竞争行为的规定》第6条第2款："经营者拥有知识产权可以构成认定其市场支配地位的因素之一，但不能仅根据经营者拥有知识产权推定其在相关市场上具有支配地位。"中国《反垄断法》（2022年修订）第23条规定："认定经营者具有市场支配地位，应当依据下列因素：（一）该经营者在相关市场的市场份额，以及相关市场的竞争状况；（二）该经营者控制销售市场或者原材料采购市场的能力；（三）该经营者的财力和技术条件；（四）其他经营者对该经营者在交易上的依赖程度；（五）其他经营者进入相关市场的难易程度；（六）与认定该经营者市场支配地位有关的其他因素。"中国《关于知识产权领域的反垄断指南》第十四条："经营者拥有知识产权，并不意味着其必然具有市场支配地位。认定拥有知识产权的经营者在相关市场上是否具有支配地位，应依据《反垄断法》（2022年修订）第18条、第19条规定的认定或者推定经营者具有市场支配地位的因素和情形进行分析，结合知识产权的特点，还可具体考虑以下因素：（一）交易相对人转向具有替代关系的技术或者商品等的可能性及转换成本；（二）下游市场对利用知识产权所提供的商品的依赖程度；（三）交易相对人对经营者的制衡能力。"

以上文件都强调了专利本身的垄断属性不直接等效于对市场的垄断地位的认定，仍然强调在个案中进行相关的审查。

其次一点在于支配地位的获得与丧失。在专利无效、到期、濒临到期等不同情形下，专利权人实质丧失市场支配地位。在专利主张实体与专利实施者合作的情形下，情况相对复杂。首先此类情形多数仍被认定为纵向垄断，其次难以认定共同市场支配地位，最后由于实际垄断行为的执行与决策相分离，难以判断共同责任承担分配问题。

中国反垄断法实际采用了推定加认定的方式来确定市场支配地位。其第24条规定一个经营者在相关市场的市场份额达到1/2的，可以推定该经营者具有市场支配地位。而第23条认定经营者具有市场支配地位，应当依据上述所列的一系列因素。此外，第24条还规定有除外条款：被推定具有市场支配地位的经营者，有证据证明不具有市场支配地位的，不应当认定其具有市场支配地位。

3. 排除、限制竞争的损害后果

标准必要专利反垄断案件最终采取权利人拥有市场支配地位、采取滥用市场支配地位的行为并且实现了排除、限制竞争的损害后果为因果链条。因此需要对排除、限制竞争的行为进行一定的说明与论证。具体来看，可以结合直接证据与间接证据两个方面的内容实现。直接证据包括对竞争实际的有害影响，包括产量减少、价格上涨或相关市场的质量下降。直接证据往往很难获取。间接证据则包括市场支配力加一些证明限制竞争的证据，还有对消费者自由选择等方面的内容。

第二节　智能网联车领域标准必要专利垄断行为规制框架

标准必要专利早年诞生于欧美等境外国家和地区，随着我国专利技术水平的提高及工业生产规模的扩大，近些年来我国专利市场上也有许多涉及标准必要专利的纠纷,该问题呈现出国际化、规模化、普遍化。就目前的纠纷来看,标准必要专利领域涉及的纠纷主要集中在通信领域,既包括我国通信产业"走出去"所引发的纠纷,也包括境外优势企业"走进来"所引发的纠纷。在智能网联车领域,不仅涉及整车内置的通信系统及通信零部件所指向的标准必要专利,同时也涉及车辆生产、组装可能指向的标准必要专利。前者引发的纠纷及讨论较后者更多,但随着技术标准化、标准技术化的进程不断加快,我们应当正视智能网联车领域将随之而来的通信与制造标准必要专利的纠纷。由于车辆制造领域的投资规模大、研发周期长、上下游企业多,因此也会落入标准必要专利所带来的锁定效应及网络效应之中,这种较高的投资规模使其在面临标准必要专利权人提出的不合理许可条件时,很难转向替代标准或面临极高的投资损失。这不仅包括已有投资,同时也包括标准转换的损失,甚至包括承担侵犯专利权所带来的损失。

专利权人以标准必要专利获得市场支配地位,进而滥用其市场支配地位,限制、排除竞争的行为构成垄断行为。标准技术专利的垄断行为带来的负面效应远多于正面效应。尽管我国本土尚未出现大规模的标准必要专利垄断行为,但在境外时有发生。随着境外标准必要专利权人进入国内,势必沿用以往策略打压、限制我国企业的发展。在此基础上,对标准必要专利垄断行为进行治理,一方面是消除隐患、营造健康的市场竞争环境,另一方面是保护我国企业科研创新能力、提高我国的综合竞争实力。智能网联车领域如今方兴未艾,且发展前景及技术能力居国际前列,既要避免国外专利权人利用标准必要专利垄断行为打击、破坏本土车企的发展,也要防止本土车企利用标准必要专利垄断国内市场,实现创新、竞争的良性循环。

一、标准必要专利审查的基本要点

标准必要专利的许可与实施是技术标准化背景下的产物。技术标准与专利的耦合使得标准必要专利在许可实施过程中具有不同于普通专利的特点，但标准必要专利仍然是专利，因此权利人是否许可他人实施、以何种方式许可都属于法律允许的范围。技术标准化使得标准必要专利天然呈现出垄断的结构，也带来了垄断的风险。法律并不排斥符合经济效率、促进市场竞争的市场样态，也不反对权利人在合乎法律规定的情形下行使法律赋予其的权利。标准必要专利本身所具有的"垄断结构"并不意味着其必然要受到反垄断法的规制与惩戒，只有在权利人利用标准必要专利实施排除、限制竞争，破坏市场正常竞争秩序的情形中才需要法律的介入。正当利用标准必要专利进行许可，促进、维护技术创新，营造良好市场竞争的行为属于正常的市场竞争行为，不具有违法性。标准必要专利并非本身违法，法律只有在经营者具备市场支配地位并且滥用这种支配地位时才予以介入。确定是否适用反垄断法及如何适用需要在对标准必要专利权人涉嫌的"垄断结构"及"垄断行为"两个维度进行审查。综合审查有助于区分妥善利用标准必要专利与滥用标准必要专利的两种情形，前一种情形在市场机制的作用下将促进创新、竞争，后一种情形对市场竞争具有极大的负面效果，需要得到反垄断法的严厉规制。

  标准必要专利围绕着 FRAND 承诺即"公平、合理、无歧视"进行展开，而该承诺的地位在反垄断审查中并未得到明确的说明。一方面，若专利权利人拒绝以"公平、合理、无歧视"的方式许可实施者实施该专利，但尚未构成垄断行为时，应当做何种处理？另一方面，即使以符合"公平、合理、无歧视"的方式许可实施，也有可能在个案中构成反垄断法规制的垄断行为。但反垄断法并非围绕着公平、合理、无歧视承诺建立的规则，而是规制所有垄断行为，维护市场竞争，实现消费者福利的法律。此外，FRAND 承诺的内容非常模糊，从文本上看仅有"公平、合理、无歧视"三项原则性要求，难以满足法律所要求的清晰、明确等要件。尽管可以尝试将反垄断法规定的具体垄断行为涵摄入上述三项要求中，但仍然很难将 FRAND 承诺的履行与权利人的垄断行为直接画上等号。因此，即使是权利人未履行 FRAND 承诺，也只能首先推定其可能存在垄断行为，需要结合其他要件才能认定其构成垄断行为。重点在于关注对市场竞争和技术创新是否具有负面影响，是否采取与法律规定相符的行为或能够实现同样效果的行为造成对市场竞争的损害。即使行为对市场存在伤害也并不意味着一定构成垄断行为，伤害必须达到反垄断法所规定的限度才有反垄断执法的正当依据。

（一）标准必要专利权人并非必然拥有市场支配地位

知识产权制度赋予了权利人对智力创造成果的支配权，在某种意义上这是法律赋予创造者的合法垄断，这在著作权及专利权领域都有所体现。但只有在权利人行使权利的行为构成反垄断法的规制目标时法律才予以介入。标准必要专利权人可能被直接推定为具有市场支配地位，因为技术标准的制定使得其具有了"不可替代"的市场地位，同时实施者还面临可能存在的较高转换成本。但在实际的专利许可实施过程中，并不能直接推定一项标准必要专利就构成一个相关市场，并进而推定其确实具有了明显的市场支配地位。首先，尽管标准专利可能是不可替代的，但该标准在技术实现中所占的比重、数量甚至是技术迭代后的地位变化都需要个案进行衡量，且可能向其他替代技术、产品效应转移。其次，标准专利存在竞争，标准专利与非标准专利存在竞争，标准持有人间也存在竞争，这就使得市场的确定呈现动态化的态势。最后，从需求替代及供求替代的角度出发，进入市场本身的难易性及高低端产品是否构成替代本身也是需要就个案才能确定。

欧盟委员会在《关于横向合作协议适用〈欧盟运行条例〉第101条的指南》中指出："使标准的建立能够赋予或者强化专利权人的市场力量，也不能得出结论认为持有标准必要专利就等同于占有市场支配地位，市场支配地位的问题必须进行个案分析。"故此，知识产权的支配力并不等于反垄断法所言的垄断力。我国《关于知识产权领域的反垄断指南》指出："认定拥有知识产权的经营者在相关市场上是否具有支配地位，应依据《反垄断法》（2022年修订）第18条、第19条规定的认定或者推定经营者具有市场支配地位的因素和情形进行分析。"竞争者之间的相互制约及专利无效、到期、濒临到期等情形都能很直接地影响对标准必要专利持有人是否具有市场支配地位的认定。

（二）标准必要专利许可条件不适用本身违法原则

标准必要专利在许可过程中通常会与实施方磋商许可的条件，这一方面包括了许可的费用，另一方面包括了"一揽子许可""搭售"及"反授"等条件。但应当注意的是，在传统的专利许可过程中，也允许权利人就许可的条件提出自己的要求，这些内容本身并非违法，在标准必要专利的许可中应等而视之。反垄断审查通常重在如何平衡在先创新者与后续创新者之间的良性互动，这可能包括了对创新成本及创新延续的多重考量。涉及标准必要专利时，由于专利投资研发的成本较高，专利技术之间发生勾连的可能性较大，因此在一定程度上允许标准专利权人提出如"搭售""反授"等要求，并不一定致使市场竞争及创新环境受损。事实上，有选择性地调节搭售专利类目、非恶意地反授通常能够降低交易成本，有利于促进市场竞争，进而推动技术创新。反垄断法审查应着重在是否对正常的市场经营、竞争造成损害，是否实质上阻碍了技术创新、进步的角度上对标准必要专利许可条件进行审查。

标准必要专利不仅事关实施者，同时也是权利人的关切所在。技术标准的市场竞争一方面要保证原始创新者（即标准专利权人）的原始创新得到补偿，另一方面也要帮助后续创新者在这一赛道上发展，二者都不应得到忽视，也不应得到偏袒。我国在《关于知识产权领域的反垄断指南》第17条中指出，分析涉及知识产权的搭售是否构成滥用市场支配地位行为，可以考虑一些要素，如是否符合交易惯例或者消费习惯，又如是否为实现技术兼容、产品安全、产品性能等所必不可少的措施而具有合理性和必要性。因此，在实际的反垄断案件中应当具体分析涉案行为的性质，并进一步确定其实际的垄断效果，不能因该行为具备违法的表象就适用本身违法原则。知识产权本身就需要权利人与实施者之间的利益衡量与平衡，标准必要专利亦无外如是，应在审查过程中不断强调是否存在对市场竞争、创新发展的抑制、阻碍后果。

（三）标准必要专利反垄断审查重点在于对竞争和创新的严重损害

尽管法律赋予了专利权人对专利技术形似"垄断"的权利，也不禁止标准必要专利权人就许可条件提出自己的要求，但也仅限于不会对市场竞争造成严重损害，不会对技术创新形成实质阻碍的情形。在标准必要专利许可中，也存在诸如拒绝许可、独家交易、禁止质疑专利权等不合理条件。

这些行为与上述的许可条件不同，应当适用本身违法原则处理。标准必要专利许可中应避免产生严重损害竞争、创新的反竞争效果，主要的落脚点在于行为是否本身违法及行为是否具有严重的反竞争效果。从行为本身出发，拒绝许可等行为主要作用在标准必要专利权人针对下游竞争者的情形中。对于有较强创新能力及竞争潜力的下游竞争者，上游持有标准必要专利的权利人可能会以此为拒绝许可的动机，即使是在相同条件、类似对象的情况下也会区别、歧视性地拒绝许可。该种行为具有较强的技术创新抑制效应，理应受到反垄断法的规制与禁止。从行为效果来看，即使是一些法律允许的竞争行为，也会在特定许可对象、许可情形下异化产生一种抑制、损害市场竞争、技术创新的效果，该种情形应在个案中进行审查。总的来看，对竞争和创新的严重损害应同时结合"本身违法"及"实际的损害、抑制效果"两方面出发，对于本身违法的行为，可以不考虑具体的损害，因为其违反了反垄断法的具体内容理应得到规制并警戒其他市场竞争主体；对于非本身违法行为，应以具体、实际的损害效果为考量，一方面保证正常的商业竞争、技术创新得到保护，另一方面避免反垄断法带来的"寒蝉效应"对市场竞争带来的负面效应。

（四）坚持个案分析

执法机构应该对标准必要专利权利人涉嫌垄断行为对效率的影响进行个案分析。认识到应该更多依赖于事实的调查而不是基于静态的并购分析，因此尽管不要求反垄断执法机构退出涉及重大创新的市场，但至少他们应该非常谨慎。执法机构已经将创新纳入现在的研发努力和即时的市场竞争之中、有紧密联系的市场之中进行考量，但没有对创新和短期竞争进行明确平衡。从长期和短期的角度来看，标准必要专利是否许可及过高许可条件是否对短期、中长期的发展目标产生实质影响。因此需要平衡创新与短期竞争。执法机构应当明确如何平衡创新与短期竞争的目标。

反垄断执法机构应当制定和明确指导方针，扩展现有的框架，以涵盖创新在竞争和经济效益及标准必要专利中所起到的重要作用。在现有的标准必要专利分析的框架下把创新效应分析移至考虑未来的研发投资的水平和时间是一项艰巨的任务，在现有的执法框架下，认为许可条件的提高可能会损害产品市场竞争和消费者福利，同时也会增加创新的成本。具体而言，对创新的损害推定适用于垄断的情况下，但应当在个案中进行认定，因为标准化组织也可能因各种原因对技术标准进行调整，很难在一个完全静止、统一的框架下对此类案件进行评价。

二、标准必要专利反垄断审查立场

标准必要专利是技术创新、产业发展带来的技术标准化及标准技术化的产物，在涉及通信集成、整车制造及其他高精尖技术时显得尤为重要。在技术发展的过程中，也存在权利持有人对专利技术的转让、许可及与实施者对技术许可的磋商。由于标准必要专利技术可能存在"一技术即一市场"的情况，反垄断法试图通过排除权利持有人利用法律赋予权利人对技术的"垄断"实施的排除、限制市场竞争的行为所产生的消极影响。从实质上看，主要是对禁止垄断协议、禁止滥用市场支配地位等行为的规制。这涉及从程序到实体内容的制度、机制及立场，具体而言包括以下内容。

（一）审查的必要性

就知识产权及产业发展而言，更多的接触者及更多的竞争者可能会带来更多的正向收益，但这并不会直接得出垄断大企业遏制创新、排除竞争的负面结论。市场结构与技术创新之间的关系很难以直接的逻辑推理建立，而更多地依靠于事实上的垄断影响与竞争、创新实效的表现。从产业经济的角度来看，经济学的研究者倾向于认为：产业发展初期，创新与垄断正相关，技术进步使创新与垄断关系转而变为负相关；产业发展后期，创新与垄断关系重新转化为负相关。总的来说，创新与垄断之间呈现的积极效应是从长远的角度来看。但从实证的角度来看，"企业规模越大，研发活动投入越多"这一结论并未得到证实，且超过一定限度的垄断大多不能对创新产生较强的刺激作用。

对于具有市场支配地位的企业来说，由于企业的市场占有率、技术壁垒、转换成本等因素，支配性企业不需要通过创新来维持其支配地位，而潜在的创新者可能由于以上因素无法对支配型企业发起挑战，造成一种

"赢家通吃"的局面。垄断企业通过垄断地位来获得较强的议价权力，已经投入的沉没成本及创新带来的较弱激励使得其创新的动力不足，因此创新与企业规模之间的正相关关系在企业取得了支配型地位后就丧失了。从整体上看，竞争有利于创新，创新能够增强企业的竞争力。在创新密集型的产业中，对支配型企业的反垄断审查是必要的，因为垄断可能会对创新产生强大的负面影响。

标准必要专利持有人相对于行业制造、生产及研发具有较强的议价权，但标准必要专利毕竟是行业自治、规模化、标准化的产物，故不能直接推定其具有市场支配地位。出于对技术创新、规范竞争的考量，应进一步根据个案情况对标准必要专利持有人是否具有市场支配地位、是否滥用市场支配地位进行考察。过于简单、直接的反垄断介入会挫伤企业发展的积极性及行业竞争、发展的效率，因此在涉及此类案件时，对标准必要专利权利人进行反垄断审查是必要且合理的。

（二）诉中审查

反垄断法并非干预所有的市场竞争行为，其仅仅关注那些可能或实际上对市场竞争产生严重不良影响的行为。正如专利制度并不排斥权利人选择、拒绝许可一般，标准必要专利权人的那些不会影响、排除、限制市场竞争的行为不会得到反垄断法的介入。与经营者集中不同，标准必要专利涉嫌垄断行为很难在事前得到规制，其原因有三。第一，标准必要专利并非我国《专利法》明确规定的专利类别，而是行业内由标准化组织选择、确认的结果，因此在专利授权阶段无法确定其是否可能属于标准必要专利。第二，标准必要专利属于行业内标准化组织选择、确认的结果，也可能在之后的标准认定中失去已经获得的标准技术的地位，具有动态、不稳定性。第三，标准必要专利可能涉及的垄断行为通常只能在诉讼过程中由技术实施者提出，其依据在于不公平的许可费用或条件，而许可者与不同实施者之间可能提出的条件、费用是不同的，因此只能在个案中进行认定，法院或反垄断机构很难在事前进行审查。

（三）相对灵活的立场

标准必要专利反垄断审查有其特殊之处。主要需要考虑以下几个要素：

①如何评估潜在创新者（即标准必要专利实施者）的市场竞争能力；②标准必要专利现有许可与未来许可对市场竞争的评估；③动态创新效益和静态竞争效益之间的平衡。在标准必要专利反垄断审查时，主要强调从动态的角度进行评估，既要考虑到规制前权利人的行为对现有市场竞争的影响，也要考虑到规制后对整体市场竞争的影响。反垄断法虽然目的在于促进竞争，但考虑到专利技术对社会公共利益的重要性，应当视技术创新与公平竞争具有相同的评估价值。

在技术创新显著的行业，创新对市场结构和绩效的影响具有不确定性。反垄断法主要涉及市场结构和企业在市场中的行为，一般针对垄断结构和垄断行为。早期的垄断主要体现在结构上，即企业间就价格达成垄断协议，以保持其高价格与高利润。垄断协议具有排除、限制其他企业进入的壁垒作用，可能抑制技术的发展与进步，进而损害消费者及其他企业的社会福利。以垄断协议实现的垄断结构可能会本能地逐利，对竞争机制和市场效率、技术创新等方面直接或间接造成重大损害，不符合平等竞争的市场原则，适用本身违法原则。

垄断协议的时代主要以"卖方市场"而非"卖方市场"为主流，而当下的技术密集型经济则更多地表现为质量、服务等非价格竞争的形式。换句话说，市场机制要求企业更多地以更低的成本，更好的产品、服务为卖点进行竞争。对于技术初创型企业来说，其可能存在的市场支配地位更多地来自其相比同行更优越的产品、服务，因此对于整个市场竞争及消费者福利而言是有利的。标准必要专利所带来的技术标准化一方面强化了企业研发、制造的兼容性，另一方面降低了适配成本，本身是具有一定的竞争福利属性的。尤其是对于拥有互补性专利的企业来讲，这有利于提高效率与降低成本，总体上是有利于市场的。在这一方面应当灵活且宽松地看待其市场支配地位及经营行为。但标准必要专利权人事实上拥有排除、禁止有潜在竞争能力的其他竞争者入场的能力，在这种情况下可能会限制、排除市场竞争并进而损害竞争、创新的活力，此时应严格进行审查，对其涉嫌滥用市场支配地位的行为合理、科学地分析，既要注重现有的负面影响，也要对未来的可能影响进行预测，以防止对其他科创企业造成类似的"寒蝉效应"，使得反垄断法的预期功能无法良好实现。

(四) 正确处理与知识产权法关系

标准必要专利本身属于知识产权领域的问题，因此其许可、实施乃至利用都涉及知识产权的相关规范。权利持有人通常也并非以专利法规定以外的方式行使其权利，而只是因其提出的许可条件及拒绝许可等行为将严重损害市场竞争、创新发展而得到否定性评价。只要是得到授权的专利权利，均应得到知识产权法充分的保护，这其中包括了标准必要专利权人常用的排他权利。在一些特殊的领域，专利权具有相当强的外部性。例如，通信领域、互联网领域及高精尖制造业领域，外部性也会形成成本转移及用户锁定的效果。从理论上来看，各种专利其实都具有相当程度的替代性，因此认为专利本身构成了对某一技术实现的垄断是武断的。但在标准必要专利领域，由于标准化组织人为的选择、制定标准，使得部分技术、专利成为人造的"不可替代"的技术、专利。因此在这个领域，转移性成本及用户锁定的效应会更加明显，问题会更加棘手。但从另一个侧面来看，标准的制定一方面出于对兼容成本的考虑，另一方面出于对技术迭代的考量，从整体上来讲是能够增加社会福利、推动社会进步的。在涉及此类案件时，正确处理知识产权与标准必要专利反垄断审查制度的关系显得非常重要。

第一，修正其他监管制度的缺陷不是反垄断法的目的。反垄断法被设计用来作为自由市场的修正。反垄断法应当追求最有利于竞争的结果而不是修正知识产权法。如果反垄断诉讼走得太远，就有可能对创新带来损害。

第二，无论是反垄断法还是知识产权法都应当是道德无涉的，它们的核心目的都是促进经济发展。反垄断法主要通过寻找和修正产出、减少支配型企业的阻碍新竞争的产生和发展的限制行为和排他型交易来达到这个目的。知识产权法的任务也很清楚，即促进创新，推动科学发展和文学、艺术的进步，只有当专利法和著作权法所给的保护增加了创新时才能满足其立法与司法的目的。但无论是基于反垄断者还是知识产权法的干预，只有在存在反垄断或知识产权法案件中干预将会导致更多的竞争的时候才是正义的。

第三，不是每一个明显的反垄断法和知识产权法的冲突都是真实的。很多知识产权行为，可能在未经科学、事实上的审查即被认为其本身是违法的，如搭售，可能增加创新或许可的回报，并且不对竞争或消费者福利造成任何损害。在这些情况下，反垄断法没有理由干预。而另外一些知识产权行为，如拒绝许可或不允许挑战知识产权的有效性，这样的协议不会对激励创新有益，而且会通过减少产出、提高价格损害消费者利益。这样的协议既损害了竞争也不利于创新。在此类案件中，对创新本身的直接挑战、竞争政策和创新政策的真实冲突会出现，这强调了对行为的真实评估、对反垄断及知识产权背后目的的积极效应。

第四，创新在市场中的效果也需要得到评估。尽管如此，创新的收益多于简单的通过持续的科技生产和贸易所得，似乎有广泛的共识。基于这样的认识，在创新和竞争之间权衡的案例中，创新可能是更值得关注和保护的要素。但创新本身也是一把双刃剑，其一方面有利于推动市场竞争，但另一方面也可能因为创新的聚集效应而给市场竞争带来伤害，比较典型的例子就是大型科技公司对其他竞争者的威慑效应和对消费者的锁定效应。在这一领域，知识产权与反垄断方向一致，两者都是谴责限制的可能性或不合理的创新范围。反垄断法应当在其协调和排除行为人的单边排他性行为可能或实际上妨碍对手的创新发展或市场发展时介入。

第五，反垄断法与知识产权法不同。反垄断法不应该仅仅因为知识产权制度的合法性而忽视那些排除、限制竞争的行为。知识产权法是巨大的利益集团推动政治进程的产物，随着时间的推移，代表权利人的利益集团比代表使用者的利益集团拥有更大的话语权。这意味着，当一些做法明显地反竞争并且知识产权法没有明确其为合理化时，应当适用反垄断法。知识产权法赋予权利人的有效性与合法性应当在适当的情形下得到反垄断法的认可。我们一方面应当坚持反垄断法对反竞争行为的介入，另一方面也要考虑到反垄断法的介入对知识产权的影响，尤其考虑对于那些合法合理行使权利的行为是否可能产生"寒蝉效应"。

参考资料

[1] 易继明,严晓悦.WAPI专利技术强制实施问题[J].知识产权,2022(9).

[2] 李向阳.国际经济规则与企业竞争方式的变化——兼评全球竞争政策和竞争方式的发展方向[J].国际经济评论,2001(2).

[3] 易继明.禁止权利滥用原则在知识产权领域中的适用[J].中国法学,2013(4).

[4] 王晓晔.反垄断法[M].北京:法律出版社,2011.

[5] 最高人民法院:(2021)最高法知民终1298号。

[6] 国家市场监督管理总局:国市监价监处罚[2018]5号、6号行政处罚决定书。

[7] 王健.我国反垄断罚款制度的革新——基于整体主义理念的研究[J].法商研究,2022(1).

[8] 北京市市场监督管理局:京市监垄罚[2022]06001号行政处罚决定书。

[9] 亚瑟·奥沙利文,史蒂文·谢弗林,林蒂芬·佩雷斯.经济学究竟是什么[M].北京:宋迎昌,翟文,译.北京:九州出版社,2021.

[10] 许光耀.价格歧视行为的反垄断法分析[J].法学杂志,2011(11).

[11] Arthur J. Schmitt Foundation v. Stockham Valves & Fittings, Inc. supra note 6.

[12] 周樨平.消费者保护法视角下搭售行为的规制——从最高人民法院指导性案例79号切入[J].南京大学学报(哲学·人文科学·社会科学),2019(5).

[13] 谭宇航.标准必要专利纠纷中的禁诉令研究[J].交大法学,2023(3).

[14] 易继明.美国标准必要专利政策评述[J].信息通信技术与政策,2023(3).

[15] 覃小虎.关于标准必要专利反垄断规制思考[J].中国价格监管与反垄断,2023(8).

[16] 王军雷,龙悦,王亮亮.智能网联汽车通信标准必要专利许可及其反垄断规制[J].西部学刊,2023(13).

[17] 郑伦幸.标准必要专利搭售许可行为的反垄断法分析要素[J].当代法学,2023(4).

［18］ 刘影.专利侵权诉讼中反垄断抗辩成立要件研究——以标准必要专利许可谈判行为规范为中心［J］.比较法研究,2022(6).

［19］ 宁立志,龚涛.标准必要专利许可中的不公平高价及其反垄断规制［J］.荆楚法学,2022(5).

结 束 语

在全球范围内,知识产权的重要性日益凸显。随着汽车行业智能化、网联化的加速推进,跨行业的技术融合和创新使得标准必要专利呈现出更加复杂化的特性,对汽车行业的发展提出了新的挑战。

习近平总书记在中共中央政治局第二十五次集体学习中指出,要推动完善知识产权及相关国际规则和标准,深度参与全球知识产权治理,推动全球知识产权治理体制向更加公正合理的方向发展。

汽车行业标准必要专利问题不仅与行业发展利益有关,而且影响到我国产业整体布局和国家创新发展战略。本书依据习近平总书记的指示精神,聚焦知识产权领域国家安全,以及完善知识产权反垄断、公平竞争相关法律法规和政策措施等重要议题,基于我国汽车产业实际,从产业协同创新的视角出发,深入探讨汽车行业标准必要专利问题,形成了解决汽车行业标准必要专利许可问题的完整框架,以促进专利权人与实施者之间的利益平衡,推动技术标准与产业发展的相融合,并为智能网联车领域的技术转化与应用提供参考。

立足标准必要专利全球政策环境,本书关注影响政策取向的五个核心维度,包括专利透明度、必要性审查、许可谈判框架、许可费计算方法及禁令救济问题。其中,标准必要专利信息的透明度问题在各司法辖区的政策中达成了共识,构成标准必要专利政策领域的根本原则。在这一原则的要求下,标准必要专利的必要性审查过程应当引起知识产权行政部门的高度关注,争取在我国形成先进高效的必要性审查机制。同时,在各国高度关注标准必要专利司法政策导向、力争标准技术领域的国际话语权的背景下，应当尽快形成关于许可谈判框架、许可费率计算及禁令救济等核心问题的中国方案。

针对智能网联车领域的产业发展现状与行业发展现实困境，本书关注标准必要专利许可谈判过程中所面临的四大挑战：第一，整车许可的谈判层级使车企可能面临前期沉没成本带来的技术劫持；第二，通信领域的许可费计算方法适用于网联车的许可费可能产生不公平高价；第三，禁令救济在网联车领域可能产生更大的谈判威胁；第四，在通信领域技术标准制定过程中的缺席使相关标准无法反映产业利益。

基于法律制度要求和商业谈判模式，本书针对智能网联车领域形成了标准必要专利的许可谈判框架，作为解决新兴领域标准必要专利问题的市场路径。其中，谈判许可的核心原则包括利益平衡、公平合理无歧视、许可层级平等、协商处理行业差异和拒绝搭售；关键性问题包括许可意愿表达、保密协议签署、技术谈判先行、技术谈判框架讨论、权利要求对照表反馈、许可报价解释、统一谈判主体、第三方争议解决等核心内容。

作为标准必要专利许可谈判过程中的关键影响因素，本书重点关注智能网联车领域的许可费率计算模型，提出专利的价值贡献度是许可费计算过程中的核心内容。在智能网联车行业内欠缺可比技术且技术增量价值难以计算时，应当考虑采用技术的市场价值计算路径，在汽车网联功能对整车价值的贡献水平中分解出移动通信标准对整车的价值贡献，同时综合考虑其他许可费率调解因子，最终形成汽车移动通信标准必要专利累积许可费率计算模型。

在市场路径之外，本书同样关注标准必要专利问题解决的制度设计方案。本书提出，相比欧盟、日本相继出台的以保护技术实施者的发展需求、关注车企的行业发展利益为导向的政策文件，我国的司法价值取向尚未明确。与此同时，由于标准必要专利具有技术垄断属性，智能网联车领域的标准必要专利司法保护制度设计并不仅仅是专利法的司法政策和规则设计问题，还应将其纳入反垄断法的制度框架下进行约束。

我们正处在一个日新月异的时代，随着科技的不断进步，标准必要专利问题将更加突出，涉及的领域也将更为广泛。本书是我国首部关于汽车行业标准必要专利的深度研究报告，首次聚焦不同产业间知识产权保护与创新模式的差异，提出了更加符合汽车产业可持续发展的知识产权许可模式，将为助推汽车产业融合创新发展，支撑我国智能网联汽车产业"合规出海"，构建更加公平合理的国际知识产权治理规则提供重要支撑。